猿・自然人・子ども
― 労働と言語の歴史主義心理学

ヴィゴツキー、ルリア　著
神谷栄司、伊藤美和子　訳

JN112731

iii 三学出版

目　次

8

凡例

一　この翻訳の原典は、Выготский, Л.С., Лурия, А.Р., Этюды по истории поведения: Обезьяна. Примитив. Ребенок., М.-Л., Государственное издательство, 1930（ヴィゴツキー, L.S.、ルリア, A.R.『行動の歴史にかんする序説 ― 猿・自然人・子ども』国立出版局、1930 年）とその 1993 年版である。

　　なお、翻訳にあたって、既訳（ヴィゴツキー、ルリア『人間行動の発達過程 ― 猿・原始人・子ども』大井清吉・渡辺健治監訳、明治図書、1987 年）を必要に応じて参照した。

一　原典に章、節のタイトルは示されているが、節のなかの〔　〕を付した小見出しは訳者が記したものである。なお、それ以外にも、概して〔　〕を付した部分は訳者による補足である。

一　本書を理解する上でキーとなる語は、つぎのように訳した。

примитив, примитивный человек　自然人〔英語でいえば、primitive, primitive man/woman。文脈上、やや一般化された意味をもつ場合〕

примитивный народ　未開民族〔文脈上、具体的な種族・民族が念頭におかれている場合〕

примитивный　プリミティヴな〔自然人または未開民族の行動や心理機能をあらわす場合、たとえば、примитивное поведение ＝ プリミティヴな行動、примитивное мышление ＝ プリミティヴな思考〕

индеец　先住民〔英語では indian〕

туземец　先住民または土地の人

一　また同じくキーになる語である「自然的」は 3 つの語が使用されている。

① естественный、② природный、③ натуральный

①と②はおおむね「自然的」とし、③はおおむね「ナチュラルな」とした。ただし、上記 3 語のすべて、または 2 語が 1 文のなかで連続的に使用されているときは、文脈に応じて「ありのままの」などにした。たとえば、「自然的に自然的な」とか「自然的にナチュラルな」ではなく、「ありのままに自然的な」「ありのままにナチュラルな」とした。

一　人物名は各章ごとに初出の人名について、原語と生年－没年を記すことに努めたが、特定できない人名がいくらか残った。

一　とくに規定していない脚注は、訳者による註である。

一　1930 年版と 1993 年版によって異なる記号が使用されているような些細な相違はとくに取りあげなかった。

　　ただし次のような、両版に同一の語が使用され、しかも露和辞典にその語が見つからない場合があった。биджен は露和辞典で意味を発見することができなかった。だが文脈的意味からすると pidgin が適切であり、そのロシア語表記は英露辞典によれば пиджин である。биджен は пиджин と理解すべきだろうと解釈し、「ピジン化」などと訳した。

序文

〔生物進化と人類史と個体発生 ― 行動発達の３路線〕

　本書には３つの心理概説が収められている。類人猿の行動、自然人[プリミティヴ]の行動、子どもの行動がそれである。これら３つの概説のすべてが１つの観念 ― 発達の観念によって結びつけられている。そのすべてには、猿から文化的人間までの心理学的進化の道を概略的に呈示するという目的がある。

　それゆえ、どの概説でも、類人猿・自然人・子どもの行動にふくまれるすべてのものが検討されているわけではなく、それぞれの行動の支配的な特色もしくは側面だけが検討されている。羅針盤の針のように、ある出発点からの行動の発達方向や道すじを指し示すものが検討されているのだ。わたしたちの課題は行動発達における３つの基本路線 ― 進化と歴史と個体発生 ― を描写し、文化的人間の行動が３つの発達路線のすべての所産であること、この行動は人間の行動の歴史が構成されている３つの異なる道によってはじめて学問的に理解され説明されうることを示すことだった。

〔道具の使用と「発明」、労働と言語・心理学的記号、自然的発達と文化的発達の分岐〕

　わたしたちの意図は、猿・自然人・子どもの行動のすべての側面を多少なりとも完全かつ詳細にカバーすることではなかったが、それと同じように、これら３つの発達過程の各々を完全に追跡するものでもなかった。どこにおいても、すべての過程を全体として呈示することよりも、むしろ、ある転換点から他の転換点へと心理学的進化がつねに進んできた道の基本的道標を指摘しようとした。したがって、どの概説においても、１つの本質的な環を取り出した。その環は、行動発

達のその段階とそれにつづく隣接する新しい発達段階との連関である。この場合、わたしたちは、概説の内容をただ行動形式の進化の考察だけに意識的に限定した。

　概説の図式は次のような形で表すことができる。はじめに、類人猿における道具の使用と「発明」は進化の系列における行動の有機体的発達を終わらせ、行動の歴史的発達の基本的・心理学的前提をつくりだすことによって、新しい道への発達全体の移行を準備している。次に、労働と、それと結びついた人間のことばや他の心理学的記号の発達とは、その助けによって自然人が行動を支配しようとするものであるが、本来の意味での文化的あるいは歴史的な行動発達のはじまりを意味している。3つ目に、子どもの発達では、有機体的な成長と成熟の過程とならんで、発達の第2の路線が明瞭に分離されてくる。— つまり、文化的行動と思考の手法・様式の支配に基礎をもつ、行動の文化的成長である。

　これら3つのモメントのすべては、行動の進化における新時代の兆しであり、発達のタイプそのものが変化したことの指標である。こうして、わたしたちは〔3つの道程の〕どこでも、行動発達における転換と危機の段階を取りあげた。猿の行動におけるそのような転換と危機のモメントだと考えられるのは道具の使用であり、自然人の行動においては労働と心理学的記号の使用、子どもの行動においては自然的一心理学的発達と文化的一心理学的発達とへの発達路線の分岐〔二分化〕である。危機と転換の段階のどれもが、なによりも発達過程にこの段階がもたらす新しいものの観点から考察されている。こうして、各段階はその後の進化過程のための出発点として考察されたのだった。

　第1の概説では、わたしたちは、W・ケーラー〔Köhler, Wolfgang, 1887-1967〕の有名な研究によって得られた資料に依拠した。第2の概説では、レヴィ=ブリュール〔Lévy-Bruhl, Lucien, 1857-1939〕、トゥルンヴァルト〔Thurnwald, Richard, 1869-1954〕、ヴェルトハイマー〔Wertheimer, Max, 1880-1943〕、ルロア、ダンツェル〔Danzel, Wilhelm, 1886-1954〕らの多数

の著作のなかに集められた、民族心理学に関する資料を使用しようとした。最後の第3の概説では、子どもの行動の実験研究のなかで得られたわたしたち自身の資料に主として立脚した。

〔事実資料を概括する方法論的観点 ── ベーコンによる示唆（道具と補助手段）〕

　どの事実資料においてもそれを解明し概括しようとしたのは、1つの観点、文化的ー心理学的発達の過程に対する1つの見解、L・S・ヴィゴツキーの著作『学齢期の児童学』のなかで発展した1つの理論的理解からであった。

　わたしたちの著作の新しいものは、（研究資料のいくらかの部分を除いて）3つの発達路線のすべてを統合する連関を指摘し、この連関の性格とタイプをもっとも一般的な特色において規定しようとする試みでもある。行動発達における様々な路線のあいだに存在する諸関係へのわたしたちの観点は、ある意味では、〔個体発生は系統発生の反復であるという類いの〕生物発生的並行論が発展させている観点と対立的である。個体発生と系統発生とのあいだに存在する関係とはなにかという問いへのこの理論の解答は、ある過程が多かれ少なかれ他の過程を完全に反復し再生していることや、この関係はもっとも近似的には2つの過程の並行論として規定することができることだった。

　発生的並行論の原理に根拠がないことは、ブルジョア的研究者の著作におけるのと同じくマルクス主義の著述家によっても明らかにされている。わたしたちは、何よりもまず、行動発達の3つの道のそれぞれの深い独自性、発達の様式とタイプの差異を明らかにしようとした。関心の対象は、これらの過程から特別なものであって類似していない特色を取り出すことだった。並行論とは正反対に私たちが推察したのは、各発達過程の明らかな主要な特色つまり進化の一般的概念から各発達過程を分離する特色の研究が、とりあげられる3つの過程各々の

タイプと特殊な法則性の解明へと直接にすすんでいくことだった。発達のそれぞれの独特なタイプの自立的な特殊的法則性と本質を指摘することが主要な課題となった。このことは、個体発生と系統発生とのあいだで一致するあらゆるものをことごとく否定することをいささかも意味しない。その逆に、多くの現代の著述家がこの並行論を発展させ批判的に解明したその形において、この理論は、すぐれた啓発的原理として役立つことができる。わたしたちはさまざまな発達平面における個々のモメントの形式的一致を明らかにするときに、この原理を利用したのだった。しかし、3つの発達の道のあいだの連関そのものは、〔並行論とは〕まったく違う形で認識しようとした。

　この連関は、ある発達過程がそれに続く発達過程を弁証法的に準備し、新しいタイプの発達に転化し移行するものだ、と思われる。3つのすべての過程を1本の直線路にすることができるとみなすのではなく、どの高次のタイプの発達も先行するタイプが終わるところで始まり、新しい方向へのその延長となる、とわたしたちは推察する。発達の方向・様式のこの転換は、ある過程の他の過程との連関をいささかも排除していないし、むしろ、この連関を必然的に前提にしている。

　これらの概説の基本的観念は、題辞〔ベーコンの引用〕のなかに、もっとも明瞭かつ完全に表現されている。身体の発達にかんしてずっと以前に確立されたことに類似したものが心理学的発達の領域でも生じているのだと、わたしたちは〔そこで〕指摘しようとした。歴史的発達の過程において人間は自己の自然器官ではなく自己の道具を変更するが、それと同じように、心理学的発達の過程で、人間は主要には思考と行動との独特な技術的「補助手段」の発達によって、自己の知能を改善している。ことばの歴史がなければ人間の思考の歴史を理解できないのと同じように、文字の歴史がなければ人間の記憶の歴史を理解することはできない。この観点から考察される心理学的発達は環境によって制約される社会的発達であるが、このことを理解するためには、あらゆる文化的記号の社会的本性・起源を想起すれば十分だろう。心理学

的発達は、全体的な社会的発達の文脈のなかに堅く組みいれられ、その有機的部分と見なされるのである。

　人類の歴史的発達の文脈に行動の心理学的発達を導入すること、それによって新しい発生心理学の最重要の問題を提起することへの第1歩を踏み出していると、わたしたちは考えている。そのことによって、トゥルンヴァルトの表現によれば、心理学的研究のなかに歴史的パースペクティヴを導入しているのだ。わたしたちは、新しい方向へのあらゆる最初の一歩がもつすべてのリスクと責任とを理解している。だが、この道においてのみ、学問としての発生心理学の可能性が見いだされるのである。

　第1章、第2章はL・S・ヴィゴツキーによって、第3章はA・R・ルリアによって執筆されている。

Nec manus nuda nec intellectus sibi permissus multum valet:

instrumentis et auxiliis res perficitur.

BACO

Голая рука и интеллект, предоставленный сам себе, не многого стоят:

все совершается при помощи орудии и вспомогательных средств.

БЭКОН[1]

---

1   フランシス・ベーコン『ノヴム・オルガヌム』第1巻、「自然の解釈と人間の支
    配とに関する格言」II（1620年）から引用されている。上はラテン語による原
    文で、下がそのロシア語訳である。その意味は「裸の手も、生のままの知性も、
    大して力はない。道具と補助手段により事をなすのである」。ヴィゴツキーがこ
    れを題辞として掲げたのは、本書の中心的なモチーフが自然的発達と文化的発
    達の相互関係にあり、自然史と人類史、個人史を統合する歴史的パースペクティ
    ヴにおいてこの相互関係をとらえる要点は「道具」と「補助手段」（主として
    言語システム）にあることを示唆するためであろう。なお、1930年版も1993
    年版も引用された文言に相違はないが、両版の《интеллект, предоставленный
    сам себе》の部分が、まったく別のロシア語訳では《предоставленный самому
    себе разум》となっている。いまは《intellectus》のロシア語訳が《интеллект》
    と《разум》のどちらが適当かは問わないが、《sibi permissus》は後者の訳
    《предоставленный самому себе》の方が適切であろう（なお、本書第1章第6節
    にもこの表現がみられる）。なぜならラテン語の《sibi》は再帰代名詞・与格で
    あるので、ロシア語では《сам себе》でなく《самому себе》となるはずだから。

第1章　類人猿の行動

第1節　行動発達における3つの段階

〔第1段階 ― 種の自己保存を基礎にした生物学的機能〕

　行動発達を、低位の動物に見られるもっとも単純な形式から、人間に見られるきわめて複雑で高位な形式までを検討してみると、容易に次のことに気づく。― 全体として捉えるなら、行動は3つの基本的段階を通って発達していく。

　すべての動物に形成される行動発達の第1段階は、遺伝的反応、つまり生得的様式の行動である。それはたいていは本能と呼ばれていて、大部分が有機体の基本欲求の充足と結びついている。そのすべてが遂行しているのは、種の自己保存もしくは継続という生物学的機能である。本能的反応の基本的な特筆すべき指標は、この反応がいかなるしつけもなしに有機体の遺伝構造のゆえに機能することである。子どもは誕生後に直ちに手足を動かし、泣き叫び、母親の乳房をすい、母乳を嚥下する。

　すべての本能がおしゃぶりのように早期に成熟するわけではないし、生後直ちに機能しはじめるわけでもない。本能の多くは、たとえば性本能のように、はるかに後に ― 有機体自身が形成・発達の十分に高度な段階に達したときにのみ成熟する。しかし、遅れて成熟する本能も、やはり〔誕生後すぐに発現する本能と〕同様な基本的な指標によって特徴づけられる。それは、遺伝的組織のゆえに動物が所有する、生まれつき与えられた反応の蓄えである。

　本能的反応は、その生活過程において動物に教えられるものでも、試行錯誤や経験の成功・失敗の結果として生じるものでも、また、模倣の結果でもない。― これが主たる特徴である。本能的反応の生物学的意義は次の点にある。この反応は、生存のための闘争においてつく

りあげられ、生物進化の過程でしかるべき淘汰によって定着してきた、周囲の環境への有用な適応である。

それゆえ、本能的反応の起源は、有機体の「合目的」的な構造・機能の起源と同じように、ダーウィン〔Darwin, Charles Robert, 1809-1882〕によって発見された進化の法則によって説明される。低位の動物、たとえば昆虫や他の無脊椎動物に着目するなら、かれらのすべての行動はほとんど同じような本能的反応で極（きわ）められている。自分の糸を紡ぐクモ、蜂房をつくるミツバチ — かれらはみな、環境への適応の基本的形式として本能的反応を用いている。

〔第2段階 — 調教と条件反射 (個体的経験の過程)〕

このような行動発達の第1の基本的段階の上にそびえるのは、そこに直接に増築されている第2段階である。これはいわゆる調教や条件反射の段階である。この第2のクラスの反応は、遺伝的ではなく動物の個体的経験の過程で生ずるという点で、第1のものとは異なっている。このクラスの反応のすべては、ある程度のしつけや調教の結果、個として蓄積された経験の結果なのである。この第2段階の反応の古典的事例として役だつのは、パヴロフ〔Павлов, Иван Петрович, 1849-1936〕とかれの学派の著作に記述された普通の条件反射である。

ここで重要なのは、反応発達の第2段階を特徴づける2つのモメントを指摘することである。その第1は、この第2段階の反応と本能的つまり遺伝的な反応とのあいだに存在する連関である。条件反射の研究から明らかなように、どの第1次的な条件反射も、無条件反射ないし本能的・遺伝的反応の基礎の上においてしか発生しない。

実をいえば調教は、動物に新しい反応を創りださないし、生得的反応を組み合わせるのみである。また同様に、調教は生得的反応と周囲の環境の刺激との新しい条件結合を閉じてしまうのである。こうして、行動発達の新しい段階は、直接的に以前の段階の基礎のうえに発生す

る。どの条件的反応も、それが発現する条件によって変形される遺伝的反応にほかならない。

　行動発達のこの段階を特徴づける第2のモメントは、条件反射が遂行する新しい生物学的機能にある。多少なりとも恒常的・固定的・安定的な環境条件への適応手段となるのが本能であるのにたいして、条件反射は、はるかに柔軟で繊細で改良された環境適応メカニズムである。その本質は、遺伝的本能的反応が、その動物の個性的・個体的な生存条件に適応することである。ダーウィンが種の起源を説明したのにたいして、パヴロフは個体の起源、つまり、動物の個性的で個体的な経験の生物学を説明したのである。

　行動の第2段階の完全な発達は脊椎動物の場合にこそ見られる。もっともアリ、ミツバチ、エビにもすでにもっとも単純な形式での条件反応に気づかされるのだが。しかし脊椎動物こそがはじめて行動の前進を明確にする。低位の動物では、調教のあらゆる成功にもかかわらず、その支配的で優勢な行動形式は本能である。その逆に、高位の動物では、反応の一般的システムにおいて条件反射の側へのずれ込みが顕著である。

　そうした高位の動物において最初に現れるものは生得的能力の可塑性であり、本来の意味での児童期が発生する。そして、児童期と結びついているのは子どもの遊びである。遊びは、それ自体が本能的活動でありながらも、同時に、他の本能の訓練であり、若い動物の自然な学校であり、その自己教育もしくは調教である。ビューラー〔Bühler, Karl, 1879-1963〕は述べている。―「若いイヌ、ネコ、人間の子どもは遊ぶが、虫や昆虫、高度に組織的なミツバチやアリでさえ遊ばない。このことは偶然には起こりえず、内的連関にもとづいている。つまり、遊びは可塑的能力への補足である」。

〔第2段階による第1段階への逆作用 ― 本能の変形〕

　最後に強調しなければならないのは、第1段階にたいして第2段階が

およぼす逆の影響である。条件反射は、無条件反射の上に増築されつつ
も、無条件反射を深く変形する。動物の個体としての経験の結果、「本
能の歪曲」がきわめて頻繁に見られる。つまり、生得的反応が発現する
条件のゆえに、この反応が獲得する新しい方向が見られるのである。

　そのような「本能の歪曲」の古典的事例となりうるものは、電流によ
る皮膚の火傷（やけど）への条件反射をイヌに育成しようとした、パヴロフの実
験である。最初のうち、この動物は、痛刺激にたいして激しい防衛反
応を起こし、作業台から逃げようとし、用具に歯を立て、あらゆるや
り方で抵抗する。だが、長時間にわたる一連の実験の結果、痛刺激に
食餌が伴うあいだは、イヌは、自分にもたらされる火傷に対して、食
餌への通常の応答をするといった反応によって応えるようになったの
である。この実験に立ち会ったイギリスの有名な生理学者シェリント
ン〔Sherrington, Charles Scott, 1857-1952〕は、イヌを眺めながら、次のよう
に述べた ―「ここでわたしは焚火（ふんか）のなかに身を投じる殉教者の歓喜を
想起する」。これらのことばでかれが指摘したのは、この古典的実験に
よって切り拓かれたきわめて大きなパースペクティヴである。この簡
単な実験のなかにかれが見たのは、教育と周囲の環境の影響によって
ひき起こされる、わたしたちの自然〔本性〕の深い変化の原像である。

　ウフトムスキー〔Ухтомский, Алексей Алексеевич, 1875-1942〕は次のように
述べている ―「私たちの自然〔本性〕は開墾されうる。その土台そのもの
は、ゆっくりとではあるが、パヴロフのいう条件結合のしだいに新し
くなる成長に応じて必然的に変化するにちがいない。それゆえ、本能
は揺るぎなき恒常的な蓄え〔фонд〕なのではなく、拡大し改良されてい
く人間の財産〔достояние〕なのである。健常な条件下では高次の達成は
きわめて容易であると思われるが、もっとも古いものも残る。このこ
とから、もっとも古いものが『人間の行動の基礎』だとすることはで
きないが、新しい高次なものもそうしたものではない。

　きわめて古い動物の本能から今日の健常な人間の行動を理解しうる
というのは、卵子の性質から胎児を理解しうるとする程度のものであ

る。人間とその行動にかかわることすべては新しい本能の構成・育成にある、ということができる。わたしは確信しているのだが、パヴロフの学説のうちでもっとも重要で喜ばしい思想は、次の点にある。 ─ 反射器官の活動はあるところに留まるものではなく、時間的な前途をめざした絶えざる改造である」。

〔第 3 段階 ─ 合理的行動と知能〕

　この行動発達における第 2 段階の上に持ち上げられるのは、動物界にとっては第 3 の、あきらかに最後の段階である。もっとも人間にとっては最後の段階ではない。疑問の余地なき学問的確信をもって、この第 3 段階の存在は、高等類人猿の行動においてのみ確証されてきた。まさしくこの動物における第 3 段階の探究・発見を促したのはダーウィンの理論であった。

　比較解剖学と比較生理学のデータから確信をもって確証されることは、類人猿は進化の系列における私たちにもっとも近い親類であることだ。しかしながら、最近まで、人間を動物界と結びつける進化の連鎖の 1 つの環、つまり心理学的な環が欠落したままであった。ごく最近まで心理学者は、猿の行動は人間の行動にかんして、猿の解剖が人間の解剖に対してもつのと同じ関係であることを示すことができなかった。

　ドイツの心理学者 W・ケーラー〔Köhler, Wolfgang, 1887-1967〕は、ダーウィン理論に不足する心理学的な環を補充することや、心理学的発達も有機体の発達と同じ進化の道 ─ 高位の動物から人間への道 ─ をたどったことを示すという目的を、自らに課した。このために、ケーラーは猿のなかに人間に固有な行動形式の萌芽を発見しようとした。通常は、合理的行動あるいは知能という一般的名称で表示されているものだった。

　この場合にケーラーは、当時のすべての比較科学が歩んだのと同じ

道を歩んだ。マルクス〔Marx, Karl, 1818-1883〕は述べている ―「人間の解剖は猿の解剖への鍵である。低位の動物種における高位の種への手がかりは、この高位のものがすでに明らかである場合にのみ理解することができる」。ケーラーは猿の行動の分析にあたって同様の鍵を選んだ。かれが人間の行動にとってもっとも本質的で独自的なものと考えているのは、道具の発明と使用である。それゆえ、これらの行動形式の萌芽がすでに類人猿にもあらわれていることを示すという目的を自己に課したのだった。

　この目的のためにプロイセン科学アカデミーによって特別に組織されたテネリフェ島の類人猿研究所で、ケーラーは 1912 ～ 1920 年に自分の実験を行った。 9 匹の猿（チンパンジー）が彼の観察下におかれ、実験のための対象となった。

　ケーラーの実験の意義は、進化の連鎖に欠落する心理学的な環を探索することに限定されない。かれの実験のなかに、いまや私たちが直接的に関心を抱く他の意義をも容易に明らかにすることができる。まさしく類人猿を相手にした実験では、人間の発達した行動では決して観察しえないような、単純で純粋で明瞭な形式で、知的反応が姿をあらわしている。この点に、より後の複雑な形式にたいする、第 1 次的でプリミティヴな形式の優位性が見られる。

　したがって、行動発達の第 3 段階のあらゆる明瞭な特質、先行する 2 つの段階と比べた第 3 段階の独自性、この段階と先行する段階を結びつけるあらゆる連関が、ここではもっとも純粋な姿で表面化している。これは、行動発達の第 3 段階の特質をことごとく純粋な形で研究するために実験的に創りだされた、知的反応の純粋な培養であるかのようだ。ここから、これらの実験の「中心的」意義が生じる。これらの実験は、行動発達を上へと ― 猿から人間へと ― 説明するのみならず、行動発達を下から ― 本能から条件反射を経由して知能へと ― 正しく説明するためにも重要なのである。

　ケーラーの実験の基礎を形成しているのは、提起された課題を解決

するために動物が行わねばらない３つの基本操作である。課題解決の
第１の条件は、課題解決がなんらかの理由で直線路では不可能である
とき、目標達成への迂回路を発見しなければならないことである。第
２の条件は、迂回したり、目標への途上で出会う障碍を除去したりす
ることにある。最後の第３の条件は、その助けなしには到達しえない、
目標達成のための手段として、道具を使用、発明もしくは製作するこ
とにあった。

　いくつかのもっとも複雑な実験では、１つの課題に対して２つの条
件、ときには全部で３つの条件が一緒に組みあわされることさえあっ
た。ときどき実験は個別になされたが、全体的には実験のすべてが次
のことを考慮して構成された。これらの実験はだんだんと複雑になっ
ていくように構成され、また、それにつづく実験の各々は、先行する
実験の内容を構成するより単純な課題の解決を、必須の条件としてふ
くんでいた。

第２節　ケーラーの実験

〔猿の遊びにふくまれる道具の使用とその伝搬〕

　第３の行動形式の特質とはなにかを明らかにするために、ケーラー
のいくつかのきわめて重要な観察を簡単に述べることにしよう。ケー
ラーには猿の遊びのなかにすでに、猿の道具使用の能力をいく度も観
察する機会があった。この動物の遊びは、動物が森で自由に行動する
ときとよく似た光景をみせてくれる。

　この動物の遊びと生活経験とのあいだの密接な連関は、遊びのなか
にきわめて容易に観察される。動物はいとも簡単に、遊びから自分の
生活の重要な出来事へとあれこれの行動の手法・様式を転移させ、ま
た逆に、新しい生活経験や解決された課題が、動物によって遊びへと
すぐに移される。

　ケーラーは次のように述べている。 ―「新しい特別な手法、道具や
それに類したものの新しい使用が、実験のある場面での『必要性』と
して求められるなら、次のことに確信をもつことができる。― この新
しいものがすぐに見いだされるのは、それがいかなる『利益』ももた
らさず、生活上の喜びの高揚を表現するのに役立つだけの遊びのなか
においてである」。

　ケーラーの研究所で猿がもっとも好んだオモチャは、ありとあらゆ
る用途がある棒であった。研究所に滞在中に、もっとも賢い猿のズル
タンは棒を使ったジャンプ遊びを発明した。この遊びは、動物ができ
るだけ速くほとんど床に垂直に立てた棒によじ登り、棒が倒れる時あ
るいは倒れる前に地面かどこか高い場所に跳び移る、というものだっ
た。他の猿もこの遊びを試し、驚くほど上手にできるようになった。

　遊びのなかで発生したこの手法を猿がのちに実験のなかで用いるよ
うになったのは、高いところに吊るされた果実を手に入れる必要があ
るときだった。図1で描かれて
いるのは、そのような実験のと
きの、1匹の猿、チカである。

　ある猿は、移動しているアリ
たちの行列のなかに一本のワラ
を差し込み、なん匹かのアリが
それによじ登るのを待ち、その
ワラを口に入れて、アリたちを
なめ取っている。これが流行し、
川の岸辺にいる一群の釣り人の
ように、猿たちは手にワラをも
ち、アリの経路に沿って背中を
まるめて座っているのが観察さ
れた。

　猿は棒の助けによって次のよ

図1

うなこともする。― 泥を身体から振り落とす、トカゲとか電流の通った金網、要するに手で触れたくないあらゆるものを棒によって触れる。もっとも注目すべきものは、チンパンジーは棒で草の根を掘り出す、概して棒で土を掘り返すことを好む。この場合、棒はスコップのように扱われている。猿が貯水槽に被せられた重いふたを持ち上げたいとき、堅い棒や鉄棒を隙間に入れて、それらをテコのように使う。

　遊びのなかで、この動物たちはふいに友だちの脇腹を棒でつついたりして、おたがいにからかうのを好んだ。怒った時にはしばしば、棒を武器のように用いる。ビューラーは述べている ―「〔棒の〕こうした多様な使用方法や、まったく教育されることなくてもチンパンジーが遊びのなかであるいは必要にもとづいて自分で棒をつかみ、それを使いこなすという事実から、十分な確信をもって次のように仮定することができる。チンパンジーは樹上生活をする動物なので、自由にしていられる状態であっても、棒に通じており、それを使用していた。少なくとも、チンパンジーは実がなるものとしての木の枝や、それとともに、実を採ることのできる自然な経路を知っていたにちがいないのである」。

　すべての猿が解決したもっとも単純な実験がみごとな事例になっているのだが、そうした実験のもとでの猿の行動は、遊びのなかであらわれている猿の行動の自然的形式と結びついている。猿が檻（おり）のなかに入れられ、檻の前には紐が結びつけられた果実がおいてある。すべての猿は、考えこむこともせず、余計な試行錯誤の動作もせずに、檻のところにあった紐の端をつかんで、果実をたぐりよせている。こうして、果実を手に入れる道具として紐を使用することができる。興味深いことには、同じ操作はイヌにはできないのである。

　イヌにたいする同じような実験（イヌは檻のなかにおり、その柵の前に肉片が置かれている）が示したことだが、イヌは肉を見ながら吠え、柵から足を通すことで肉を取ろうとし、檻のなかを駆けずりまわり、柵にそって走りはするが、肉片から檻へと延びた紐の助けを借りるとか、そこ

にあった棒の助けを借りるとかはできないのである。なるほど、イヌには大した苦労もなく紐や棒を用いることを学ばせることはできるが、この場合のイヌにおける新しい操作は、教え込みや調教の結果にほかならない。自分の自由にしたらよいとされたイヌは、道具に頼らないのである。

〔視覚的構造の意味〕

　猿にたいする紐を用いたその後の実験はもう１つの興味深い特質をもっている。── 檻の外にある果実から檻へと数本の紐が伸びている。この場合、果実に結びつけられているのは１本だけで、残りの紐は動物とバナナのあいだに置かれただけである。猿たちはたいてい、果実に結ばれている紐ではなく、より短く見える紐を引っ張る。そのような果実を引き寄せる試みが失敗であると確信した後でのみ、かれらは課題の正しい解決に移っている。図２ではズルタンを対象にした５つの類似した実験(a,b,c,d,e)を図式的に描いている。各数字はかれが紐を引いた順番を示している。５つのうちの４事例で、目標と檻とを最短でつなぐ紐を最初に選んでいる。このことが教えているのは、課題解決にあたり猿がもっている視覚的要因の意味、つまり、視覚的場の構造、道具と目標物とのあいだに確立されている視覚的接触の意味についてである。

　紐の結ばれていない果実が檻の前に置かれ、檻のなかには棒がある(図３)。猿は、果実を自分に近づけ、その後に手でそれを取るために、

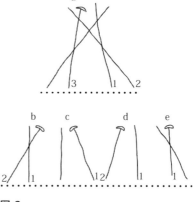

図２

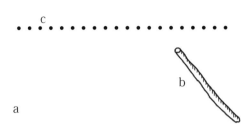

図 3
a- 動物の居場所、b- 棒、c- 柵、d- 果実

棒を道具として使用することに気づく。このとき、興味深い細部がわかった ── 猿への実験がうまくいったのは、果実と棒が相互に近づけられて 1 つの視覚的場に置かれるときであり、果実と棒とのあいだに視覚的接触があるときである。猿が道具と目標物とをひと目で把握できないように棒を遠ざけるだけで、課題の正しい解決は猿にとって不可能となるか、きわめて困難になる。

　視覚的要因の役割はここでもきわめて明瞭に現れている。しかし、わずかな回数の練習をするだけでも、猿がこれらの困難を克服し、目標物と 1 つの視覚的場に置かれてさえいない棒を手段とすることができる。棒が檻のなかにないときには、猿はバナナをたたくなどのために、木から枝を折る、ワラの束を手段にする、箱から平板をはずす、金網から針金を引き抜く、細長い麻布を用いる、というようなことをするのである。

　ズルタンが発見して特別の道具を発明・製作した、真の典型である手法は、より複雑であった。檻の柵の前に果実が置かれ、檻のなかにはアシの茎があったが、それは果実に届きうるためにはあまりにも短かった。そこには 2 本目の茎の切れ端があり、同じように短いものであったが、より太く両端がつまっている。このときチンパンジーは 2 本のアシの棒を取り、一方が他方の一部になるように、お互いにつ

なぎ合わしている。その後、チンパンジーは、２本の棒の接合部を、留め金のように手で押さえ、そのように伸ばされた棒が果実に届くように試みている。この伸ばされた棒の端ではなく中央を、２本の棒の接合部を握るという、手の誤れる状態は、猿が目標物を得るのを妨げている。ズルタンは、このようにして、長い時間、果実を手に入れるべく試していた。

ようやく柵から離れたズルタンは、２本の葦を手にして、離れたところで座り、回したりいじったりして遊んでいると、片方の棒がもう片方の棒にはまり突き刺さった。ズルタンはただちに、延ばされた棒をもって柵に近づき、果実を自分の方に近づけた。この時から、このチンパンジーはたえず、同じような状況から容易に抜けだした。必要に迫られると、３本のアシの棒を順に差し込んだのだが、１つの棒が他の棒の隙間に入らないときは、アシの端を歯で鋭くし、このようなやり方で延ばされた棒を自ら製作した。その後には、この棒はまったく正しく使えるようになったのである。他の動物たちはこれを見て、かれのまねをした（図４）。

地面に立っても上に跳びあがっても届かないほど高く、果実が檻の天井に吊るされているという類似課題が猿たちに出された。この場合もっとも察しのよい猿たちは檻のなかに置かれた箱を移動し、それを吊るされた果実の下に立て、箱によじ登って目標物を手に入れた。

すでに遊びのなかでは、猿たちは、棒で遊ぶのと同じように箱でも喜んで遊んでいる。彼らは箱を持ち上げ、引っ張り、引きずり、それらを積み重ね、投げ、床や壁にぶつかるときの音

図４

を楽しんでいる。実験では、猿は箱によじ登り、箱から上に跳び、そうして果実をもぎ取る。しばしば、箱の代わりに同じ目的に役立つのは、部屋の内側に開け放たれたドアである。チンパンジーはドアを開け、それによじ登り、天井に吊るされた果実をもぎとるのである。

　果実が極端に高くつるされているときには、猿はいくつかの箱を持ってきて、それらを積む。3つ、ときには4つの箱で塔か階段かがつくられ、猿は上へとよじ登るのである（図5、6）。しばしばチンパンジーは、

図5

図6

28

箱と棒との助けで果実を手中にお
さめるというように、2つのやり
方を組み合わせている（図7）。箱
を用いたこれらの実験でも、猿の
行動のなかに1つの興味深いディ
テールが顕わになる。すなわち、
猿によるこれらの建造物は非常に
無秩序で不安定である。構築物に
均衡を保つという課題は、明らか
に猿にはきわめて困難である。
ケーラーの意見によれば、猿はそ
の建造物の静力学を正しく理解し
ていないからである。

図7

　ビューラーは次のように述べて
いる ―「わたしが思うには、樹木
の本来の構造と比較してみると、
猿にとってなにが不足しているの
かが容易にわかるだろう。樹木の
部分は規則的には配置されておら
ず、横に突きでた枝はしっかりと
支えられている。明らかに、樹上で生活する動物は、箱を積みあげる
ときには事情がことなっていることや、上の箱は好きなように下の箱
の上に乗せられない場合があることや、箱は端や角ではなく面で接触
しなければならないことや、上の箱が口の開いた面で下の箱の上に乗っ
ていると構築物は安定しえないこと等々を理解していないのである」。

　「それゆえに猿はしばしば、例えば、平面的な壁に箱を押し付けてい
る。それで箱をつかんでいることができるなら、猿には課題は解決さ
れたことになるだろう。梯子を用いる場合にも、同様なことがみられる。
梯子がジャンプするための棒と同じように扱われたり、わたしたちに

は理解できない技術的様式で取り付けられたりする。例えば、まるで梯子を壁に貼りつけるかのようにする、または、梯子の片方の縦の支柱だけを壁に当ててもう一方の支柱は支えなしに置こうとするなどである」。

〔迂回路と障碍物〕

　目的達成ために迂回路を利用する実験は容易に猿に行うことができる。ビューラーが言うように、この領域では、猿の行動は概して、リスやネコ、イヌと同じように見られるもののみを含んでいる。ケーラー自身は、イヌもまた目標物の獲得のためにきわめて複雑に迂回することを確認した。ビューラーは、このように迂回路を利用する猿の技能の根源を、ふたたび、猿の生活が営まれる自然の状態のなかに見出している。

　ビューラーは述べている ─「枝々の茂みのなかに猿は果実を見つけたが、かれがすわっている枝や木からはその果実に手が届かない、と思い浮かべてみよう。そのとき、目標物を手に入れるには、猿は明らかに迂回をするだろう。例えば、ある木から降りて別の木によじ登らねばならない。このことが前提にしているのは、状況をひと目で見渡し、正しい道を選択する一定の能力である」。

　これに関連する１つの実験を取りあげておこう。箱の底に果実が置かれ、箱の上には重い石が載せられている。箱の１つの板面の十分高いところに水平の隙間が開けられて、その箱の反対の面は垂直の柵で出来ている。棒がようやくすき間に届くという長さの紐が棒に結びつけられている。動物はまず、すき間に入れられた棒で自分の方から柵の方へとバナナを遠ざる。その後、箱の周囲を回って、反対側から、柵に手を差し込み、バナナに手に入れなければならない。この課題を正しく解決したのはより賢い動物だった（図8）。

　より難しい課題は板の迂回にあった。柵の外側には、整理ダンスの

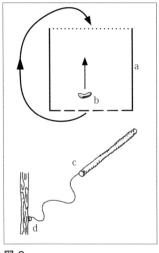 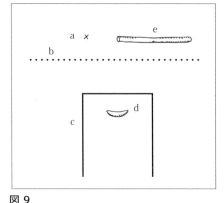

図 8
a- 柵（…）と〔水平の〕すき間（−
−）のある箱、b- 果実、c- 棒、d-
樹木。矢印は迂回路の方向を示し
ている。

図 9
a- 動物の場所、b- 柵、c- 箱、d- 果実、e- 棒。

箱のように３つの板面はあるが前面の板がない箱があり、その箱に果実が置かれている。箱のオープンな面は柵から遠くにある。動物は、棒を用いて、まず果実を自分の方から向こうに遠ざけ、それを箱から押し出し、傍らに転がさねばならない。そうした後にようやく、彼は果実を手で取ることができるのだ。１匹のもっとも賢いチンパンジーだけがこの難しい課題を解決した。残りの全員にとって、この迂回課題によって求められる経路はあまりにも難しいものであった(図9)。

　実際、これらの実験では、猿が普通におこなっていた棒によって果実を自分の方に近づけることの代わりに、自分から果実を遠ざけることがここで猿に求められたのであり、まさしく正反対の方向に行為することであった。

　迂回路を用いる実験よりも動物にとってはるかに難しかったのは、障碍物を用いる実験であった。ビューラーは述べている ―「登り降りする動物は森の道を遮る障碍物を必ず避けなければならないし、不必

要だと思ったときには、それを取り外さなければならない」。それゆえ、障碍物のあるすべての課題は、猿にはきわめて困難なものであった。

　もし箱を積み上げるのに猿が使う箱のなかに重い石や砂が入っていると、非常に苦労してそれらを箱から出すことを思いつく。箱が柵のすぐ近くにあって、果実へと手をのばす場所を遮っているなら、多くの猿はさまざまな方法に何時間も労力を注ぎ、やっとのことで箱を脇に動かすことを考えつくのである。猿の行為に対する直接的な視覚的状況のこうした支配力は、猿のすべての行動を正しく理解するためにきわめて重要だということがわかる。

　ケーラーが記述しているように、箱を用いたある実験はこの点できわめて示唆的である。ある状況のなかで正しい課題解決をすでに1度発見した動物が、別の場合にはそれを何故だか適用しえないのを観察することは、興味深いものである。そこでは、正しい課題解決を妨げている事情を明らかにすることがきわめて容易である。たとえば、ある実験で猿のチカは、部屋の真んなかに置かれた箱を台として利用しようともせず、天井に吊るされたバナナを全力で〔ただジャンプして〕取ろうとする。この猿はすでに何度もこの同じ箱を梯子として利用したことがあったのだが。

　猿は、途方もなく疲れるまで、果実をもぎ取ろうとして上に跳びあがる。かれは箱を見ているが、休むためにこの箱にすわることさえ、この間、1度もしなかったし箱を目標物に近づけるわずかな試みもしなかった。このときにはずっと、他の動物のテルツァーが箱のうえで横になっていた。このテルツァーがたまたま立ち上がると、チカはすぐに箱をつかんで目標物に近づけ、それを手にいれたのである。

　テルツァーが寝そべっている箱は、猿にとって「果実をもぎ取るための対象」ではなく「横たわるための対象」であるにすぎない。こうした状況のもとでは、猿によって、箱は目標物にまったく結びつけられておらず、箱は別の構造のなかに入れられている。それゆえ、箱は実験の基本的状況のなかに道具として入り込めないのである。コフカ〔Koffka,

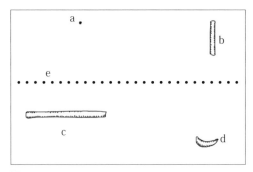

図 10
a- 動物の場所、b- 棒、c- 長い棒、d- 果実、e- 柵。

Kurt, 1886-1941〕は述べている ―「ある事物がそのなかに含まれている
構造から、その事物を取り出し、それを新たに創りだされた別の構造
のなかに移すことは、きわめて困難な行為なのである」。

　最後に、もっとも複雑なのは、2つまたは3つの手法を同時に連結
させる実験である。そのような実験に関係するのは、たとえば次のも
のである。柵の前に果実が置かれ、檻のなかに棒が置かれている。棒
は果実を取るにはあまりにも短いものであるが、柵の向こう側には、
より長い別の棒が置かれている。猿はまず、短い棒で長い棒を自分の
方に寄せ、そのあとで、長い棒によってバナナを手に入れねばならな
い（図10）。

　次のような別の実験もおこなわれた。柵の前にバナナが置かれ、棒
は天井に吊るされ、檻のなかには箱がある。猿は箱によじ登り、棒を
手に入れ、その棒によってバナナを自分の方に動かさねばならない。
2つまたは3つの操作を含む同様な実験もまた、課題解決のための迂
回路を示しているかのようである。目標物とその取得とのあいだに、
猿は中間的目標物を押しだしている（棒を手に入れる）。この課題は大部
分の動物にとって、同じように力相応のものであり、動物たちはこの
課題をたいてい間違いなく解決したのである。

第3節　構造法則と猿の行動

〔視覚的場〕

　ケーラーの実験で猿が行ったすべてのことは空間知覚と密接に結びついていた。迂回路の発見、障碍物の除去、道具の使用 ── これらすべては、猿における視覚的場の機能と認められるだろう。猿はこのような視覚的場を、ある全体、構造として知覚する。このおかげで、この場の個々の個別的要素（たとえば棒）は、この構造の部分としての意義や機能を獲得したのである。

　ケーラーが指摘したように、棒が果実と同じ構造に属するおかげで、棒は道具になった。猿がひと目で道具と目標物とを把握できないように棒を果実から遠ざけてしまうだけで、正しい課題解決は困難になった。同様に、通常は梯子として利用される箱を、他の猿が横になるために使用するなら、つまり、〔梯子としての箱という〕このモメントが猿が困惑するような他の構造のなかに含まれると、箱は、果実を獲得するという操作との、以前に確立されていた連関を失うことになった。

　こうして、ケーラーは、これらの実験では基本的に構造法則が猿の行動を規定する、と結論づけている。この法則の本質は次のものである。── わたしたちの行動のすべての過程は、知覚と同様に、個別的諸要素のたんなる総和として形成されているのではなく、その逆に、わたしたちの行為も知覚も、ある全体を表しており、その全体の構成に入りこむ各個別的諸部分の機能や意義はその〔全体の〕性質によって規定されている。

　諸部分の性質・意義を規定する全体を、心理学者は構造と名づけている。もっとも単純な事例が、猿の行動の理解にとっていちじるしく重要なこの概念を説明してくれるはずである。構造の意義を解明する実験がケーラーによって、子ども、チンパンジー、ニワトリに対して行われた。この実験は以下のとおりである。

〔ニワトリにおける色調と構造法則〕

　穀粒がのせられた明るい灰色の紙片と暗い灰色の紙片がニワトリに呈示された。この場合、明るい灰色の紙片の上には、ニワトリがついばむことができるように、穀粒がただ置かれた。他方、暗い灰色の紙片の上には穀粒が貼りつけられていた。試行錯誤法によって、明るい灰色の紙片に対する肯定的反応と暗い灰色のそれに対する否定的反応がニワトリにしだいに形成された。ニワトリは明るい灰色の紙片を間違うことなく扱い、穀粒をついばんだ。

　この反応が十分に確定されてから、ケーラーは批判実験に移り、新しい紙片のペアをニワトリに呈示した ── １つは同じもので、ニワトリに肯定的態度が育てられた明るい灰色の紙片だった。他は新しいもので、白色であった。この場合、ニワトリはどのように振る舞うのだろうか。

　次のように期待することは自然なことだろう。── すなわち、ニワトリは明るい灰色の紙片に間違えずに近づく。なぜなら、ニワトリはまさしくこの紙片から穀粒をついばむことをすでに調教されたのだから。さらに次のように強いて仮定することもできるだろう。── 新しい白い紙片が出現したために、以前の調教の成果は壊され、ニワトリはふたたび試行錯誤法にもとづいて、一方の紙片にも他方の紙片にも近づく。確率論にもとづけば、その各々に近づくのは 50 パーセントである。ところが実験は正反対のことを示している。

　ニワトリはたいてい、自分がはじめて見る、新しい白い紙片に近づく。そして、肯定的な選択反応が長い調教によって自分のなかに強化され確定されてきた明るい灰色の紙片に対して、否定的反応を示したのである。

　この場合、ニワトリの行動をどのように説明すべきなのか。

　ケーラーは次のように説明している。── 新しい組み合わせにおける白い紙片は、もとのペアのうちの明るい灰色の紙片の役割をはたした。

白い紙片は、２つの色調のうちでより明るい方の機能をはたした。ニワトリの調教は、色調の絶対的な暗さ・明るさに対してではなく、相対的なそれらに対してなされたのだった。ニワトリはより明るい方に反応した。ニワトリは、第１の実験に存在した基本的ペアの関係を批判実験に転移させたのだ。この説明には、続く批判実験において、輝かしい確証が見いだされている。

　これに続けてすぐに、新しいペアの紙片が同じニワトリに呈示された。それは、最初の基本実験での調教で使われた暗い灰色の紙片と、新しい黒色の紙片である。思い出してほしいのだが、基本実験では同じ暗い灰色の紙片に対して否定的反応が形成された。〔ところが〕今度は、ニワトリはたいてい、暗い灰色の紙片に近づいて穀粒をついばんだ。明瞭なことであるが、またしても新しいペアにおいて、この紙片の機能的意義が変化したからである。前のペアでは、この紙片はより暗いものの役割を担っていたが、ここでは、２つの色調のうちでより明るいものの役割を担ったのである（図11）。

　これらすべてがまったく明瞭かつ説得力をもって示していることだが、ニワトリは自分に提起された状況に対して、ひとまとまりの全体に対するように反応している。この状況の要素（個々の紙片）は変化しうるものである。──１つは姿を消し、他は新たに現れうる。しかし、全体としての状況は同じ効果を与えている。つまり、ニワトリはより明るい色調に反応するのである。
　ニワトリの視知覚の

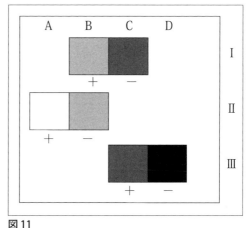

図11
Ⅰ-基本実験（調教）、Ⅱ-最初の批判実験、Ⅲ-2番目の批判実験、＋-肯定的反応、－-否定的反応

全体としての構造はその構成諸要素の性質を規定している、ということができる。これは構造のもっとも重要な性質である。この状況の各個別部分の意義は、その部分の全体に対する関係、それが部分である全体の構造に依存していることである。同じ明るい灰色の紙片と同じ暗い灰色の紙片とは、それらがどのような全体の部分であるのかに依存して、肯定的反応や否定的反応をよび起こす。こうした特筆すべき実験によって、ケーラーはわたしたちの行動における構造の意義・役割を解明するのに成功したのだった。

　この命題にもとづいて、いく人かの心理学者は、本能と反射のあいだに存在する諸関係を解明している。この問題はたいてい、次のように考えられている。── 反射は行動の第 1 次的でもっとも単純な単位であり要素である。また、環から鎖がつくられるのと同じように、これらの単位から反射の複雑な鎖、つまり本能が組み立てられている。実際、多くの者が、本能は発生的な面で反射の先行者である、という仮定に賛成している。反射は、多少なりとも分化した本能から取りだされた余剰な部分にほかならない。

　たとえば、もっとも単純な単細胞生物の行動を想起してみよう。そうした生物の反応とはどのようなものなのか。これは、有機体全体の全体的反応であり、この反応は私たちの本能の機能に類似した機能を遂行している。後になってはじめて、有機体の高次の発達段階において、個々の諸器官が分化し、その器官の各々がこの一般的な分化した反応においてその部分を遂行し、多少なりとも自主性を獲得するようになる。

〔チンパンジーの道具使用と構造法則〕

　チンパンジーに対するケーラーの実験があざやかに示したように、猿による道具の使用はなによりもまず、視覚的場の構造のある種の所産である。ケーラーはこのために輝かしい実験的証明を発見した。課題が猿によって解決されたのは、いつも、与えられたり創りだされた

りした諸関係・形式・状況・構造の知覚と使用が問題となったときだった。ケーラーがモノの機械的連結と固定化にとりかかるとすぐに「猿の賢さが尽きたことがわかった」のである。

　ケーラーは、柵からいくぶん離れたところにある果実を取るのに役だった棒を、柵に取り付けた。棒の端は金属の輪のついた短い紐で結びつけられ、この輪は短い垂直の釘に引っ掛けられた。動物たちはこのようなきわめて単純な課題（輪を釘からはずす）をやり遂げることができなかった。彼らは棒を握る、紐を噛む、棒を折るということをした。そのときにはただ１匹の猿だけが課題を解決したのである。

　輪が棒に直接に取り付けられた〔つまり紐が介在していない〕ときには、課題はずっと容易であった。何匹かのチンパンジーは上手くいった日には棒を釘から取り外したが、大多数の場合には、これは彼らにとって解決しがたい困難を示していた。この理由についてケーラーは述べている。─「釘に掛けられた輪は、チンパンジーにとって、明らかに視覚的複合体を表している。この複合体は、瞬時に注意の条件が好都合であるときには、完全に克服されうるのであるが、必要な注意が動物に欠如するや否や、この複合体はあまり明瞭ではなくなる〔１つのものに見える〕」。

　この意味できわめて示唆的であるのは、ケーラーがチンパンジー研究を最初におこなった第１の実験である。図12に示されているように、果実の入った籠が地上２メートルの高さに吊るされていた。籠をつるしている縄が鉄の輪に通され、その縄の端には結び目がつくられ、近くに直立する木の枝にひっかけられている、という具合であった。目標物を見て、それを獲得したい動物はこの

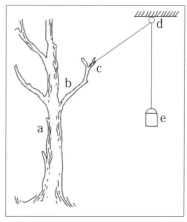

図12
a-樹木、b-枝、c-結び目、d-輪、e-かご

吊るされた籠（かご）の下にいる。課題を解決するためには、動物は枝にかけられたループをはずす必要がある。そうすれば籠は地上に落ちることになる。

　この課題は猿たちにはあまりにも複雑である。チンパンジーのなかで一番賢いズルタンは次のように課題を解決している。実験が始まって数分後に、ズルタンは思いがけなく木に結び目がつくられているところにまでよじ登り、一瞬、静かにする。かれはその後、籠を見て、籠が輪そのものにまで届くように縄を引っ張り、ふたたび緩める。その次には、籠が上に跳び上がるほどに強く引っ張ると、1本のバナナが偶然に地面に落ちたのである。ズルタンは下に降り、果実を手にすると、ふたたびよじ登って、縄をとても強く引っ張ったので、縄がちぎれて籠が落ちた。このチンパンジーは果物を食べようと籠をつかみ取り、それを持ち去ったのである。

　3日後、同じ実験がいくぶん条件を変更して繰り返された。今度は猿は最終の解決方法にいきなり訴えかけた。つまり、縄をちぎったのである。こうして、もっとも単純な力学的連関が、猿にとってはもっとも複雑で難しいものであった。その逆に、この動物は、問題が視覚的構造であるところではきわめて自由であったのだった。

　この面でいちじるしく興味深いのは、ケーラーの次のような観察である。この観察が示しているのは、ある動物は他の動物の行為を見まもり、必要なときに他者の複雑な行為に意味ある介入をすることである。ズルタンは柵の外側の果実が置いてあるところに座っている。そして、他の猿が果実を自分の方に引き寄せようとして柵の向こう側で何をしているのかを見ている。ケーラーによれば、この実験の被験者である動物は、柵のそばにある箱のフタから細長い板切れをはぎとって、なくなった棒の代わりにしなければならなかった。

　「ズルタンは外側に座り、他の猿が課題をどのように解決できないかを、長い間、まったく静かに見ていた。それから、ズルタンは柵により近づいて座りはじめ、まだそこにぴったりと身をかがめるほど、何

回か実験者の方を注意深くふり向いた。その後に、軽く取りつけられている板切れを箱のフタから素早く剥ぎ取り、それを仲間に手渡したのであった。

　チカに2本のアシを使用することを教えようとしたときに明らかになったことには、ズルタンは起こっているすべてのこと、つまり未解決の課題を他の動物にも現実に関係づけていることである。このとき私は柵の外側に立っていた。ズルタンは私の隣でしゃがんで、自分の頭をゆっくりと掻きながら、真剣に見ていた。私が何を求めているのかをチカがまったく理解できなかったとき、私はとうとう、何をなすべきかを示してもらうために、ズルタンに2本のアシを渡した。彼はそれを手にすると、一片を他片に素早くはめこみ、果実を自分の方に転がし寄せずに、まったくしぶしぶながら、果実を他の動物の方に向けて、それを柵の方へと動かしたのだった」。

　遊びのときも真面目な実験のときも、動物たちは自分が習得した経験とか問題解決のやり方とかを他の動物たちに伝えていることがわかる。こうして、ケーラーの研究所で生活する猿たちのコロニー全体が、相互に自分の経験を共有したのであり、とりわけ遊びのなかでは、1匹の動物の発明や発見はたちまち全グループの共有財産になった。とくに、このことは「流行の遊び」のなかで顕著であり、その遊びは、1匹の猿が発明したり導入したりすると、すぐに流行としてコロニー全体を包みこむのだった。

　ところで、このことは、ケーラーの実験で大いに明瞭になった、猿たちのあいだの個体的差異の大きさを排除していない。その知性、才能、察しの良さにかんして、猿たちは個体的差異が大きいことを示した。もっとも賢い猿が達した操作は、「ちょっと愚かな」猿にはまったくできないことが示された。

　ケーラーが考えるには、才能は、類人猿のあいだで顕著であり、いずれにせよ知能の領域 ── この新しくまだ固定していない機能の領域では、人間のあいだと比べてもヴァリエーションは小さくない。思うに、

よく知られた生物学的法則にもとづくなら、最大のヴァリエーションをもつものはまさしく新しい、まだ固定されていない性質である。また、ヴァリエーションは、自然淘汰が何らかの新しい適応形式を形成しはじめる出発点である。

第4節　猿の知能と自然的経験

〔猿の知能の原像 ― 森での自然的形式の行動〕

　ビューラーはまったく公平に、次のように指摘している。― ケーラーの実験では、この実験を正しく理解するためにきわめて重要なことであるが、森で自由に生きる猿たちの以前の経験と研究所での彼らの行動とのあいだの心理学的連関が明らかにされている。ビューラーが注意を払ったのは、本質的には例外なくどのケーラーの実験でも、猿は課題解決の２つの一般的方法だけを活用したことであった。猿たちが課題を解決したのはどんなときでも、空間構造から出発するか、この空間構造において作りだされる変化によるかであった。簡単にいえば、猿たちは自分が迂回路によって目標物に近づくか、自分に目標物を近づけるかであった。

　ビューラーは次のように仮定しようとする。―「迂回路の原理と、枝を曲げたり剥いだり引き寄せたりして果実を獲得するという原理とが、自然から動物に与えられている。それは、わたしたちが個別的にはまだ説明できないが、事実として認めねばならない他の本能的メカニズムが〔自然から〕与えられていることと、よく似ている」。

　こうして、ビューラーの意見によれば、猿の行為の大部分はその本能と森における自然的調教とによるものである。ケーラーの実験で猿があらわす本能と調教との限界を越えるすべての新しいものを、ビューラーは、猿の以前の経験・以前の反応の独特な形式の組み合わせに帰着させようとした。

　彼は述べている ―「枝の端に実る果実を取るために、動物は枝を合目的的に利用することができること、端に生っている果実を採るために枝を傾け、あるいは、枝を折り、嚙みきる等々のことは、驚くにあたらない。なぜなら、これらすべては本能と調教とによって説明がつくからである。いずれにせよ、樹上で生活する動物は枝と果実との連関をよく知っているにちがいない。動物が柵の向こう側の室内に座っていて、柵の内側には枝のない果実が置かれ、〔動物のいる〕部屋の内側には果実のない枝が置かれているとき、心理学的観点からすれば、主要な事実は、動物がいわばそれら〔柵、枝のない果実、果実のない枝〕を自分の観念のなかで1つに結びつけていることである。残りのすべてのことは自ずと明らかになる。同じことは箱についても言うことができる。森のなかで猿が木の高いところに果実があることに気づいたとき、まったく自然なことであるが、猿は、果実を手にするために、よじ登るべき木の幹を観察する。部屋に樹木はないが、視覚的場には箱があるので、心理学的操作は、猿は自分の観念のなかで然るべき場所に箱を置くということになる。考える、そして、行為する ― なぜなら、それにとどまらず、チンパンジーは遊んでいるとき、たえず箱を部屋中で引きずりまわしているからである」。

　きわめて興味深いのは、1本のアシを他のアシに差し込むことで棒を延長するやり方について、ビューラーがおこなった解説である。かれの意見によれば、猿の自然の生活においては、次のような場合がよく起こる。― 猿は、木々を渡り歩くために、手を留め金のようにして、ある木の枝を他の枝と連結させ、その連結箇所を握ることで人為的に作られた橋によって、自分の移動を実現しなければならない。

　これとまったく同じやり方でズルタンは2つの短い棒から1つの長い棒を作ろうとしたことを、想起されたい。まったく同じように彼はそれらの連結箇所を手で押さえた。こうして、ケーラーの実験におけるこのディテールも、ビューラーの意見によれば、猿による自然的形式の行動のなかに、自己の原像をもっているのである。

〔知能と条件反射の区別と関連〕

　実験における猿の反応と彼のそれまでの経験のこうした接近によって、知能と名づけられる行動発達における第3段階を多少なりとも正確に説明することができる。行動発達の第2段階（条件反射）は第1段階の上に増築されており、遺伝的反応のある程度の改造・形態変化・再グループ化にほかならない。それとまったく同じように、第3段階は第2段階から法則的に発生しており、条件反射の組み合わせの新しい複雑な形式なのである。

　しかしながら、第2段階は第1段階の上に増築されながらも、すでに完全に新しい行動の質、新しい行動の形式、新しい生物学的機能を表している。それと同じように、第3段階つまり知能的反応は、条件諸反射の複雑な組み合わせから発生しつつも、独自の生物学的機能を有する行動の新しい形式を形成している。

　第3段階を第2段階と、知能を条件反射と接近させているものはなにか、それらを区別しているのはなにか、人間の行動のあらゆる高次形式の発達のための出発点となる行動発達の新しい独特な段階として知能を特徴づけるものはなになのか、を手短に考察してみよう。

　自明なことではあるが、ケーラーの実験で猿が行ったすべての発明が可能であったのは、この動物たちのかつての森での生活、かれらの祖先の森での生活のなかに、実験的に人為的に創出されたものと非常に似た状況が数多くあったからだった。猿の森での生活と、実験のなかで猿がおこなった行為とのあいだの密接な連関は、すでに述べたように、猿たちの遊びにおいてもっとも明瞭である。遊びのなかでは動物はあるがままにいられ、彼の「自然的行動」がもっとも純粋に現れているからである。

　思いだしてみたいのだが、猿は遊びのなかで、とくに必要がなくとも遊びの対象として棒を用いているし、この棒は遊びの対象として次のような機能を猿のなかで果たしはじめている。──上によじ登るため

の竿の機能、食べるためのスプーンの機能、攻撃したり防衛したりするための武器の機能、根を掘るためのスコップの機能、最後にケーラーの表現によれば、たんなる「普遍的道具」の機能である。「普遍的道具」とは、猿が直接には手では届かない事物、なぜだか手で触りたくない事物 — 例えば、自分自身の身体についた泥、トカゲ、ネズミ、帯電された鉄条網など — に触れられる道具である。

こうして棒を使いこなす能力は、猿のなかに突然に発生したものではなく、それまでの森でのあらゆる経験の結果である。この観点から、実験における猿の行動もより理解しやすくなる。ケーラーがつくりだした状況は、実際には、森のなかで起こっている状況に似ている。

森で猿がしばしば枝先に果実を見るとき、この動物は、自分と手中に収めるべき果実とのあいだにある枝をも見る。そして、目標物を手にいれようと枝を動かすことができる。ところでいま、枝のない果実が柵の向こう側に置いてあり、檻の内側には果実のない枝がある。いまや猿に迫ってくるすべての操作は、新しい条件のもとで以前の状況を復活させること、つまり、果実と枝とを再結合させることなのだ。新しい条件のなかでかつての経験を復活させることが猿の行動において大きな役割を演じていることはまちがいない。

したがって、猿のなかで起きていることは新しい状況への古い構造の転移であり、これはニワトリの実験における構造の転移と大いに似ている。ケーラーの実験でも、そのような転移が示されている。それは構造法則の作用の結果である。思い起こしてほしいのだが、この法則は、状況の個々の要素は変化しうるが構造は全体として作用しつづけていること、この構造の各部分はその性質において全体としての構造に規定されていることであった。枝は猿にとってこのような構造的意義を獲得し、そのおかげで猿のかつての経験から新しい条件へのその意義の転移が可能となる。ケーラーは述べている。 —「猿にとって眼にはいる棒が、ある状況にとってある機能的意義を獲得したと言い、また、この意義が、それ自体は何であれ形と堅さとの意味で、棒と客

44

観的に一定の共通の特色をもった他のあらゆる対象に押し拡げられていると言うとしよう。それは観察対象の動物の行動に合致する唯一の見方に直接に接近することになるだろう。帽子のふちと短靴は、もちろんチンパンジーによって視覚的に棒であると捉えられるのが常だとはいえないが、外見的な形態や様相においていくぶん類似した対象が１度でも棒の機能を果たしたことがあったという場合にのみ、それは猿にとって機能的意味で棒として捉えられるのである」。

　思い起こしてみると、棒によって果実をとるという課題を解決した猿は、その後、ワラの束も、フェルトの長い切れ端も、棒にまったく似ていない対象もすべて、棒として用いている。このことは、全体としての構造が個々の要素の変化から相対的に独立していることを教えている。このような場合に猿が行う同様の転移は、変化してしまった状態のもとでの古い構造の復活である。

　ケーラーの実験のこのような解釈により、実験で猿に呈示されたいろいろな課題をこの動物が解決した際に、たしかに仮説的ではあるが猿に生じている内的過程にかんする観念を構成することが可能になる。もう一度、思い出してほしいのであるが、もっとも純粋で容易なケースでは、棒と果実とが２つの刺激として同時に作用するときに、猿は基本的課題を解決する。まったく別の組み合わせにおいて、相互に結びついた（枝と果実）これら２つの刺激は、森での生活のあいだに、すでに何度も猿に作用したものであった。それゆえ、次の点に驚くべきことはなにもない ― この２つの刺激物は、いまはバラバラに作用しているが、以前はたえず一緒に作用していた諸中枢の活動を神経系において再生している。その結果として生じているのは、おそらく、神経の興奮の流れの短絡〔ショート〕に似たもの、つまり、十分に強く興奮した２つの中枢の結合である。

〔知能の本質について〕

　これを促進しうるのは、ある著しく重要で特筆すべき事情である。その事情とは、猿の反応が次のような条件のもとで絶えず現れることである。すなわち、本能的・習熟的反応が働くのが阻まれること、猿が習慣的に生活し行為したことからすれば変化してしまった新しい環境のなかに入り込んでいること、柵とか、猿を果実から遠ざける距離などの形で困難・障碍あるいは障碍物が猿があゆむ道に登場すること ── などの条件である。

　こうして、猿の知的反応はたえず、猿の歩みに対して登場する明白な障碍物・支障・困難または限界への応答のなかに現れている。カール・グロース〔Groos, Karl, 1861-1946〕は、新しい行為の様式を獲得する過程での困難性の意義を見事に解明した。彼は述べている ──「習慣的反応の反復が中断され、遅延したり、他の道に逸れたりするや否や、すぐさま意識は（もしそのように比喩的に表現できるなら）場所とりに急ぐだろう ── それは、無意識に働く神経系の後見に委ねられた事柄の主導権を、ふたたびわが手に握るためなのである。

　心理学者にもっとも身近な問題の1つは、主として知的現象の登場の原因を構成する、きわめて一般的な先行的条件にかんするものである。習慣的なものへの志向がしかるべき解答をすぐには見いだせない、あるいは、まったく見いだせない（停滞の法則）とき、これはしばしば、停滞のいわゆる「自然的」現象における知的評価の原因となる。このようにひき起こされ、知能になっていく停滞は、それ自体で認識ではないが、非習慣的なものに対する単純な困難と結びついているか、習慣的なものの意識的期待と結びついているかである」。

　リップス〔Lipps, Theodor, 1851-1914〕はこの現象を、基本的な心理学的法則 ── 彼はこれを比喩的に堰堤（えんてい）の法則と名づけている ── として特徴づけた。この法則が語るところでは、もし何らかの心理学的過程の流れがその途上で停滞とか障碍物とかに出会うなら、停滞の場所で神経エネ

ルギーの上昇、この過程そのものの力・能動性の上昇が起こる。この過程は障礙物への応答として、増大する力をもって停滞を克服しようとしたり、迂回路によって停滞を回避しようとしたりするのである。

　この「堰堤の法則」のなかにリップスが見つけたのはあらゆる思考活動の始まりの説明だった。ビューラーは次のように考えている ── この「法則は、私たちの神経系の高次クラスの干渉、より深部にあるクラスの活動への心的生活の干渉の条件に ── 重要な条件にして、あたかも生物学的に予期された条件に、実際になりうるかのようである」。

　パヴロフは、かれの観点からすれば、わたしたち各人の生命エネルギーの基本形式である目標反射の活動にとって、障礙物の動因的意義を指摘している。かれは述べている ──「あらゆる生命、そのあらゆる改良、培養は目標反射によって、生活のなかで人々が設定したあれこれの目標をめざした人々によってのみ、営まれている。この反射を高次に具現するアングロサクソン人は、このことをよく知っている。だからこそ、目標達成の主要な条件はどのようなものかという問いに対して、かれは、ロシア人には思いがけぬ信じがたいことだが、── 障礙物の存在だと答えるのである。アングロサクソン人は次のように語るかのようである ──『障礙物にたいしてわたしの目標反射を集中させよう。そうすれば、たとえ目標がどんなに困難であっても、それを達成するであろう』。興味深いことには、この解答では目標達成の不可能性が完全に無視されている」。

　最後に想起されたいことには、わたしたちの思考のすべてもまた同じような困難から生まれることである。思考についてのすぐれた分析のなかでデューイ〔Dewey, John, 1859-1952〕が指摘したように、どの思考もやはり困難から生じている。理論的思考では、わたしたちが出発するこの困難は、たいてい問題<ruby>問題<rt>プロブレム</rt></ruby>とよばれている。すべてが明瞭で、まったく困難が感じられず、問題が存在しないところでは、思考過程ははじまることさえできないのである。

〔猿の知能 ─ 行動における停滞の意味〕

　ここで猿の行動に戻るなら、実験のときの猿の行動できわめて特徴的なことは、直面した障碍物に反応するさいの停滞であると気づかされるだろう。動物に対するきわめて単純な実験からでも容易に気づくことなのだが、動物の習慣的行為の途上で出会うあらゆる停滞と障碍物は、動作の強化と過剰生産とをよび起こしている。生体は、その〔行為の〕途上で出会う困難を補償している[1]。

　毎日、庭の柵を通って餌を食べられるところにやってくるのが習慣であるニワトリのことを想像してみよう。あるとき、ニワトリは、隙間がとても狭くて通り抜けられない柵に遭遇した。このとき、ニワトリはどのような行為をするだろうか。

　ニワトリはとても狭い隙間を通り抜けようとする。それに失敗すると、2つ目の隙間、それから3つ目、4つ目の隙間で繰りかえし試みる。新たな失敗はニワトリに大きな興奮をよび起こし、いわゆる超運動つまり運動の過剰生産をよび起こす。ニワトリは鳴き声をあげながら、柵に沿って右往左往しながら、すべての隙間を無秩序につつく。停滞がニワトリにすべての活動の猛烈な高揚をひき起こしているのだ。こうした偶然的で目当てのない吟味のおかげで、また、運動の過剰生産のおかげで、ニワトリは、通り抜けることのできる広い隙間に偶然にもぶつかるのである。

　ビューラーは述べている。─「2回目、3回目、5回目と、ニワトリはかすかに自分の行動を変えているが、もし同じことが数10回繰り

[1]　ここで分析に用いられている概念装置（過剰生産、補償など）はヴィゴツキーらによって、障碍のある子ども、とくに視覚障碍や聴覚障碍のいずれかまたは両方がある子どもの発達の考察においても使われている。それらは「超補償（сверхукомпенсация あるいは перекомпенсация）」の概念に結実している。もちろん、そこでは意識の領域（内的過程）が必要とされ、人間の子どもの場合にはアドラー心理学から摂取した、劣等感などネガティヴなものをバネにポジティヴなものに跳躍する過程が念頭におかれている。類人猿の知能においては動作の停滞がキーワードであろう。なお超補償については本書第3章でも言及されている。

48

返されたとしても、ニワトリは、むしろ目標物に徐々に近づくまでは、直接に隙間に向かっていって結局は目当てのない騒ぎを完全には中断しないのである。成功からの満足はこのようなある行為の像を優勢にさせ、不成功からの不満は別のものを与えた。つまり、ある感覚的印象と成果なく終わった行為の像の運動的複合とのあいだに、明瞭で十分に堅固な一定の連合が形成されたのである」。

アリもまったく同じように行為する。アリの行く手に障碍物を置いてやると、困惑したかのようにアリは無秩序にあらゆる方面に駆けはじめる。だが、この困惑という反応のなかにきわめて大きな生物学的意味が隠されている。困難への応答として、この動物はかれができるすべてを行う。アリは試し、駆けずりまわり、探す。その結果、正しい迂回路を発見する機会を増大させている。

猿のように檻に入れられ、柵の外側に置かれた肉片を見ている飢えた犬も、同じように振るまう。犬は吠え声を上げて肉に突進し、柵の隙間に足や鼻面を何度も通そうとし、柵に沿って走り、大きな神経的興奮を顕わにする。

これらすべてのデータから次のような疑う余地のない結論を下すことができる。─ 本能的様式あるいは習慣的様式の行為がすすんでいく途上に現れる障碍物もしくは停滞そのものは、神経的興奮を強め、活動の高揚をよび起こす。思い起こしたいことには、猿は、手の届かない果実を見ながら何時間でも座っていることができ、実験で役に立たなかった棒で何時間でも遊ぶことができる。

わたしたちが思うには、バナナそのものが猿のなかによび起こす神経的興奮は、もしこの刺激物に停滞の強化作用が連結されていないなら、目標物への動物の注意をかくも強固に集中させることはけっしてないだろう。この場合の停滞とは、ある心理学者の表現による「本能の刺激」と同類の役割を演じているかのようである。実際のところ、猿にバナナを見せ、その後でそれを片付けてしまうと、猿がバナナを得ようとする試みに自分の注意や志向を何時間も集中させておくことはな

いだろう。

　こうして、猿のなかで起きている過程を思い浮かべるという以前の
私たちの試みに対して、ここで付け加えるべきは、停滞が示すさらなる
る強化作用である。この停滞によって猿の脳のなかで興奮した諸中枢
のあいだの「短絡」が容易になると仮定することができる。猿の外的行
動はいずれにせよ、このような仮定に十分な根拠を与えている。

　実際には、猿の行動は、停滞や障碍物への応答として運動の過剰生
産によって反応するアリ・ニワトリ・イヌの行動と、何によって区別
されるのだろうか。私たちは次のように言うことができるだろう。―
猿のより発達した脳は、「堰堤の法則」にもとづいて発生する神経的興
奮の、分岐のための別の形式や経路の可能性をつくりだすのだと。な
るほど、猿も、最初の試みが直進路によって果実を得ることは不可能
だと確信させるとはいえ、この場合には、しばしば低位の動物と同じ
ように振るまう。つまり、猿もまた、果実を獲得しようとして、数え
切れないほどあちこちに跳びつくことがあるのだ。

　しかしながら、通例はかなり早く、猿の行動に鋭い突然の転換がは
じまる。その時期は、猿が運動の過剰生産の代わりに通常のすべての
外的反応を中断し、まるで目標物に目を集中させつつじっと動かずに
いるかのような時期である。〔そのとき〕猿のなかに生じているのは一般
的な停滞あるいは運動の休止である。

　強化された神経的興奮は外側に、外的な無秩序な運動に支出される
のではなく、ある複雑な内的過程に移行する。わたしたちはビューラー
とともに、猿はあたかも外的吟味から内的吟味に移行するかのようだ
と仮定することができるだろう。つまり、私たちは次のように言うこ
とができるだろう。― 猿の興奮した神経諸中枢はある複雑な相互作用・
相互関係に加わり、その結果、猿の洞察力 (догадка) を仮説的に説明し
うるかのような「短絡」が発生することがあるのだ。

　わたしたちはまだ、知的反応の真の生理学的説明からあまりにも遠
くにいる。このことを考慮すれば、多少なりとも概略的で蓋然的な仮

説しか打ち立てられない。しかし、次のように仮定する根拠はある ── この反応の基礎には現在の刺激と以前の条件結合との複雑な相互作用がある。

第5節　行動発達の第3段階としての知能

　今度は、新しい独特な特色について短く論じておこう。その特色とは、ケーラーの実験で猿の行動が明確にしているものであり、行動発達の第2段階から、つまり条件反応や仕込みの反応から、猿の行動を深く区別するものである。この独自性が構成されるいくつかの特色をあげてみよう。

〔猿の知的反応の発生様式 ─「1度で永遠に」〕

　猿の反応と条件反射とのあいだの差異の第1のもっとも著しい特色は、その反応の起源あるいは発生の様式である。

　条件反射はどのように発生するのか、仕込みあるいは調教の結果である反応はどのように形成されるのかを検討してみよう。これらはゆっくりと段階を踏んで発生している。なんらかの詩を暗誦することを想像してみよう。詩を読み上げたあと、その度に、詩の再生にあたってなされた誤りの量をパーセントで記録してみると、第1回目のあとでは、この誤りはおそらくきわめて多く、ほぼ100パーセントだろう。2回目のあとには、誤りの数はわずかに気づく程度に減少する。5回目や10回目の後には、誤りの数はさらに低くなる。そのように徐々に段階を踏んでいき、ある回数の反復のあとには、誤りの数はゼロに近づいていく。反復の回数のたびに、暗誦と誤りの減少過程を曲線で表すならば、緩やかに段階的に下降する誤りの曲線が形成されることがわかるだろう。条件反射は通例、段階的にゆっくりと確立されている。

　猿における〔知的〕反応の発生はまったく異なる経過をたどっている。

あれこれの課題解決にあたり猿において見られる誤りの量をふたたび
曲線で表そうとすると、その曲線は垂直線に沿って急激に下降するこ
とに気づくだろう。猿は、課題解決にあたって、100 パーセントの誤
りをなすか、つまり課題をまったく解決できないか、あるいは、1 度
で正しい解決が発見されるかである。すなわち、あらゆる暗誦・反復・
定着なしに、どのような状況にあっても課題が解決されるかである。
そうなれば、誤りの数は直ちにゼロにまで下降するのである。

　ケーラーの実験でわたしたちを驚かせるものは、まさしく、猿が明
らかにする「1 度で永遠に」という記憶である。ビューラーはこれを、
人間の記憶の領域のよく知られた事実と対照している。

　ビューラーは述べている ―「よく知られたことであるが、たとえば
数学的論証は、いく度もの反復を必要とする外国語や詩句の連のこと
ばとは異なった記銘のされ方をする。関係そのものが存在し『発見』
されるところではどこでも、記銘のこうした驚くべき力を確認するこ
とができるだろう。そして、これはいわゆる論理的記憶の基本原理で
あるだけでなく、すべての記憶術システムの基本原理でもあると思わ
れる。記憶の手品師はこの術によって古代ギリシャ時代以来、世間を
驚かせてきたものだ」。

　ケーラーの実験が証明したように、チンパンジーの〔知的〕反応はまっ
たく同じ働きをもっている。この動物がいちじるしく変化した外的状
況のもとで新しい様式を適用しうるためには、なんらかの 1 つの手法
が成功しさえすれば、ほぼ十分なのであった。

　そうした「一度で永遠に」という記憶の説明を、いく人かの心理学者
は構造法則のなかに見出している。猿は、当該の状況が従属している
構造を発見する。この構造を発見してしまうと、猿はすでに事情が異
なっているときでさえ、同類の状況におけるどの個別部分の位置や意
義も正しく発見するのである。わたしたちはみな直接経験から知って
いるように、何回もの反復によって印象を刻み暗記しなければならな
い事物もあるし、ずっと長いあいだ構造が保存されるうえで一度理解

すれば足りるという事物もある。

　さらに次のように仮定することができる。—— 簡易化された記銘は、猿の知的反応を伴う困難や注意との直接的な連関のなかにある。記憶の機能の基礎には、よく知られているように神経経路の開通があり、次のようにより簡単に仮定することができる。—— そのような経路の開通や「痕跡」の保存にとって、神経系に不可欠であるものは、神経的興奮が相対的に弱ければまったく同じ道を通る神経的興奮が長い間にわたり何度も反復されることである。ちょうど、車輪が道の上でゆっくり少しずつ轍（わだち）をつけていくように。停滞のもとに存在する強力な神経的興奮は、短絡の様式にもとづいた、また、山にトンネルを掘削するときの発破のやり方にもとづいた、新しい神経経路の敷設において作用しうるのである。

　いずれにせよ、多くの心理学者によって次のことが実験的に論証されている。—— 記銘するときに遂行される作業の困難性そのものが、一定の条件のもとでは、より素早くより強固な記銘への刺激となりうるだろう。どんなに逆説的に響こうとも、難しいことは易しいことよりもしっかりと記銘される。思考の努力が必要とされるものは、そのような努力をよび起こさずにわたしたちの眼や耳の前を流れていくようなものよりも、ある状況のもとではよりよく記銘されるのだ。

〔猿の知能の生物学的機能〕

　知能を条件反応の上へと持ち上げ、それを他の残りの反応から区別する第2の新しい特色は、知能の生物学的機能である。ケーラーの実験のなかで、猿は発見し、発明している。ビューラーは次のように述べている ——「本来の意味での発明は知能の生物学的機能でもある。人間は道具を創造してそれを使用するが、動物はそれをしない。これは古い学説であり、明瞭な諸事実にもとづいていて 1917 年〔ケーラーの『類人猿の知恵試験』出版の年〕にわたしたちが認知したように、旧来の学説は

例外なく正しいわけではない。なぜなら、類人猿は道具を使用し、状況の要求に応じて自分で道具を創りだすからである」[2]。

　ケーラーの実験では、猿は毎回、新しい状態に出会う。猿がその道程で発生した困難から脱出するためにどのように振るまうべきかを、猿に示す者は誰もいないし教える者も誰もいない。猿の行動は、本能的動作や仕込まれた動作がもはや助けにはならない、新しい状況や新しい条件への適応である。

　知能の働きがはじまるのは、こうして、本能と条件反射との活動が中断するか停滞するかしたときである。変化した条件への適応、新しい事情や条件への適応 ― これによって猿の行動は特徴づけられる。こうした新しい事情に対して、ケーラーの実験での動物は、庭の柵の前にいるニワトリとは異なる形で適応する。つまり、試行錯誤法によってではなく、外的動作の停滞と「内的試行」の方法によってである。

　ビューラーは述べている ―「わたしが提案したいと思うのは、猿のそのような行為を表示するために『発明』という語を技術的術語として導入することである。なぜなら、ここでの基本的なことは、新しい状態がもたらす困難性が、外的手法や多様な試みによってではなく、明らかに内的（心身的）過程によって克服されることだからである。そして、そのときには準備された解決が突然に現れる。つまり、しっかり身についた習慣の場合のように、視覚的行為がすぐに滑らかに行われるのである」。

　ケーラーは、あれこれの課題を解決する動物の外見と感情表現にかんして興味深く記述している。ケーラーは述べている ―「次のような様子を自分で観察してみる必要があるだろう。どうやっても解決することができないチンパンジーは無表情で間が抜けて見える。彼は考え

2　ヴィゴツキーはケーラーの発見がもつ心理学上の「画期的」意義を認識し、心理学をケーラー以前とケーラー以後に区分するほどであった。ヴィゴツキー「構造心理学における発達の問題」（1934年、ロシア語版6巻本著作集第1巻、p.250。邦訳はヴィゴツキー『心理学論集』柴田義松他訳、学文社、2008年に所収）を参照されたい。

るとき、人間のように頭をかく。動物の行動における突然の変化、落ち着きのない視線と無秩序な奔走とが中断される。そのとき、動物の顔や全身の動きに喜びが満ちあふれる。動物は数秒間で課題を解決してしまう。もっとも、そこに至るまで、かれは数時間ものあいだ、無意味で、筋の通らない、馬鹿げた振るまいをしているのである」。

　ビューラーは、猿のなかにはじまるこの突然の変化を、難しい思考課題を実験で提起されたときに人間に観察される同様な変化と、比較している。ビューラーは次のように述べている ―「人間においても課題の突然の解決が現れるのは稀ではなかった。これについては、内的な叫び声『ははあ』のもとで解決が突如もたらされた、としか言いようがなかった。それゆえ、わたしはこの状況を『ははあ体験』と呼んだ。今やわたしは次のような意見である ― わたしたちの言語が間投詞『ははあ』を創り出したのは、もっぱら、そのような、そしてそれに類した体験を知らせるためであった。ケーラーのチンパンジーは、この『ははあ体験』あるいはそれに類似したものを通っていったのだ」。

〔具体的状況に依存しない発見 ― 転移について〕

　猿の発見はさらに、第3の特有の性質をもっている。その性質は、発見された行動様式はこの様式が見いだされた具体的状況にまったく依存していないことである。猿は、正しい解決を見つけるとき、それと同時に、きわめて広い範囲で自分が発見した解決を他の状況に転移することができるようになる。

　すでに述べたように、道具は猿にとって「機能的意義」を獲得する。そのあと、この機能的意義は任意の他の対象 ― フェルトの切れ端、ワラの束、短靴、麦わら帽子の縁などに転移することができる。猿はこうして構造を解き明かすのだが、構造の諸要素に助けられて行為するようではない。それゆえ、猿によって発見された解決は、具体的な諸要素から広い範囲で独立している。

　もしも道具を使用する技能が猿のなかに仕込みや調教の結果として
生じたのだとすれば、この技能は仕込みが行われた対象と結びついて
いるだろう。たとえば、もしも猿が棒の助けによって果実を手に入れ
たとすれば、その猿はフェルトの切れ端とか麦わら帽子の縁とかで同
じように行為することは決してできないだろう。このような、ある対
象を用いることから他の対象を用いることへの構造の転移もまた、猿
の知的反応を条件反射から深く区別している。

　エディンガー〔Edinger, Ludwig, 1855-1918〕は述べている。—「一連のす
べての動物の研究が示していることだが、原理的には、脊髄脳の末端
から始まり嗅覚神経で終わるすべてのメカニズム（これには第1次脳も関
係している）は、すべての高位・低位の脊椎動物において、完全に同一
に構成されている。したがって、人間ついて述べようと魚について述
べようと、すべてのもっとも単純な機能の基礎は全系列にとって完全
に同じものである」。

　エディンガーは次のように考えている — 系統発達において現れてく
る新しい心理学的能力あるいは行動形式の1つひとつとともに、動物
の脳における新しい形成物にわたしたちは注目する。この形成物のお
かげで新しい心理学的能力が発生するのである。「そのはじまりは爬虫
類からだが、新しい脳が第1次脳につけ加えられ、大きな力で増大し
ていく。そして人間においては、第1次脳全体を外套のように覆うく
らいの大きさに達する」。エディンガーはこの点に、調教に対する動物
の増大する能力の基礎を見ている。パヴロフの研究も同じく、大脳皮
質は条件反射を閉結する器官であること、つまり、行動発達における
第2段階の有機的基礎であることを示したのである。

　ビューラーは述べている —「顕著な解剖学的諸事実が、人間の脳の
構成における第3段階を承認するためにも存在している。なぜなら、
類人猿さらにより大きくは人間において、大脳皮質の重量に相当する、
脳の相対的重量の新しい増加が見られる。神経線維の多数の叢（むら）をもつ
新しい領域が、どこでも、大脳皮質の古い諸領域のあいだに入り込ん

でいる。人間の場合には、これはなによりも、限りなく重要な言語中
枢に関わっている」。

　新しい脳が古い脳の基礎の上に建て増しされるのとまったく同じよ
うに、脳の新しい部位に照応する行動発達のどの新しい段階も、古い
段階の上に建て増しされている。ビューラーは述べている ―「猿の行
動にかんして、過去との断絶はみられない。― 表象の生活における小
さな進歩、連合のやや自由な戯れ ― ここにおそらく、チンパンジーを
イヌより高位におくすべてがある。事柄のすべては、自分の持ってい
るものを正しく利用することにあった。ここに、あらゆる新しいもの
があった」。

　このように、猿の行動にまったく明瞭に形成されているのは知能と
いう新しい形式である。それは、労働活動の発展にとって基本的前提
となり、猿の行動と人間の行動とのあいだの連結環であることを示し
ている。きわめて重要なことは、ケーラーが述べているように、類人
猿は多くの面で他の種類の猿よりも人間に近いことである。かれは述
べている ―「とりわけ明らかになったことだが、血液の性質に現れる
限りでの類人猿の身体の化学機構、類人猿の高次の器官 ― 大脳 ― の
構造は、低位の猿の化学的本性やその脳よりも、人間のそれらと類縁
的である」。

〔モノの扱いの基盤としての遊び〕

　実験データに劣らず重要で、ケーラーの研究に大きな意義をもたら
すモメントは、私たちがすでに取り上げたような遊びのなかでの猿の
行動の観察である。ここでは、自由にしておかれた猿たちは道具を広
範に用いていること、かれらは道具と解決手法とを遊びから自分の前
に立てられた真面目な課題へと転移させていること、そして逆に、猿
が最近に実験で克服しえた状態を特に喜んで遊びのなかに活用してい
ることがわかったのである。

　遊びのなかでのモノの扱いが疑いもなく教えていることなのだが、猿における道具の使用は偶然的なモメントではなく、心理学的に高次の決定的なモメントである。すでに述べたように、この遊びのなかで特別な位置をしめているのは棒である。ケーラーは述べている —「棒はチンパンジーの一種の普遍的道具である。生活状態のほぼすべてにおいて、チンパンジーは何らかの様式で棒を使用している。共通の資産となった道具の使用がいったん可能になると、のちには、その道具の機能は毎月のようにますます多様になった」。

　すでに述べたように、棒は猿によって、梃子、スプーン、スコップ、武器として使用されている。ケーラーは猿の遊びのなかにこれらすべてのケースをきわめて詳細に記述した。

　猿による同様な「モノの扱い」、同様なモノの適用は、装飾においても顕著である。傍らの対象で作られた装飾が、猿の遊びのなかに見られた。大量のきわめて様々な対象を猿は喜んで自分自身の身に着けると、ケーラーは語っている。ほぼ毎日、紐、キャベツの葉、小枝、毛糸の屑を肩に載せた動物を見ることができる。チェーゴに金属の鎖を渡してみると、この鎖はすぐに身につけられた。大量のアシが背中じゅうを覆い、紐と毛糸くずは通例、首の両端から肩を通って地面にまで垂らされている。

　テルツァーは、顔を両端から縁取るように、後頭部と耳の上を撚り紐でぐるっと巻いている。こうした紐などが落ちてきたら、この猿は歯で咬んで落ちないようにする。ズルタンは、あるとき、缶詰用の空の箱を歯で持ちはこんで、着飾ることを思いついた。チカは、着飾るために背中で重い石を運ぶことにしばしば満足を覚えた。チカは4ドイツ・フントの重さの石から始めて、とうとう9フントの重い溶岩のかけらを見つけて背負った。

　猿のこれらすべての装飾の本性は、ケーラーが示したように、猿が視覚的行為ではなく自分自身の「身体感覚」、自己感覚の上昇を見込んでいることにある。この感覚の上昇の基礎は、わたしたちの身体とともに

さらに何かが動いており、そのおかげで、わたしたちの動きに由来する感覚がより豊かで著しいものになることだった。

　自分の研究を総括しながら、ケーラーは、次のような結論にたどりついている。——「チンパンジーは、人間に固有な種類の合理的行動を明らかにしている。かれらの合理的反応が外見上、人間的行為を完全に想起させるということがつねに起こるわけではない。しかし、研究のために特別に選択された条件のもとでは、人間的な合理的行動のタイプを疑いもなく確認することができる。動物たち相互にめだった差異があるにもかかわらず、この主張は、同類のもっとも才能のない個体についてさえも効力を持ち、もしチンパンジーが病理学的な意味での精神薄弱でないなら、この主張はどの個体のチンパンジーでも確証できることである。いずれにせよ、１つのことは疑いをいれない。—— 類人猿は他の一連の動物たち全体から抜けだして人間に近づいている。その接近は形態学的・生理学的特質にもとづくだけではなく、類人猿が人間に固有な行動形式を明瞭に示すからでもある。

　進化の系列上のわが隣人について、この側面からわたしたちが知っていることはあまりにも少ない。だが、私たちが知っていることの少なさとこの研究の結果は、類人猿が理性の面で多くの低位の種類の猿たちよりも人間に近いという可能性を排除していない（もちろん、これは知能の量によるわけではない。この〔量の〕面では、チンパンジーは、疑いもなくより低次の全般的発達・組織のゆえに、人間よりも、低位の猿の近くに位置している）。この場合、観察は進化理論のデータと合致している。とくに、知能と大脳の発達とのあいだの相関が確認されるのである」。

第６節　労働活動の心理学的前提としての道具の使用

　ところで、はなはだしく重要なある特質は、猿の行動を人間の行動から区別し、また本来の意味での人間的行動の発達路線がどのように進行するのかを正しい光のなかに置くことができる。この特質は、ほ

ぼすべての研究者によって一致して解明されている。ケーラーから得られた簡単な事例をもとに、その特質を説明してみよう。

〔ことば、時空間、労働の欠如 ― ケーラー〕

　あるとき、遊びのための広場には白い粘土の塊が運びこまれた。外側からのいかなる刺激もないなか、次第に猿たちは、粘土で遊びながら絵を描くことを「発見」した。のちに、猿たちがふたたび粘土を手にしたとき、かれらのなかでは同じ遊びがにわかに始まった。―「はじめのうち眼にしたのは猿たちが見知らぬモノをなめている様子だった。おそらく、かれらは味を調べたかったのである。不満足な結果のあと、かれらは、同様の場合にしてきたように、いちばん近くにある対象に舌をつけてぬぐった。すると当然、その対象は白くなった。

　しばらくすると、鉄の杭、壁、梁（はり）に絵を描くことが自発的な遊びに変わった。― 動物たちは舌で、絵の具ときには一連の塊を寄せあつめ、それらを口のなかでこね、湿らせて、ペースト状に変え、ふたたび絵を描く、というようなことをした。肝心なことはまさしく絵を描くことにあり、口のなかで粘土をすり潰すことにはなかった。なぜなら、絵を描く猿がいる一方で、残りの〔猿たちの〕社会はたいしてやることがないなら、描画の結果を最大限の関心をもって見守っていたからである。

　予想どおり、舌を絵筆にすることは早々と中止された。チンパンジーは粘土の塊を手にとり、はるかに確実に素早く絵を描くようになる。

　なるほど、この場合、〔絵として〕指摘できるのは、白く塗り広げられた大きなまだら模様、あるいは、格別にエネルギッシュな活動のもとでは、真っ白になった表面だけであったが。その後、動物たちには他の色を使用する機会があった」。

　これらの観察は、猿の行動の正しい評価にとって、きわめて重要な意義を持っている。この問題についてビューラーは述べている。―「チンパンジーの行為の過大評価を防ぐ諸事実がある。明らかなのはゴリ

ラやチンパンジーを人間と見まちがえた旅行者はまだひとりもいないことだ。また、この動物たちのなかに誰によっても発見されなかったのは次のものであった。さまざまな民族によって異なり一度なされた発見が世代から世代へと伝達されることを示す伝統的な道具や方法も、砂岩や粘土の上の爪痕 — この爪痕は、何かを表現する絵画、遊びのなかでのなぐり描きでもある装飾図案と考えられるだろう — も、いかなる表現的言語、つまり、名称と同価値の音も、発見されなかった。これらはすべてをまとめて、内的に解明されねばならない」。

もっとも広い意味でのことばの萌芽でさえまさしく欠如していること、つまり、記号を作りだし、人間の行動と人間文化とをあまねく特徴づける補助的心理学的手段を導入する技能が欠如していることは、猿ともっとも未開な人間とのあいだに境界を置くだろう[3]。この点でビューラーは、「混ぜること、汚すこと、塗りたくることは、人間の天性である」という、色彩にかんするゲーテの学説を想起している。

ビューラーは述べている —「ケーラーの観察から、混ぜること・汚すこと・塗りたくることは猿の天性でもある、と言えるようになるが、わたしたちの知るかぎりでは、つぶれたイチゴの汁が残した染みのなかに、チンパンジーが線画による記号を見出したことがあるとは、まったくあり得ないことなのだ」。

ケーラー自身は、彼の研究がもたらした結果の正しい評価のために、学問的な限界を設定しようとしている。これに関連して、ケーラーは、自分が研究した猿のすべての行為は「いまある現実的状況」にかかわっている、と指摘している。それゆえに、チンパンジーが生活している時間が過去と未来にどれくらい広げられるのかは、判断しがたいのである。

ケーラーは述べている —「チンパンジーとの長い交流からわたしが確信することだが、言語の欠如の他には、類人猿ともっとも未開な人

---

3 ここから「チンパンジーの文化的発達云々」までは、ケーラー『類人猿の知恵試験』（岩波書店）に類似した記述がある。p.258以降を参照されたい。

間とのあいだの大きな相違は、この面〔過去や未来への広がりの面〕での著しく狭い境界にある。比類なき技術的補助手段（言語）の欠如と、知能の最重要の素材、いわゆる『表象』という意味での原理的制限性とは、この場合、なぜチンパンジーには文化的発達のもっとも小さな萌芽さえ認めることができないか、ということの原因である」。

〔労働なき道具の使用〕

　思考の発達の歴史にとって格別な関心をひき起こしているのは、チンパンジーの思考はことばから完全に独立している、という実情である。わたしたちはそこに、非言語的思考の純粋に生物学的な形式を見いだすのであり、この形式は、思考と言語の発生的根源は動物界において異なっていることを確信させる。次のように言うなら、猿と人間との行動を境界づけるこれらのモメントのすべてを、1つの一般的指標において総括し表現することができるだろう。すなわち、猿は人類のあらゆる文化的発達の前提である道具の発明・使用の技能を発揮しているが、それにもかかわらず、まさしくこの技能にもとづく労働活動は、猿には、最小限度においてさえ未発達なのである。労働の欠如のもとでの道具の使用 ── これが、猿と人間との行動を接近させるとともに分離するものである。

　この命題は、猿における道具の使用がはたす生物学的役割のなかに、反駁しがたい確証を見いだしている。概していえば、この行動様式は猿の適応の基礎ではない。猿は道具の助けによって環境に適応しているのだと言うことはできない。

　遊びのなかであのように大きな役割を演じている道具は、猿の適応過程になると、補助的な、したがって、副次的な働きだけを表している。逆にいえば、基本的で主要には、この適応は道具の使用にもとづいていないのである。

　周知のように、ダーウィンは、人間だけが道具を使用するという意

見に反駁した。かれは、萌芽的様式での道具の使用は他の動物にも、とくに猿にも固有なものである、と指摘している。この点についてプレハーノフ〔Плеханов, Георгий Валентинович, 1856-1918〕は次のように述べている ―「彼はもちろんその観点からすれば完全に正しい。すなわち、有名な『人間の自然〔天性〕』のなかにはあれこれの種類の動物に見られないような特色はひとつとしてないし、それゆえに、人間を何か独特な存在であると考えたり、人間を独特な『界』に割り当てたりする、いかなる根拠も存在しないのである。

　だが、量的差異は質的差異に移行する、ということを忘れてはならない。ある動物種に萌芽として存在するものは、他の動物種の特徴的指標になることがある。このことは、とりわけ、道具の使用について言わなければならない。象は枝を〔鼻で〕折って、ハエを枝で追いはらう。このことは興味深く教訓的である。ところで、『象』という種の発達の歴史において、ハエとの闘いにおける枝の使用は、おそらく、どのような本質的な役割も演じなかった。象が象となったのは、多かれ少なかれ象に似た祖先が枝を振りまわしたからではないのである。

　人間はそうではない。現代イギリスのすべての存在が機械に依存しているように、オーストラリアの未開人〔ディカーリ〕のすべての存在はそのブーメランに依存している。オーストラリア人からブーメランを奪い取り、かれを農夫にしてみよう。― かれは必然的に、自分のすべての生活様式、すべての習慣、すべての思考様式、自分のすべての自然〔天性〕を変えるだろう」。

　猿についても、私たちは同じものを見いだす。なるほど、猿における道具の使用は、象の場合とは比べものにならないほど発達している。猿の棒のなかには、私たちがすでに見てきたように、道具一般の原像があるのみならず、一連の分化した道具 ― スコップ、槍などの原像もある。だが、それでも猿でさえ、動物界における道具使用の発達の高次の観点に立ってみると、これらの道具は生存闘争においてまだ決定的な役割を果たしていない。猿の発達の歴史のなかでは、飛躍が起き

ていなかった。── 飛躍は猿が人間になるという過程のなかにあり、こ
こで私たちが関心を抱く側面からすれば労働の道具が自然への適応の
基礎となることである。猿の発達の過程において、この飛躍は準備さ
れているが実現されていない。この実現のためには、まだ猿には疎遠な、
自然への適応の独特な新しい形式、つまり労働が形成されねばならな
かった。

〔猿が人間化するにあたっての労働の役割 ── エンゲルス〕

　エンゲルス〔Engels, Friedrich, 1820-1895〕が指摘したように、労働とい
うものが猿が人間に転化する過程の基本的要因である。「労働は、人間
的生存の第 1 の基本条件であるが、ある意味では、労働が人間そのも
のを創造した、と言わねばならぬほどのものである」。
　エンゲルスは、猿の人間化の過程が歩んだ次のような道を指摘して
いる。猿の人間への移行のための決定的な一歩だとエンゲルスが考え
るのは、森の生活様式のおかげで発達する手と足との機能分割、地上
の移動からの手の解放、直立歩行の習得のはじまりである。まさしく、
手と足のなすべき仕事の分化が、手が完全に新しい機能を遂行するよ
うに導いたのだった。
　猿は手によって丸太と石をつかみ、手によって塒や日除けを作る。
「だが、まさしくここで明らかになるのは、人間にもっとも似ている猿
といえどもその未発達な手と、何十万年の労働によって改善された人
間の手とのあいだの距離がいかに大きいかである。両者における骨格
と筋の数や一般的配置は同じであっても、やはり、もっとも原始的な
未開人の手でさえ、どのような猿も及ばない数百の仕事をこなすこと
ができる」。
　手の解放は、こうして、一方では労働過程の前提であり、他方では
この過程の結果である。エンゲルスは述べている ──「手は労働の器官
であるばかりか、労働の産物でもある」。

　手の発達、労働の器官への手の転化に並行して、人間の祖先のきわめて複雑な生体全体の発達も進んだ。「手と労働の発達とともに始まった自然の支配は、新たな一歩を踏みだすたびに、人間の視野を拡大させた」— とエンゲルスは述べている。労働は社会のより緊密な結合に役立った。共同活動、相互の支えが活動の基本的事実とされた。

　「簡単にいえば、〔このように〕形成されてきた人間たちは、彼らには相互に何かを話したいという欲求が現れることにたどり着いた」。ことばは労働過程から発達した。

　人間がそこから生まれてきた猿の種において、本来の意味での労働はまだいかなる役割をも演じていなかった。

　「労働過程は道具の製作のもとでのみ始まる」。もっともプリミティヴな道具は、狩猟と漁労の道具である。だが、明らかなように、猿における同様の適応形式はまだいかなる役割も演じていない。「手とことばの器官と脳との共同活動のおかげで、個々の個人におけるのみならず社会においても、人間たちはますます複雑な操作を行う能力を獲得し、ますます高次の目標を自己に提起し、それを達成する能力を獲得した」。

　動物の行動と人間の行動とのあいだの本質的な相違を、エンゲルスは、動物には規則正しい行為への能力が欠如している、という点には見ていない。彼は述べている —「逆に、原形質があり、生きたタンパク質が存在し反応している — すなわち、きわめて単純なものであるとはいえ、外側からの一定の刺激の結果として運動がおこなわれているところではどこでも、行為の規則正しい様式は胚芽において存在している。

　だが、あらゆる動物のあらゆる規則正しい行為が自然の上にかれらの意志を刻印して残すことはできなかった。それをなしうるのは人間だけであろう。簡単に言えば、動物は外的な自然を利用するだけであり、自分はただそこにいるというだけの変化を、自然のなかにひき起こすにすぎない。人間の方は、自己の変化によって、自然を自己の目的に

役立たせ、自然を支配する。この最後のもの〔自然の支配〕は、他の動物との人間の重要な相違であり、この相違を人間は再び労働に負うのである」。

〔自然の支配と自分自身の支配〕

　類似したことは、人間の心理学的発達の領域でも起こっている。ここでも、動物は自分自身の自然を用いているが、人間の方は自分自身の自然を自分の目的に役立たせ、その自然を支配する。この点でも、人間はまた労働に負っているのだ。労働過程は自分自身の行動に対する人間の支配をある程度求めている。この自分に対する支配は、本質的には、自然に対する私たちの支配と同じ原理にもとづいている。

　「こうして一歩毎に、わたしたちは意図する・意図しないにかかわらず、次のことに気づいている。― どちらの場合にも、自然を支配するときに、征服者が他民族を支配するように、また、自然の外側にいる者がするように、支配するわけではない。わたしたちは、逆に、わが肉と血と頭脳によって自然に所属して自然の内部に存在しているし、わたしたちの自然に対する支配は、他のあらゆる存在と異なって、自然の法則を理解しそれを正しく適用することができる、という点にある」。

　自然の自然的進行にたいする能動的な干渉は、まさしく自然の法則のこの理解にもとづいている。エンゲルスは続けている ―「これがまがうことなき事実となるほど、人間たちはその自然との統一性を感覚するだけでなく意識することがより大きくなる。また、精神と物質、人間と自然、心と身体のあいだの対立性についての無意味で反自然的な観念 ― 古典的古代の衰退期にヨーロッパで発生し、キリスト教において高次の発展が見られた観念は、より不可能になるだろう」。

　こうして、自然への適応の領域において、猿を人間から区別するものは、労働の欠如および労働と結びついた自然にたいする支配の欠如である。猿の適応過程は概してまだ、外的自然の利用と自然への受動

的適応と特徴づけられる。心理学的領域では、猿にとってはやはり、自分自身の行動の支配の欠如、人為的記号の助けによって行動を支配すること ── 人間の行動の文化的発達の本質はここにある ── の無能が特徴的である。

　マルクスは述べている ──「労働手段の使用と創造は、胚芽的形式ではいくつかの動物種にも固有であるとはいえ、人間の労働過程に特有の特色を構成している。それは、フランクリンが人間を道具をつくる動物と規定するほどなのである」。

　プレハーノフは述べている ──「労働の道具のなかに、人間はかれの解剖学的構成を変化させる新しい諸器官を獲得するかのようである。人間が労働の道具の使用にまで高められたときから、かれはその発達の歴史にまったく新しい様式を付与している。まず、その歴史は、残りのあらゆる動物の場合と同様に、かれの自然的諸器官の変形をもたらしてきた。いまや、この歴史はなによりも、かれの人為的諸器官の改良の歴史、かれの労働力の増大の歴史となっている」。

　マルクスは労働過程の本質を次のように見ている。──「自然そのものによって与えられた対象は、その（人間の）活動の器官となり、かれはこの器官を自分の身体の器官に結合する。聖書に反して、身体の器官の自然的サイズを延長することによって結合するのである」。

　それゆえ、人間の発達は、適応の基本的形式として労働へと移行したときから、すでに人間の人為的器官の改善の歴史であったし、「聖書に反して」、つまり自然的器官の改善の路線に沿ってではなく人為的道具の改善の路線に沿って運動している。

　これと同じように、人間の心理学的発達の領域では、自分自身の行動過程の支配を人間に可能にする記号の発明と使用のときから、行動の発達の歴史はいちじるしく、人為的・補助的な「行動手段」の発達の歴史に、また、人間による自分自身の行動の支配の歴史に転化するのである。

　もし知能が労働の発達のための必要な前提であるなら、意志すなわ

ち自分自身の行動の支配は、労働の直接的な所産であり結果である。

〔自由への道〕

　この意味でエンゲルスは自由意志を解説して、次のように述べている ―「自由は、自然必然性の理解にもとづいた、自分自身と外的自然との支配にある。それゆえに、自由は必然的に歴史的発達の所産である。動物界から抜けだしてきた最初の人間たちは、動物そのものと同様に、自由ではなかった。だが、文化の１つひとつの進歩は自由に向かう歩みであった」。

　こうして、人間の心理学的発達の領域においても、生物学的適応の発達の領域とまったく同じような転換が、道具の使用が導入されたときから起こっているのだとわかる。ベーコンはこのことを、本書への題辞（エピグラフ）の形で引用した命題のなかに表現した。その命題は次のように述べている ―「裸の手も、生（なま）のままの知性も、多くの力があるとはいえない。すべては、道具と補助手段との助けのもとで実現される」。

　このことは、もちろん、基本的な器官である手の発達とあるがままの知能それ自体の発達は人間の歴史的発達の始まるときに中断する、ということを意味しない。その逆に、手と脳は、自然的器官として、歴史的発達の時期におけるほど急速に発達してきたことはなかった。

　ところで、人間の行動の発達は、すでに、基本的には生物学的進化の法則によってではなく、社会の歴史的発達の法則によって制約された発達である。行動の支配の過程における補助的道具である、言語や他の記号システムの様式で「労働手段」と「行動手段」を改善することが、「裸の手と生のままの知性」の発達と交替しつつ、前面に押し出されている。

　猿が通過していく行動発達のこの段階を全体として評価するなら、次のように言わねばならない。― 猿には労働活動の萌芽が見いだされるが、労働活動は猿にとって、手と知能の発達の様式でのこの段階の

68

始まりにとって必要な前提である。手と知能の発達はともに道具の使用をもたらすが、しかしまだ、猿のなかに、自己の支配への前提、もっとも原始的なものであれ記号の使用を確認することができないのである。そのような〔自己の支配のための〕記号の使用は、人間行動の発達の歴史的時期にのみあらわれ、かれの文化的発達の歴史全体の主要な内容を構成している。この意味で「労働は人間そのものを創りだした」のである。

第2章　自然人とその行動

第1節　心理学的発達の3つの平面

　人間のあらゆる心理学的機能は発達の所産ととらえねばならないという考えは、学問的心理学に深く根ざしてきた。ブロンスキー〔Блонский, Павел Петрович, 1884-1941〕が述べているように ―「人間の行動は、行動の歴史としてのみ理解可能である」。

〔第1の平面 ― 生物進化の心理学〕

　心理学的発達の2つの平面は、今日、きわめて豊かに研究されている。心理学は人間の行動を長期にわたる生物進化の結果と見なし、もっとも単純な単細胞有機体のなかに人間活動の最も複雑な形式の萌芽を追跡している。心理学は、そうした有機体のプリミティヴな反応、「あるものからの運動とあるものへの運動」のなかに現代の人間の高次形式の思考・意志を理解するための出発点を見ているのだ。

　動物の本能のなかに心理学が見いだすのは、人間の情動の原像であり、人間の恐怖と怒りのなかに肉食動物の逃走と攻撃との痕跡を発見している。実験室のなかで研究される第1次的な条件反射のなかに心理学が見るものは、脳の皮質の所産にして人間のあらゆる複雑な活動が発達してきた基礎である。そして、心理学は、向日的な植物の運動と万有引力の法則を発見したニュートン〔Newton, Isaac, 1642-1727〕の計算式とを統一的な法則によって包括すること、パヴロフ〔Павлов, Иван Петрович, 1849-1936〕の表現によれば、「諸有機体の生物的適応という1つの鎖の個々の環として」包括することを試みている。

　上述した〔第1章で述べた〕ケーラー〔Köhler, Wolfgang, 1887-1967〕の最近の発見において、心理学はとうとう、それ以前にはカバーできていなかった、人間の行動と生物進化によればもっとも近しい類縁者 ― 類人

猿 ─ の行動とを連結する環をえた。心理学におけるダーウィン主義の完全な勝利は、人間の知能のもっとも本質的な特色 ─ 道具の発明と使用 ─ が、発達の上では猿の行動に由来するという発見によってのみ可能となった。猿もまた一定の条件の下で、もっとも簡易な道具を発明し使用することができるのである。

こうして、動物的世界のなかに環境にたいする人間の能動的適応の特殊な形式の起源を発見することができた。この適応の形式は他のすべての動物界から人類を分離して歴史的発達の道へと導いたのである。エンゲルス〔Engels, Friedrich, 1820-1895〕によって指摘された、猿が人間に転化する過程における労働の役割は、ここで、学問的実験の手段によって確証されたのである。

これらすべては、まとめて言えば、人間心理学を生物学的な進化心理学とかたく不可分に結びつけ、そして、研究者に次のことを教示した。─ 人間の行動の大部分は今日まで、ブロンスキーの表現によれば、うしろ足で立ち、ことばを話す動物の行動である。

〔第2の平面 ─ 個体発生の心理学〕

発達のもう1つの平面もまた非常によく研究されている。大人の人間の行動は、心理学者たちが以前に確認したように、ただちに創りだされたのではなく、子どもの行動から段階を踏んで発生し発達してきたものである。なるほど、ずっと以前に心理学者と哲学者がすすんで認めたように、人間のいだく観念と思考は人間精神の生得的基礎を構成しており、子どもの身体が発達するときに〔精神も〕発達する、というものではなかった。

かれらは、もっとも高次の人間的観念も誕生の時あるいはそれ以前にすでに子どもにそなわっている、と主張する傾向にある。これにかんしてデカルト〔Descartes, René, 1596-1650〕は次のように書いている ─「わたしは、母親の胎内にいる幼な子の精神は形而上学的問題につい

て熟考しているとは主張しないが、しかし、かれは神についての観念、自分自身についての観念をもち、大人たちが真理についてまったく考えていない時にも大人が抱くような、それ自体として明白であるすべての真理の観念を持っているのである」。

このような主張を根拠にして下すことのできる結論は、マルブランシュ〔Malebranche, Nicolas de, 1638-1715〕によって定式化されている。かれは、抽象的・論理学的・形而上学的・数学的知識は子どもにいちばんわかりやすいと主張した。観念が子どもにとって天賦(てんぷ)のものであるとすれば、子どもには、できるだけ早く永遠の真理を知らせておく必要がある。生得的な源泉に近づけばそれだけ、観念そのものがより純粋で正しいものとなるだろう。偶然的事実にもとづく子どものその後の感性的経験は、生得観念の原初的純粋性を曖昧化している。

こうした命題はずいぶん前に学問的心理学によって放棄されている。心理学は、大人の思考・行動は子どもの発達のきわめて長期で複雑な過程の結果と見なされるべきだ、という規則をずっと前に獲得した。ある行動形式から他の行動形式へのあらゆる質的転化、あらゆる量的変化がともに子どもの発達の土台を構成することを、この学問は可能なかぎり綿密に確認しようとしている。

心理学が追いかけているのは、新生児の泣き叫びから、乳児の片言(かたこと)から、人間のことばの個々の細やかな現れがどのように段階的に発生してくるのか、また、まさしく性成熟期に向けて、基本的には、ことばの獲得過程がどのように終わるのか（なぜなら、まさしくこの時期から、ことばは子どもにとって、抽象的概念の形成の道具となり抽象的思考の手段となるからである）、ということなのだ。

さらに心理学は、子どもの遊びのなかに、どのようにかれの将来の傾向・技能・能力が透けて見え、発達し形成されるのかを注視している。また、子どものフィクションのなかに、将来の芸術活動・科学活動の基礎になる創造的想像の諸要素が、どのように成熟し鍛えられるのかをも注視している。

〔第3の平面 ― 歴史的発達の心理学〕

これら2つの発達の平面は、すでに述べたように、十分に深く心理学に根づいてきた。だが、さらに、第3の発達の平面がある。この平面は、2つの平面よりもはるかに弱々しくしか心理学者の一般的意識に入りこんでいないものの、これらの発達の2つのタイプと比べて深い独自性に特徴づけられている。― それは、歴史的発達である。

現代の文化的人間の行動は、生物進化の所産や、児童期における発達の結果であるのみならず、歴史的発達の所産でもある。人類の歴史的発達の過程において変化し発達してきたのは、人々の外的関係だけではなく、また、人類と自然とのあいだの関係だけでもない。人間そのものが変化し発達し、かれ自身の自然〔本性〕も変化してきたのである。

これらの長期にわたる変化の結果、現代の文化的欧米人の心理学的タイプが形成されてきた。わたしたちがこのタイプの特質の説明に発生的観点を適用せず、この特質がどこからどのように生じてきたのかを問わないなら、この特質もまた理解することができないのである。

人間心理学の歴史的発達は、発達の他の2つの平面と比べると、十分に研究されていない。なぜなら、この学問は、児童発達と生物学的発達にかんする資料よりも、人間的自然の歴史的変化にかんする資料をあまりにもわずかしか持ち合わせていないからである。『種の起源』の様々な段階に位置づけられた動物の膨大で多様な世界は、あたかも生物進化の生きたパノラマを与えているかのようであり、比較解剖学・比較生理学の資料にたいして比較心理学の資料をつけくわえることを可能にしている。

子どもの発達は、私たちの眼前でいく度となく行われている過程である。この発達は研究のきわめて多様な様式を可能にしている。〔ところが〕人間心理学の歴史的変化の過程だけは、劣悪な研究条件のなかに置かれている。過ぎ去った歴史的時代が残したのは、その過去にかんする文献と痕跡であった。

　そうした文献や痕跡にもとづいて人間という種の外的歴史を再生するのであるなら、それはなによりも容易である。行動の心理学的メカニズムは、この場合、いくぶんなりとも客観的で完全な形で表されることはなかった。それゆえ、歴史的心理学はごくわずかな資料しか持っていないのである。

　したがって、この心理学のもっとも豊かな源泉の1つは、いわゆる未　　開　諸民族〔プリミティーヴヌイ〕の研究である。未開諸民族あるいは原　始　的　諸民族〔ペルヴォビゥイトヌイ〕と呼ばれるのは、たいてい、条件つきの意味で文化的発達の低次の段階に位置する、非文明的世界のいくらかの諸民族である。これらの民族は完全な意味で未開ということはできない。なぜなら、例外なく全員に、かれらには多少なりとも文明化が見られるからである。かれらすべては、人間の前歴史的な生存の時期からすでに抜けだした。かれらの多くは大いに古代的な伝統を持っているものの、ある人たちは遠く離れた場所にある強力な文化の影響を受けてきた。他の人たちはその文化的発達において衰退したのである。

　本来の意味での未開人は今日どこにも存在していないし、これらの原始的諸民族において示されているように、この人間のタイプは相対的にのみ未開とよびうる。この意味で未　開　性〔プリミティーヴノスチ〕は人間の行動の歴史的発達における低次の段階であり出発点である。未開人の心理学のための資料となるのは、前歴史的人間、低次の段階の文化的発達に位置する諸民族、異なる文化の諸民族の比較心理学についてのデータである。

　自　　然　人〔プリミティーヴヌイ〕の心理学はまだ創り出されていない[1]。いま行われているのは、この領域における心理学的資料を蓄積し、研究方法を検討することであり、トゥルンヴァルト〔Thurnwald, Richard, 1869 - 1954〕の表現

1　本訳書ではこれ以降、基本的には、примитивный человек あるいは примитив（未開人）が特定のエスニック・グループを指すよりも一般化された意味で用いられている場合、それを「自然人」と訳すことにした。これについては「凡例」を参照されたい。そのように訳した理由のひとつはここに記されている点 ──「本来の意味での未開人は今日どこにも存在していない」という点である。ただし、未開という形容詞が「民族」や「社会」を修飾する場合には自然の訳語はなじまないので「未開民族」「未開社会」とした。また人間の具体的機能をあらわす場合には「プリミティヴな」と訳した。

によれば、心理学的観点によって民族誌的資料を洞察することである。

第2節　文化・心理学的発達の３つの理論

　人間の歴史的発達の問題へのアプローチのもとに現れてくる第１の課題は、ここに見られる発達過程の独自性を規定することである。心理学に次々と連続的に提起されてきたのは、人間の歴史的発達を特徴づける３つの観点もしくは３つの原理であった。

〔観念連合などの個人心理学的アプローチ ─ タイラーとスペンサー〕

　タイラー〔Tylor, Edward Burnett, 1832-1917〕とスペンサー〔Spencer, Herbert, 1820-1903〕がその時代に提起した第１の観点が、初期の民俗学者や民族学者を主導した。かれらは、未開諸民族の習俗、信仰、習慣、言語に関する膨大な事実資料を蓄積していた。

　心理学的には、これらの研究者はいわゆる連合主義の観点に立っていた。かれらによれば、連合法則は心理学の基本法則であり、接近とか類似とかを基礎に、わたしたちの経験の諸要素のあいだに確立される連関の法則である。かれらは、人間精神の法則はすべての時代、地球上のすべてにおいて変わらず同一であると考えた。

　知的活動のメカニズム、思考・行動の過程の構造そのものは、自然人と文化的人間とのあいだに違いはないし、文化的人間と比較した自然人の行動・思考のあらゆる独自性は、この理論に従えば、未開人が生活し思考している諸条件から理解し説明することができる。

　文化的人間であるわたしたちが、ある日、人間によって蓄積された膨大な数の経験を失い、自然人が生きる生活条件のなかに置かれたとしよう。もしそうなら、これらの研究者が言うように、わたしたちは未開人が振るまい思考する仕方とまったく同じようにすることになるだろう。したがって、問題は、思考と行動との器官や、文化的心理を

非文化的心理から区別する独特のメカニズムにあるのではない。― 問題はもっぱら、両者が持っている素材にあり、経験の量にある。

　こうした理解にもとづいて、これらの研究者は自然人のあらゆる文化的発達の基礎に横たわる中心的現象を、原 始 的アニミズム、つまり、自然のあらゆる現象・対象の普遍的精神化の理論と見なした。

　ある夢見の現象に驚いた原 始 的人間 ― かれはその夢見のときに、死者やずっと不在の者を見て、かれらと話し合ったり争ったりし、目覚める場所から何キロメートルも疾走などする ― は、これらの表象の客観性を信じだす。かれは自分自身の存在の二重性を信じるのである。自分自身とのアナロジーにもとづいて、かれは自然現象をも説明する。かれの意見によれば、自分自身のなかに見られるように、自然現象の背後には心あるいはモノの霊が働いている、というのだ。

　観念連合の法則と因果性原理の素朴な適用は、これらの著述家にとって、人間精神の自然法則から発生するアニミズム、自然人のこの自然哲学の誕生を解明している。歴史的発達全体と地球全体にわたる人間精神の同一性は、これらの著述家によって公理と見なされている。とくに、この見解の正しさを表すものは、地球上の各地に住む諸民族に見られる、個々の信仰、習俗、制度が一致するという事実である。

　こうして、行動の基本的心理学的メカニズム、観念連合の法則、論理的思考の基本原理、因果性原理は、自然人と文化的人間との共通資産である。しかし、もっぱら心理学的連合主義と論理的思考という2つの装置は、文化的人間のものであれば、膨大な経験と強大な素材を持っているが、自然人の場合には経験は制限され、素材は強大ではない。ここから、両者の心理学のあいだの差異が生まれている。

　そのような問題設定のもとで容易にわかるように、歴史過程における人間の心理学的発達の問題そのものが取りのぞかれてしまう。道の最後にあるのとまったく同じ現象が道の始まりそのものにもある、というところでは、発達そのものが不可能である。〔そこでは〕問題はむしろ、本来の意味での発達ではなく、経験の蓄積になってしまう。そう

した経験の蓄積・加工のメカニズムそのものは、原理的には、最初の段階と最後の段階においてまったく違いはない。このメカニズムだけが普遍的な歴史的変化の過程で不変のままに残るのである。

　この素朴な観点はすでにかなり前から、心理学によって手つかずのままであった。自然人を自然哲学者として思い描き、かれのあらゆる思考と行動とをこの哲学の特質によって説明することほど、素朴なものはない。人間の思考・行動の発達を動かしているのは、理論的あるいは観念的関心ではなく物質的必要性である。自然人は、理論的動機よりは実践的動機の影響のもとで行動することが多く、自然人の心理学そのものでは、論理的思考はかれの本能的・情動的反応に従属している。

　ポクロフスキー〔Покровский, Михаил Николаевич, 1868-1932〕は次のように書いている ―「未開人の世界観照をかれの宗教の源泉と考えることほど誤っているものはない。その逆に、世界観照はすでに出来あがったある宗教的情動の上に形成されてきた。古代宗教の根にあるものは、何らかの説明ではなく、まさしく説明の欠如というのがもっとも正しい。未開人の宗教的思考の基礎をなすものは、表象でも思惟の論理的働きでもなく、感情であり、概してあらゆる意識的過程の出発点である」。

〔集団表象からの説明、心理学的なものの社会構造的被制約性 ― レヴィ＝ブリュール〕

　さらに研究が示したように、自然人の思考・行動の心理学的メカニズムもまた歴史的に変化する変数である。観念連合の法則と因果的思考の原理は、自然人の思考のあらゆる側面をけっしてカバーしてはいない。レヴィ＝ブリュール〔Lévy-Bruhl, Lucien, 1857-1939〕は、自然人の思考の心理学的メカニズムは文化的人間の思考のメカニズムと一致しないことを示そうとした、最初の人であった。

　かれは、両者のあいだの差異はどこにあるのかを規定しようとさえ
していたし、自然人における心理学的メカニズムの活動が従っている
もっとも一般的な法則を確立しようとした。かれが出発点にした観点
はタイラーの観点とまったく対立的である。

　レヴィ＝ブリュールは２つの基本命題から出発している。その第１
は、ある民族または社会のなかに社会現象として発生する信仰や集団
表象を、個人心理学の法則たとえば観念連合の法則から説明しえない
ことだ。この集団表象はある民族の社会生活の結果として発生する。
それはそのグループの全メンバーに共通のものであり、ここでは世代
から世代へと伝達されている。それはしばしばすでに出来あがった形
で個人に伝達されるのであって、個人のなかで培われるわけではない。
集団表象は個人に先行し、個人よりも長く生きのびるが、ちょうど言
語が社会的なものであり、個々人に依存しない存在であるのと同じで
ある。

　こうして、問題そのものへの基本的観点が変更されている。コント
〔Comte, Auguste, 1798-1857〕のことばを使えば、レヴィ＝ブリュールは、
人間にもとづいて人類を規定するのではなく、逆に、人類にもとづい
て人間を規定しようとしているのだ。未開諸民族の特質を、レヴィ＝
ブリュールは個人生活の心理学的法則から導きだすことは不可能であ
ると考え、その反対に、個人心理学そのものを、グループのなかで発
生し、人びとが生きる社会のタイプや構造から発生する、集団表象の
性格から説明しようとする。

　この研究者の第２の観点は、次のような命題を仮定することにある。
── 社会のさまざまな類型に人間心理学のさまざまな類型が対応してお
り、それらの類型は、脊椎動物の心理学と無脊椎動物のそれとが異な
るように、互いに相違している。

　もちろん、異なる動物においてもそうであるように、異なる社会構
造であっても、人間社会のあらゆる類型にそなわる共通の特色 ── 言語、
伝統、制度 ── がある。だが、レヴィ＝ブリュールが述べるように、そ

うした共通の特色とならんで、人間の諸社会は有機体として相互に深く異なる構造を呈示しているので、高次心理学的機能におけるしかるべき差異を呈示することができる。それゆえ、そもそもの始めから心理学的操作を、社会の構造と無関係に１つの類型に帰着させることは否定されねばならない。また、あらゆる集団表象をつねに同一のままの心理学的・論理学的メカニズムによって説明することも、否定されねばならないのである。

　この研究者は、互いにもっとも隔たった２つの心理学的類型 ── 自然人の思考類型と文化的人間の思考類型とを比較する、という課題を立てた。この研究でレヴィ＝ブリュールがたどり着いた基本的結論は、次の点にある。── 自然人の高次心理学的機能は文化的人間の同機能と深く分岐していること、したがって、思考・行動の類型そのものが歴史的に変化する変数であること、人間の心理学的本性もまた、その社会的本性がそうであるように、歴史的発達の過程で変更されることである。

〔自然人の前論理的思考と「融即の法則」〕

　すでに述べたように、レヴィ＝ブリュールは、心理学的機能の類型は個人が属するグループの社会構造に直接に依存する、と考えている。プリミティヴな思考という独特な類型に一般的特徴づけを与えようと思って、レヴィ＝ブリュールは、これを前論理的思考または神秘的思考と言いあらわしている。

　かれはこのような言い方によって、この思考は反論理的思考だと言いたいわけではなかった。論理的思考に対立するタイプの思考すなわち非論理的思考、つまり論理的形式とはまったく共通性がなく、あらゆる論理の向こう側、外側にある思考である、と言いたいわけではなかったのだ。かれがこの名辞で示しているのは、もっぱら、この思考は前論理的思考、つまり、論理的思考形式にまでまだ発達していない

思考であることだ。矛盾への無感覚がこの思考を特徴づけている。そして、その基本的特色であるのは、融即の法則 закон соучастия である。この法則は、自然人の表象によれば、同一の事柄がいくつかのまったく異なる存在形式に加わることができる、という点にある。この「融即の法則」は、そのような連関を思考のなかに確立するように自然人を導いている。そして、この連関こそ、レヴィ＝ブリュールがプリミティヴな思考に神秘的性格を付与する根拠となったのだ。

　多くの研究者がすでに指摘したように、この定義は正しくない。文化的人間の観点から外面的に考察されると、この行動と思考は非論理的または神秘的に見える。トゥルンヴァルトは述べている ―「プリミティヴな思考はまさしく非論理的思考に見えるにすぎない」。実際には、自然人自身の観点からすれば、この思考は完全に論理的である。かれはこのことを簡単な事例によって説明している。

　人間がなんらかの発作とか病的状態に苦しんでいるとき、自然人は、この人のなかには悪霊が住んでいると考える。病人を治療するために、自然人はこの悪霊を放逐しようとする。このためにかれらは次のような方法を用いている。もし現実の人間にお祓いをしなければならないときは、悪霊の名を呼び、それが逃げだすように大きな音で脅す、という方法である。

　これに類した儀式は無意味であると思われる。なぜなら、わたしたちはてんかん性発作や病気を、現代の学問がするように理解するからである。だが、人間のなかで起こるあらゆる変化を外的諸力 ― 好都合のものも不都合のものも ― の作用の結果だと、自然人はとらえる。この観点からすると、わたしたちの事例において記述されたように、かれがこれらの諸力に影響を与えようとすることは、完全に論理的である。

　レヴィ＝ブリュールの理論への本質的な反駁が生まれるのは、トゥルンヴァルトが発展させた観点からのみならず、客観的心理学の観点にもよる。トゥルンヴァルトが正しく指摘しているように、自然人自身の主観的観点からすれば、病人の治癒のために悪霊を放逐する呪術

的儀式は完全に論理的なのである。

　しかし容易に指摘しうるように、〔呪術的儀式をおこなう〕その人間の活動が自然への直接的適応に向けられているどんな状況でも、かれは客観的な論理的思考を発揮している。道具の発明・使用、狩猟、漁労、農業、会戦 ― これらすべては、現実には、見かけ上にとどまらない論理的思考をこの人間に求めている。まったく公平にもある批評家が指摘しているように、レヴィ＝ブリュールの言うように実際に考えたとしたら、自然人は翌日には斃れてしまうだろう。

　明らかに、実践活動の領域においては、レヴィ＝ブリュールが記述した思考類型と並んで、自然人は本来の意味での論理的思考をも持っている。もっとも、それは十分に発達したものではないが。

　だが、それにもかかわらず、次のような疑うべくもない功績はレヴィ＝ブリュールのものである。かれは思考の歴史的発達の問題をはじめて提起した。かれが示したように、思考類型それ自体は恒常的な定数ではなく、歴史的に変動し発達していく変数である。この道にそって進む研究者は次のことをより正確に定式化しようとしてきた。― すなわち、文化的人間と自然人との思考の歴史的類型における差異は何に依存しているのか、人間の心理学の歴史的発達の独自性はどこにあるのか。これとともに、人間の文化的発達過程にたいする第3の観点が確立されたのである。

第3節　生物学的類型としての自然人

　自然人は、その人格のあらゆる集積、あらゆる行動において、文化的人間と深く異なっている。人間の行動の歴史的発達の始点と終点を基本的に規定するこの差異はどういう点にあるのかを解明するために、眼に見えるわかりやすい差異からはじめることにしよう。

〔「すぐれてもいれば、おとってもいる」自然人〕

　自然人とかれの行動の特色は、ひと目でわかることだが、2つのグループにごく容易に分けられる。一方では、自然人にはじめて出会う、とくに自然的状況のなかでかれの国で出会う観察者には、文化的人間に対する自然人の優越性がはっきりと見られる。この優越性はあらゆる旅行家によって記述され、その際、いく人かの者は、自然人はあらゆる点で文化的人間より優れたものが自然〔天性〕によってあたえられていると考えて、極論にまで達している。

　観察者や旅行家のなかで評判になったのは、文明化されていない人間の視覚の異常な鋭さ、かれの聴覚や嗅覚の異常な鋭さ、強力な忍耐力、本能的な狡知さ、方向を定める技能、まわりの環境・森・荒地・海の知識である。ある著述家たちは、自然〔天性〕そのものによって与えられた本能的道徳性の痕跡を自然人の道徳的行動のなかに見てとり、かれの倫理的強固さを理想化した。最後に、皆がいっせいに賛美したのは（学術的研究もそれをことごとく肯定した）、自然人のいわゆる「追跡能力」、つまり、ごくわずかな痕跡をもとに出来事や事情などの極めて複雑な状況を再生することであった。

　アルセーニェフ〔Арсеньев, Владимир Клавдиевич, 1872-1930〕は、ウスリースク地方の辺境を共に旅したナナイ人について語っている。―「ナナイ人は痕跡を本のように積極的に読みとり、出来事全体を厳密な一貫性をもって再生した」。文化的人間にはあまりにも些細で気づかれない痕跡にもとづいて、過去の出来事の複雑な状況を再生する技能は、自然人が文化的人間に対して大きく優越しており、旅行家たちが遭遇した条件では、文化的人間は自然人に大いに頼っている。

　そのように、第1グループの特色は非文化的人間の優越性にあり、この優越性は自然の完全な手本に対するように、彼への崇拝や次のような主張を産みだしたのである。― 非文化的人間は文化的人間と比べて積極的資質を多数もち、かれ自身の自然的な心理学的機能の発達に

よって文化的人間を測り知れないほど凌駕しているのだと。

　他の特色のグループはまさしく正反対である。無力さ、遅れ、計算や熟慮を必要とする何らかの複雑な操作を行ううえでの自然人の無能、一連の負の側面、つまり下への偏り、―これらもまた、非文化的人間との出会いにあたり文化的人間を一見して驚かせるのである。これらすべてのことはきわめて古くから、観察者にたいして、自然人を子どもや野獣に擬えさせ、文化的人間と比較して自然人に足らないものをことごとく指摘させてきた。

　こうして得られるものは、かなり複雑な構図である。一方では自然人は一連の面において文化的人間を凌駕し、他方では自然人は文化的人間よりも劣っている。この構図はすこし見るだけで気づかれるものである。これを解明することにしよう。

　研究者にたいして提起される第1の問いは、自然人という生物学的類型はどのようなものかである。自然人は生物学的な面で文化的人間と比べて大きく、または少なく、あるいは別の形で発達した存在ではないのか。したがって文化的人間と自然人とのあいだのすべての二元的特色は、人間を何らかの動物と比較するときと同じであるかのように、単純に他の生物学的類型のせいにできるのか。

　自然人の生物学的研究にかんする精密で最終的な結果は―この領域においてなされた膨大な仕事にもかかわらず―残念ながら今のところまだない。いくつかのあまり重要ではないが確実に実証された生理学的領域における特色(例えば、自然人における負傷のより早い治癒、負傷における汚染・感染にたいする相対的免疫性、マラリアに対する小さな感受性など)を除けば、わたしたちは正当に検証された本質的な特質を知らないのである。なるほど、いく人かの研究者によって自然人の文化的後進性に直接に関連づけて提起された一連の他の事実もまた指摘されてきたのであるが。

　もしもこの仮説が正しいなら、つまり―自然人が文化的人間から区別されるのは実際にはその生物学的類型にもとづいてであり、自然人

の生体そのものが文化的人間の生体と本質的に別の形で機能すること
が明らかになるなら、非文化的人間の行動と文化的人間の行動との差
異にかんする説明が明白に確信をもって発見されるだろう。なぜなら、
あらゆる動物の行動はその生体の構成に由来する機能であるのだと、
学問的に完全に精密に確証されているからである。構成の異なる生体
は異なる行動形式を持つのである。

　自然人と文化的人間とでは生物学的類型が異なることをまさしく
根拠づける諸事実に加えられるのは、未開諸民族において頭蓋縫合
〔черепные швы〕が性成熟期〔возраст полового созревания〕ころまでに閉結す
ること、つまり、文化的諸民族の場合よりも著しく早いという主張で
ある。行動の直接的な有機体的基礎である脳の発達にかんして、次の
ように指摘されている ── 自然人の場合に観察されるのは、大脳の灰白
質があまり発達していないこと、脳回〔大脳皮質の「しわ」の隆起部分〕が相
対的に単純であること、脳の発達が早く停止することである。自然人
の一般的身体発達は、文化的人間の場合とは、いくぶん異なるテンポ
とリズムで推移している。自然人の全般的発達の期間は文化的人間の
場合よりも短いことや、この発達は性成熟期と同じか、そのすぐ後に
終了すると指摘されている。

　しかしながら、これらすべてのデータは、自然人を特徴づける別の
有機体的類型があるのだと結論づけるために、ごくわずかな根拠も与
えていない。トゥルンヴァルトが指摘するように、頭蓋縫合の早期の
閉結は、脳の発達にたいするいかなる本質的制限をも意味しえない。
脳のマクロ構造もまた、行動の複雑性または原初性プリミティーヴノスチを直截・直接に
示すものではない。かれが指摘する、より複雑な諸関係を考慮に入れ
なければならない。

　トゥルンヴァルトは述べている ──「生理学的組織にかんする皮相な
観察の多くが深い文化的遅れに原因を持っている」。したがって、この
場合、原因は結果と取り替えることができるし、結果と原因をその逆
にすることもできる。未発達が行動の原初性をひき起こしうるという

よりも、行動の原初性が発達における早期の停止をもたらしている。

　トゥルンヴァルトの信頼できる注釈によれば、現代の人類学は、リンネの時代の植物学のような発展段階にある。文化的人間と比較した自然人の体質の真の人類学的研究は、内分泌腺の活動の研究と関連して、最近になってようやく始まったばかりである。自然人と文化的人間とのあいだに観察される差異にかんして自然人の生理学的特質がどの程度まで重要かを解明するために、今日まで最大の意義を与えられてきた問い、行動つまり知覚器官の活動にたいする直接的な関係にある問いについて、詳しく述べねばならない。

〔自然人の視覚・聴覚・嗅覚の「鋭さ」と痕跡の解釈〕

　研究が示したように、自然人の視覚・聴覚・嗅覚の異常な鋭さについての旅行家の物語は、実際には、まったく是認されていない。都会育ちの文化的ヨーロッパ人と比べて、自然人の視覚・聴覚の優越性を明らかにすることは、実際にできたはずだった。なぜなら、文化的生活の条件はしばしば視覚の鋭さの弱まり、近視をもたらすからである。ところで、ここでも、この研究者は、あまりにも拙速な結論をくだすことについて私たちに注意を与えている。

　トゥルンヴァルトは述べている ―「自然人の感覚の鋭さはしばしば訓練の成果である。都会育ちの人がもつ欠点は、しばしば、閉鎖的な空間における生活様式と結びついた非訓練の結果なのである」。

　これにはさらに追加がある。― 自然人の場合、しばしば行動はいささかも感覚器官の直接的な作用にもとづくのではなく、ある痕跡とか現象とかの明白な解釈にもとづいている。たとえば、静かな水辺の水面にみられる一定の波形は経験ある漁師に遊泳する魚群を教えている。一定の高さと形をしたもうもうたる塵埃は猟師に、ある種類と数の動物の群れを教えている。こうした場合に存在するのはあれこれの感覚器官の鋭さではけっしてなく、経験によって教育され育成された、痕

跡を解釈する能力である。

　実験研究によって明らかにされたことだが、未開諸民族における感覚 ― とくに視覚 ― の鋭さは、わたしたちの鋭さと本質的に違わない。なるほど、ヨーロッパ人の近視が疑いもなく文化の所産であることは、確証されたものと考えることができる。それでもやはり、このことは視覚の領域における自然人の優越性の唯一の原因ではない、と明らかにされた。ヨーロッパ人は絵について判断を下すために、絵の鮮やかさをより必要とするが、自然人は鮮やかでない視覚像でさえ解釈し謎解きを行うことに慣れてきた。この点で決定的な意味を持つのは、リヴァース〔Rivers, William Halse Rivers, 1864-1922〕による視覚の研究、マイヤーズ〔Myers, Charles Samuel, 1873-1946〕によって行われた聴覚・嗅覚・味覚の研究、マクドゥーガル〔McDougall, William, 1871-1938〕による皮膚・筋肉・血圧の感覚、マイヤーズによる反応速度の研究である。

　これらすべての研究が示したのだが、わたしたちの知覚・動作の土台にある基礎的生理学的活動も、また、行動が形成されているきわめて単純な反応のあらゆる要素も、自然人と文化的人間とにおいて多少なりとも本質的な形で区別されるわけではない。色彩の知覚にかんしてでさえ、なんらかの本質的な差異を確認することはできなかった。リヴァースは自身の研究で、パプア人のあるグループにはきわめて大きな割合で色盲を見つけたが、同時に、他のグループではひとりの色盲者も見つけられなかったのである。

　ところで、完全に色盲の未開人種はまだ誰によっても発見されなかったし、猿においてさえも、確信をもってそうした色盲性を確証しえなかった。トゥルンヴァルトはさらに述べている ―「色彩感覚の発達は人間そのものの発生よりもはるか前に終了したのだと、仮定しなければならない」。

　現代の人間よりも優越するとやはり評価されてきた未開諸民族の聴覚の鋭さも、事情は同じである。マイヤーズとブルーナーの研究が示したように、白人の聴覚の鋭さは平均すると自然人の場合よりも高い。

自然人の嗅覚も同じように過大評価であった。トゥルンヴァルトは述べている ―「黒人とパプア人に対する研究は、私たちがすでに視覚と聴覚の領域において確認したのと同じ結果をもたらした」。いくらかの矛盾したデータが触覚の研究では得られた。マクドゥーガルの実験は、パプア人のなかにいくらかすぐれて繊細に弁別できる触覚を明らかにした。逆に、いくらかの他の未開諸民族の場合には、文化的人間における同じ機能の発達水準からの著しい偏差をいかほども確認することはできなかった。

　研究によって明らかにされた意志の面でのいくぶん強い忍耐力もまた、この現象の生理学的基礎を直接に示唆していない。高位な猿にも見られない右利きでさえ、人間の種の共通の特徴として登場し、文化的人間と同程度に自然人にも認められている。

　自然人の生理学的特色にかんするこれらの研究結果をまとめてみるなら、次のような結論をくだすことができる。― 自然人の行動のあらゆる独自性の基本的原因・起源として帰着させるべき、特別の生物学的類型を示唆するには、今日でも学問的研究はいささかも肯定的な資料をもっていない。反対に、研究によって確認された差異は、一方ではあまり重要なことではないとともに、他方では訓練の有無に深く依存することが明らかにされている。つまり、この差異自身が文化的発達に大きく結びついているのである。これらすべてのことが余儀なくさせるのは、自然人の文化的発達と生物学的発達とのあいだに反対の関係を仮定することであり、むしろ、自然人に見られる心理学的諸機能の領域におけるある種の遅れを文化的未発達に帰着させることである。

　トゥルンヴァルトは述べている ―「自然人には、人間という完全な肩書が付けられねばならない」。生物学的類型としての人間の発達は、明らかに、基本的には人間の歴史の始まる時点までにすでに終了したのである。このことはもちろん、人間の生物学が、人間社会の歴史的発達が始まったときからその場所に留まっていた、ということを意味しない。これは当然のことである。

　人間の可塑的自然〔本性〕は変化し続けてきた。しかし、人間的自然〔本性〕の生物学的変化はすでに人間社会の歴史的発達に依存し従属する変数となった。トゥルンヴァルトのような今日の研究者が確証しているように、自然人の心理学の発達における基本的要因は、技術および、この技術のある発展段階を基礎にして発生する社会組織である。もっとも未開な諸民族においてさえ見られる人間的発達は、社会的な発達である。それゆえに、先に断っておくべきことは、わたしたちがここで明らかにできるのは、著しく独特な発達の過程、猿から人間への進化のもとで観察してきた過程とは深く異なる発達の過程だ、ということである。

　あらかじめ述べておけば、自然人が文化的人間へと転化する過程は、その本性そのものにおいて、猿が人間へと転化する過程とは異なっている。言いかえれば、人間の行動の歴史的発達の過程と行動の生物進化の過程とは合致しないし、一方は他方の継続ではない。つまり、これらの過程のそれぞれが自己の特有な法則に従っているのである。

第４節　自然人の記憶

　さて、具体的な研究資料に直接に注意を向けて、人間の行動の歴史的発達の独自性とはなにかについて解明することにしよう。このために、私たちは自然人の行動における完全にすべての側面や領域に関与しないでおこう。いま関心を抱くもっとも重要な３つの領域についてのみ論じてみたい。それらの領域は、全体としての行動の発達にかんする若干の一般的結論を得させてくれるからである。わたしたちはまず自然人の記憶について、その後にかれの思考とことば、数の操作について検討し、これらの３つの機能がどのような方向に発達していくのかを確認してみたい。

〔自然人の記憶がはたす諸機能 ── 表象と感情・ディテール・論理〕

　記憶から始めよう。あらゆる観察者と旅行家は一致して、自然人の非凡な記憶を賛美してきた。レヴィ＝ブリュールがまったく公平に指摘しているように、自然人の心理と行動において、記憶はわたしたちの知的生活におけるよりもはるかに重要な役割を演じている。なぜなら、〔知的生活の〕一定の諸機能は、かつてわたしたちの行動において記憶がはたしたものであり、記憶から分離し変形したものだからである。

　わたしたちの経験は概念に凝縮されている。それゆえに、莫大な量の具体的印象を保存する必要性から解き放たれている。自然人の場合にはすべての経験が記憶にもとづいている。しかしながら、自然人の記憶がわたしたちの記憶と異なっているのは、量の面でだけではない。── レヴィ＝ブリュールが言うように、自然人の記憶はわたしたちのものとは異なる独特な基調をもっている。

　論理的メカニズム・抽象的概念の絶えざる使用は、わたしたちの記憶の活動を深いところで変形させる。プリミティヴな記憶はすこぶる真実であると同時にはなはだ感情的でもある。この記憶は、きわめて豊かなディテールをもった諸表象を、それらが現実に相互に結びついているのと絶えず同じ秩序で保存しているのだ。この研究者が指摘するように、多くの場合、記憶のメカニズムは自然人にとって論理的メカニズムの代わりとなる。もし、ある表象が他の表象を再生するなら、この〔他の〕表象は帰結あるいは結論と捉えられる。それゆえ、前兆はほとんどつねに原因と捉えられている。

　かれは述べている ──「これらすべてのことから、わたしたちは、自然人の極度に発達した記憶に出会うと期待するにちがいない」。プリミティヴな記憶の非凡な性質について知った旅行家の驚きについて、レヴィ＝ブリュールは次のように説明している ── つまり、あたかも自然人の記憶はわたしたちのものと同じ機能を持っていると、観察者たちは単純に考えているからだ。記憶は完全にノーマルに機能しているの

に奇跡をひき起こす、と思えるのである。

〔研究者たちの言説より — オーストラリア・アフリカ・アメリカの先住民について〕

　スペンサー〔Spencer, Baldwin, 1860-1929〕とギレン〔Guillen, Francis James, 1855-1912〕がオーストラリア人について述べているが、それによれば、多くの点で、かれの記憶は現象的である。先住民（トゥゼーメッツ）は個々の動物や個々の鳥の痕跡を知っているだけではない。土の上をよく調べた後、いまやかれは、最新の痕跡の方向にもとづいて、動物がどこにいるかを言うことができるだろう。通例ありえないことと思われるが、先住民は知人の足あとを認知している。

　ロットもまた、クイーンズランドの先住民がもつ「記憶の不思議な威力」を指摘している。ロットは、先住民たちが一巡（ひとめぐり）の歌をどのように繰り返しているのかを耳にした。この歌は、完全に再現されるために、丸まる5夜以上を必要としたのであった。この歌は驚くべき正確さで再現されている。この点でもっとも驚くべきことは、この歌は、他の言語・他の方言で話しそれぞれが数百キロ以上も離れて暮らす種族によっても、謳（うた）われていることである。

　リヴィングストン〔Livingstone, David, 1813-1873〕はアフリカ先住民のすぐれた記憶を指摘している。かれは首長の使者たちのなかにそうした記憶を観察したのだが、使者たちははなはだしい遠隔地にきわめて長いメッセージを伝え、それを逐語的に繰りかえす。かれらは通例、2人ないし3人で移動し、道すがらの毎夜、正文が変更されないように委託されたことをそらで繰りかえすのである。先住民が読み書きの教育に反対する根拠の1つは、これらの報知者が文字におとらず遠方に通報を伝達できることである。

　自然人のなかにもっとも頻繁に観察される、すぐれた記憶の形式とは — いわゆる地形記憶、つまり土地に対する記憶である。この記憶は

些細なディテールまで土地の形象を保存している。まさしくこの形象
によって、自然人はヨーロッパ人を驚かせるほどの確信をもって経路
を発見している。

　ある著述家が言うように、この記憶は奇跡ととなりあわせである。
北アメリカの先住民らには、土地の完全に正確な形象を持つために1
度その土地に居留すれば十分であり、その形象は決して失われない。
森が広大であったり少し伐採されたりしても、かれらは方角を定める
や否や、困惑することなく森のなかを移動する。

　自然人たちは海上でも同じように見事に方角を定める。シャルルヴォ
ア〔de Charlevoix, Pierre-François-Xavier, 1682-1761〕はこの点に生得的能力
を見ている。かれは述べている ―「かれらはそのような才能を持って
生まれており、この才能はかれらによる観察とか多大な訓練とかの結
果ではない。まだ村境から1度も外に出たことのない子どもたちも、
すでに国中を行き来したことのある人とまったく同じような確信を
もって移動するのである」。奇跡とも思われる尋常でない地形記憶にか
んする旅行家たちの話を取り上げて、レヴィ＝ブリュールは、これら
すべてにおいてみごとに発達した地形記憶以上の奇跡はない、と認め
ている。フォン－デン－シュタイネン〔von den Steinen, Karl, 1855-1929〕
は、かれが観察した自然人について話している ― この自然人は見聞き
したすべて、あまり重要でないディテールも自分の記憶のなかにため
込んでいる。だからこの研究者には、文字記号なしにこれほどのこと
を記銘できる人間がいるとは信じがたいことであった。自然人は自分
の頭の中に地図を持っていた。つまり、よりうまく言えば、かれは膨
大な量の諸事実をその重要性に関わりなく一定の秩序のもとに保持し
たのである。

　これは、具体的記憶が異常に発達したものである。自然人の記憶に
は驚くべきものがあり、この記憶は、それに先立つ知覚のきわめて些
細なディテールを、生起した順序で正確に再現している。レヴィ＝ブ
リュールが言うように、この記憶は、自然人の言語の語彙の豊かさにも、

文法の複雑さにもあらわれている。

　興味深いことには、例えばオーストラリアとかブラジル北部とかにおいて、これらの言語で話し、すぐれた記憶を持っている同じ人たちが、2 ないし 3 より大きな数を数えることができないのである。抽象的考察が最小限であっても、自然人たちがもう疲れたと言って拒絶するほど、数を遠ざけている。

　レヴィ゠ブリュールは述べている ―「わたしたちの場合、知的機能にかんするかぎり、記憶は、概念の論理的加工によって獲得された結果を保存するという従属的役割に引きおろされている。自然人の前論理的思考 (かれにとっては表象の連関のみが存在し、かれの思考はほとんど記憶だけに立脚している) が抽象的概念の用いられる論理的思考からかけ離れているのに比べれば、手稿を 1 ページずつ忍耐強く再現する 11 世紀の写字生は、数時間で数 10 万部を印刷する現代の大新聞の輪転機から、たいしてかけ離れているわけではないのだ」。

〔すぐれてもおり、おとってもいる記憶〕

　しかしながら、自然人の記憶のこのような特徴づけはあまりにも一面的である。この記憶はもっとも基本的・本質的な点において疑いもなく正しい。そこでこれから、できるかぎり学問的にプリミティヴな記憶のこの優越性を示そうと思う。だが、それと並んで、この記憶の活動の正しい表象を得るために、自然人の記憶はきわめて多くの点で文化的人間の記憶よりも深く劣っていることも、指摘しなければならない。

　いままで自分の村境から外に出たことのないオーストラリアの〔先住民の〕子どもは、彼がいままで行ったことのない国でも方角を定めうるという技能によって、文化的なヨーロッパ人を驚かせている。だが、1 回でも地理学の連続講義を受講したことがあるヨーロッパの生徒は、1 人の成人した自然人が一生をかけても決して習得できないほどのこ

とを習得するのである。

　あたかも外的印象を写真のごとき正確さをもって描くかのようなナチュラルな、つまり自然的な記憶が優越的に発達していることと並んで、さらにプリミティヴな記憶は、その機能の質的独自性を特色としている。この第2の側面は、自然的記憶の優越性と肩をならべつつ、自然人の記憶の本性にいくらかの光をあてている。

　ルロアは完全な根拠をあげて、プリミティヴな記憶のすべての特質をその機能〔上述の第2の側面、つまり直接的記憶〕に帰着させている。自然人は自分の直接的記憶だけを頼りにしなけばならない。彼には文字というものがないからである。それゆえ、しばしばプリミティヴな記憶と類似した形式を、私たちは読み書きの教育を受けていない人たちのなかに見いだしている。この著述家の意見によれば、自然人の方角を定める技能、痕跡から複雑な出来事を再生する技能は、直接的記憶の優越性のなかにではなく、それとは別のもののなかにその説明を見いださねばならないだろう。大多数の有色先住民は、ある観察者が証言しているように、何らかの外的痕跡がなければ、道がわからなくなる。方角の定位は記憶といささかも共通性がない、とルロアは考えている。同様に、自然人が痕跡にもとづいて何らかの出来事を再生するとき、かれは、判事が痕跡にもとづいて犯罪を明らかにするとき以上に、記憶の働きを用いるわけではない。ここで前面に押し出されてくるのは、記憶よりも、むしろ、観察と推理の機能である。自然人の場合、訓練のおかげで、知覚の器官がより発達する ― ここに、この領域における自然人のわたしたちとの相違のすべてがある。だが、痕跡を十分に研究するこの技能は、本能の果実ではなく、教育の結果である。自然人にあって、この技能は幼い子ども時代から発達する。親たちは子どもたちに痕跡を識別することを教える。大人は動物の痕跡を模倣し、子どもは痕跡を再現するのである。

〔**自然人と直観像記憶**〕

　ごく最近、実験心理学は独特でいちじるしく興味深い記憶形式を発見した。それは、多くの心理学者によって自然人の驚くべき記憶と肩をならべるものとされている。この領域での自然人にたいする実験研究はいま行われだしたところであり、まだ完了してはいない。だが、それにもかかわらず、研究室で心理学者たちが集収した一方の諸事実と、自然人について研究者や旅行家たちが知らせてくれる他方の諸事実は、ぴったりと合致している。それゆえ、自然人を特徴づけているのは主要にはまさしくこの形式の記憶であると、十分確かに仮定することができる。

　この形式の記憶の本質は次の点にある。─ イエンシュ〔Jaensch, Erich Rudolf, 1883-1940〕が言ったように、人間は1度示された対象や絵を、それらを熟視した直後あるいは長い時間的間隔をおいた後でさえ、文字通り再び見ることができる。このような人たちは直観像保持者と呼ばれ、この記憶形式そのものは直観像と呼ばれる。この現象は、1907年にウルバンチィーチ〔Urbantschitsch, Viktor, 1847-1921〕によって発見されたが、最近の10年間にイエンシュ学派において実験的に研究され考察されてきた。

　子どもの心理学の章〔本書第3章〕で、わたしたちは直観像の研究にたいして、より詳細に論じることにしよう。いまは、この研究が普通、どのようにおこなわれるのかだけを述べておこう。直観像を保持する子どもにたいして、短い間（約10-30秒）、きわめて多数のディテールをもった複雑な絵を見せる。このあと、絵が片づけられ、子どもの前には灰色のスクリーンが立てられるのだが、かれはスクリーン上に、〔実際には〕そこにはないのに絵をすべてのディテールまで見つづけている。子どもは自分の前にあるものを詳細に話し、書かれている文字〔絵のなかの看板に書かれていることば〕を読むなどのことをするのであった。

　直観像記憶の性格・特質を説明する事例として、図13に掲げられて

図 13

いるのは、直観像を保持する子どもたちにわたしたちの共同研究者K・
I・ヴェレソツカヤが実験のときに呈示した絵を、模写したものである。
子どもは絵を短時間示された(30秒)後、その像を〔実際にはなにも映って
いない〕スクリーンの上に見つづけている。このことは統制的な質問や、
解答とオリジナルの絵との対比によって確認されている。子どもは文
字を書かれているとおりに読み、〔建物の〕各階における窓の数をかぞえ、
対象とその部分がどう関係して配置されているかをはっきり語り、そ
れらの色を述べ、ごく些細なディテールをいい表している。

　研究が示しているように、このような直観像は知覚のあらゆる法則
に従っている。そうした記憶の生理学的基礎は、明らかに、視神経的
興奮の慣性である。この慣性は、視神経に興奮を呼び起こす刺激がす
でに作用しなくなった後にも、継続している。そうした種類の直観像は、
視覚のみならず聴覚や触覚においても観察されている。

　文化的諸民族の場合には、直観像の大部分が子どもたちのあいだに
見られる。大人には直観像はめったに見られない。直観像は記憶発達
における初期のプリミティヴな段階をあらわしている。この段階は子
どもの場合、通例は性的成熟期までに通り越してしまい、大人のなか

に保存されるのはまれであると、心理学者たちは仮定している。直観像は、知的遅れのある子どもたちや文化的に未発達な子どもたちのあいだで、より多く認められる。

この形式の記憶は、それが発達して他の2つの記憶形式に転化するかぎりにおいて、生物学的にはきわめて重要である。第1に、研究が示しているように、直観像は発達するにつれて私たちの知覚と融合し、この知覚に安定的で恒常的な性格を付与する。第2に、直観像は本来の意味での記憶の知覚像に転化する。

こうして、研究者たちは次のように考えている ── 直観像記憶は、知覚と記憶の統一の第1次的で未分化な段階であり、その知覚と記憶は分化して2つの個別機能へと発達する。直観像記憶はあらゆる形象的・具体的思考の基礎に位置している。

自然人のすぐれた記憶にかんしてレヴィ゠ブリュールが集め私たちが引用してきたすべてのデータをもとに、イエンシュは、この記憶は直観像形式との類縁性を顕著に示すと結論づけている。さらに、自然人の知覚・思考・表象の様式は同様に、この様式がその発達において直観像的段階のごく近くに位置することを教えている。たとえば、未開諸民族のあいだにしばしば遭遇する幻視者は、イエンシュによって研究された直観像保持者である2人の少年と近似している。かれらは通例とはまったく違う場所や建物をときどき見たのだった[2]。

直観像保持者の場合、直観像は感情的興奮と訓練との助け、同じくあらゆる薬物学的手段の助けによって強化されうることに注意を払うなら、有名な薬物学者レヴィーン〔Levene, Phoebus, 1869-1940〕の次の仮説は完全に蓋然的なものとなるだろう。その仮説とは、シャーマンと医師は未開諸民族のなかに直観像的活動を人為的にひき起こす、とい

2　ここではレヴィ゠ブリュールとイエンシュの接近、つまり、自然人の記憶と子どもの直観像記憶とが近づけられている。他方、現代のチンパンジー研究は、チンパンジーの直観像記憶の仮説を提起している（松沢哲郎『想像するちから』岩波書店、第7章の「記憶」の項を参照。p.169 以降）。これらの3つをどのように関連づけうるかは今後の研究課題であろう。

うものである。自然人の神話的創造もまた、幻視と直観像に近接している。

　これらすべての〔自然人にかんする〕データと直観像研究のデータとを対比することによって、イエンシュは、次の結論にたどり着いている — 自然人の記憶にかんして明らかなすべてのことが教えているのは、そこでは自然人における記憶発達の直観像的段階が扱われていることである。イエンシュの意見によれば、神話的形象も直観像によって説明されるのである。

　ブロンスキーは述べている —「次のことを付け加えねばならない。— しかるべき状況において、強力な情動の影響のもとに未開の直観像保持者のなかに発生した、よく似た種類の森の精や水の精などは、その後、直観像保持者の長く続く状況に照応する継続的な気分によって定着していく。未開諸民族の直観像は、神話的形象の発生のみならず、原初的な言語と芸術のいくつかの特質をも説明している」。

　のちに述べる予定であるが、自然人の言語からは、文化的諸民族の言語と比べたとき、その絵画性、具体的な詳細さと語の豊かさ、その形象性に驚かされる。芸術について、ヴント〔Wundt, Wilhelm, 1832-1920〕はさらに問いを提起した — 洞窟の人々の絵画芸術は、なぜに洞窟というまさしく暗闇のなかで花開いたのか、と。ブロンスキーは述べている —「おそらく、これは、閉じられた眼の場合と同じように、暗闇のなかで直観像はより鮮やかだ、ということによって説明される」。

　この問題の研究の結果として、同じような結論にたどり着いたのはダンツェル〔Danzel, Wilhelm, 1886-1954〕である。かれの意見によれば、記憶は自然人の知的生活において、わたしたちと比べて、はかり知れないほど大きな役割を演じている。この記憶の活動で驚くべきものは、記憶によって保存される「素材の未加工性」であり、その活動の一貫した写実性である。こうした記憶の再生産機能はわたしたちの場合よりもいちじるしく高いのである。

　ダンツェルが指摘するように、プリミティヴな記憶は、それが正し

く客観的であることのほかに、さらにその複合的性格によっても驚かされる。自然人はその記憶において、ある要素の強調から他の要素の強調へ無理に移行することはけっしてない。なぜなら、かれの記憶はかれにとって全体的な現象を全体のままに保存するのであって、その部分を保存するのではないからだ。

〔回想の直観像的性格 ── 回想からの知覚の未分離〕

　最後に〔指摘したいのは〕、ダンツェルの意見によれば、自然人の記憶を特徴づける最後のものは、かれはまだ回想から知覚をうまく分離できていないことである。自然人によって客観的・現実的に知覚されるものは、かれにとって、まさしく想像されるものまたは表象されるものと融合する。この最後の特色もまた、自然人の回想の直観像的性格のなかにこそ理由を見いだすことができる。

　こうして、自然人の生来の記憶、つまり、いわゆるムネマ〔記憶を意味するギリシャ語の「ムニミィ」「ムネーメー」より〕は ── その基礎がわたしたちの神経系の可塑性のなかにあり、外的刺激の痕跡を保存しこの痕跡を再現する記憶の能力のなかにある。こうした記憶は自然人のなかで最大限の発達に達する。〔自然人の〕記憶にはさらに発達をとげる余地がないのである。

　自然人が文化のなかに参入するのに応じて、この〔プリミティヴな〕記憶の減退や縮小が見られるだろう。それはちょうど、子どもの文化的発達に応じてこの〔プリミティヴな記憶の〕縮小が見られるのと同じである。次のような問いが持ちあがってくる。── 自然人の記憶の発達はどのような道を歩むのだろうか。より低次のプリミティヴな段階から相対的により高次の段階への移行にあたって、いま記述した記憶は、改善され完成されるのだろうか。

　諸研究が一致して示しているように、そのようなことは現実には起こらない。ここではただちに、行動の歴史的発達にとって独自的でもっ

98

とも本質的な形式、いまの場合には記憶が帯びることになる形式を指摘しなければならない。プリミティヴな記憶が自然発生的に、ありのままの自然的な力として機能していることを指摘するためには、この記憶を客観的に見ればすむだろう。

〔記憶の使用と記憶の支配との分岐 ― 歴史的発達の基準〕

　先に引用したエンゲルスのことばを用いるなら、人間は記憶を使用しているが、記憶を支配していない。その反対に、この〔使用しているプリミティヴな〕記憶が人間を支配している。この記憶は人間に、非現実の作り事、想像的な形象と構成物を暗示している。これは人間を神話の創造へ連れて行くが、この神話は、世界の客観的状況を主観的気分に傾かせることによって、しばしば人間の経験の発達の途上にある障碍として現れるのである。

　記憶の歴史的発達は、人間がはじめて自然力としての自己の記憶の使用から記憶の支配へと移行する瞬間に始まっている。この支配は、何らかの自然力あるいは天然力のあらゆる支配と同様に、もっぱら次のことを意味している。すなわち、ある発達段階で人間は十分な ― この場合は ― 心理学的経験を蓄積し、記憶がそれにそって働く法則の十分な知識を蓄積し、そうした法則の利用へと移行することである。行動の支配をもたらす心理学的経験のこうした蓄積の過程を、意識的経験の過程、知識や理論的研究の意図的蓄積の過程として捉えるべきではない。この経験は、自分自身の身体と外的世界との物理的性質にかんする猿の素朴経験を考慮に入れて、ケーラーが猿の行動における「素朴物理学」と名づけたものとのアナロジーで、「素朴心理学」と呼ぶべきかもしれない。

　自然人によるたくみな追跡から、つまり全体的で複雑な状況を示し想起させる記号として痕跡を利用する彼の技能から、記号の使用から、自然人はある発達段階においてはじめて人為的記号の創造にいきつい

ている。この瞬間が、かれの記憶の発達の歴史における転換点である。

　トゥルンヴァルトは、任務を遂行する自然人に観察されるものについて語っている。彼は委託をもって主要な陣地に遣わされたその都度、そのすべてを想起するために「記憶の補助道具」を携えていた。トゥルンヴァルトはダンツェルに反して、そのような補助手段の使用にあたって呪術的起源について考える必要性はまったくない、としている。文字は、その最初の姿においては、まさしく人間が自分の記憶をその助けによって支配しはじめる類いの補助手段として現れている。

　私たちの文字はきわめて長い歴史をもっている。記憶の最初の道具であるのは記号であり、例えば、西アフリカの語り部たちの金の彫像である。その彫像の１つひとつが何らかの特別な物語を思い出させる。彫像の各々は、長い物語の最初の名称 ― たとえば、月 ― を表しているかのようである。実際、そのような彫像の入った袋は、そうした未開社会の語り部のためのプリミティヴな目次を示している。

　抽象的性格を帯びる別の記号もある。トゥルンヴァルトが言うには、そのような抽象的記号を典型的に示すものは記憶に紐づける結び目であり、これは今日でもなお、おこなわれている。この著述家が述べるように、こうした記憶の道具はあるグループ内で一様な形で使用されるおかげで、この道具は合意されたものとなり、通信の目的に役立ちはじめる。

　図14には自然人の手紙〔文字〕が表されている。手紙はアシの撚り紐、２片のアシ、４つの貝殻、果物の皮から出来ている。これは、不治の病にかかった家長の、友人や親戚に宛てた手紙であり、次のような内容である。病は不運な経過をたどり、より悪くなっている。われらの唯一の救いは神によるものである。

　〔北米の〕先住民のダコタ族における同様な記号は一般的な意義を得ていた。たとえば、穴が空けられた羽根a（図15）はその持ち主が敵を殺害したことを意味し、三角形が切り取られた羽根bは敵の喉を切り裂き頭皮を剥いだことを意味し、端が切られた羽根cは敵の喉を切り裂

図 14

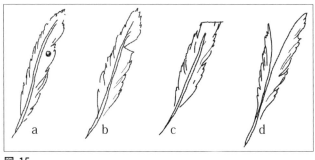

図 15

いたことを意味し、裂かれた羽根dは敵に怪我を負わせたことを意味
している。

〔結縄 ― 紐の結び目と記銘〕

きわめて古代的な文字の記念碑であるのは、図16と17に掲げたキー
プ（結び目 ― ペルー語）〔より一般的には「結縄」〕であり、それは古代ペルー
において使用されたものだが、同じように、古代の中国、日本その他
の諸国でも使用された。これは、その結び目を創りだした者の側から
の正確な知識を必要とする、未開諸民族のあいだに広く普及した記憶
のための象徴的な補助記号である。

このようなキープ〔結縄〕は、今日でもボリヴィアで牧人が動物の群
れを数えるのに使用されているし、チベットやその他の地域でもその
ようだ。記号と計算のシステムは、これらの諸民族の経済構成体と関

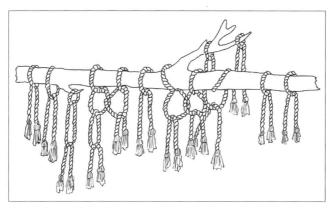

図 16

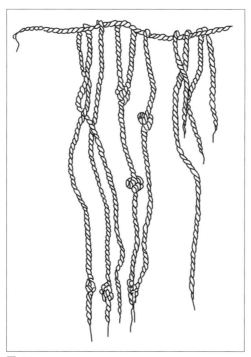

図 17

連して構成されている。結び目のみならず、撚り紐（よりひも）の色もその意味をもっている。白い撚り紐は銀と和平を表示し、赤は戦闘あるいは戦争、緑はトウモロコシ、黄は黄金である。

クロッド〔Clodd, Edward, 1840-1930〕は記憶術的段階を文字体系の発達における最初の段階と考えている。どの記号または対象も記憶術的記銘の手段である。ヘロドトス〔Herodotus, c.484-c.425 BC〕は次のように語っている ― ダリーは、先住民たちにイステル川に架かる浮き橋を護るために留まれと命じた。彼は革ひもに 60 の結び目をつくって、次のように言ったのだった。「イオニアの民よ、この革ひもを手にして、わたしが言うように振るまいなさい。わたしがスキタイ人に対して決起したのを諸君が見たら、その日から毎日結び目を 1 つずつほどき始めなさい。この結び目が表した日々がすでに過ぎたとわかったとき、諸君は自分の家に帰ってよろしい」。

記憶に紐づけられるこのような結び目〔結縄〕は、明らかに、自己の記憶の使用から記憶の支配へと人間が移行していくもっとも古い遺物である。

これらのキープは、古代のペルーでは、年代記の業務、個々の地方への指令の伝達、軍隊の状況についての詳細な通知、故人の思い出の保存のためにも使用され、墓にも収められていた。

タイラーが指摘しているように、ペルーのチュジ族には、各都市にキープを結び、解釈することを務めとした特別な将校がいた。こうした将校は完全な技量に達していたけれども、かれらは、口頭での説明がなければ、他のキープを読むことはまれにしかできなかった。誰かが遠方の地からやってきたときには、キープとともに説明を与える必要があった。つまり、このキープは通信、賦税（ふぜい）の徴収、戦争のどれにかかわるのか、等々の説明である。

結び目の助けで、すべての最重要の国家的事実を記録し、法と出来事を表現することのできるシステムを、こうした役人はたえざる実践によって改善した。タイラーは南ペルーで生活する先住民を通して今

日でも残されてきたものを指摘している。かれらは古代から保存されてきたいくつかの歴史的なキープの内容を見事に知っているのだが、かれらは自身の知識を深く秘匿し、ことに白人からはそれを徹底的に隠している。

　今日でもまったく頻繁に見られることであるが、このような結び目を利用する記憶術システムは、さまざまな計算操作の記銘のために使用されている。ペルーの牧人たちは、1本目のキープの縄で雄牛を記録し、2本目の縄で雌牛を記録し、その雌牛は乳を出すものと出さないものに区別されている。さらには、子牛、雌羊などが記録されている。特別な縄には、結び目の助けで、牧畜の生産物が記載されている。縄の色と結び目を作るさまざまな様式は、メモの性格を示している。

　人間の文字の発達の歴史については、これ以上論じることはやめておくが、次のことだけは述べよう。── 記憶の自然的発達から文字の発達へ、直観像から記号の外的システムの利用へ、記憶(ムネマ)から記憶術へという移行のなかに、人間の記憶の文化的発達のその後の全経過を規定する、もっとも本質的な転換が含まれている。外的発達が内的発達の位置をしめるようになる。

　文字のシステム、記号とその使用様式のシステムが改善される限りにおいて、記憶は改善される。改善されるのは、古代と中世において、memoria technica つまり人為的記憶と呼ばれてきたものである。人間の記憶の歴史的発達は基本的で主要には、社会的人間がその文化的生活過程のなかでつくり上げている補助手段の発達・改善に帰着するのである。

　この場合、自然的記憶もしくは身体を用いた記憶(органическая память)が不変のものとして残るわけではないことは自明であるが、ところで、この記憶の変化は2つの本質的なモメントによって規定されている。第1に、これらの変化が自発的になされるわけではない、ということによる。人間が記銘せねばならないことを記録することのできる彼の記憶は、使用され訓練される。したがって、その記憶は、記号を用い

ることがまったくできない人間の記憶とは異なる方向に発達するのである。記憶の内的発達と改善は、こうして、もはや自発的な過程ではなく、外側に ― 人間を取り巻く社会環境に ― 由来する変化が起きているときには依存的、従属的な過程である。

　第2に、この記憶はきわめて一面的に改善されて発達していく。記憶は、その社会に支配的な文字の様相に順応しており、したがって、他の多くの面では記憶はまったく発達することなく、崩壊し退行つまり凝結する、あるいは逆発達を被るのである。

　たとえば、自然人のすぐれたナチュラルな記憶は文化的発達の過程でますますなくなっていく。それゆえ、次のようにいうボールドウィン〔Baldwin, James Mark, 1861-1934〕は深いところで正しいのである。― あらゆる進化は同じ程度に退化である、つまり、その構成部分として、あらゆる発達過程は古い形式の凝結・消滅という逆の過程をも含んでいる、という命題を、かれは擁護したのである。

　人間の記憶の発達が文化の成長に応じてどのような方向に進むのか、主要には、この発達はなにによっていかに方向づけられているのかを理解するためには、次の比較で十分だろう。すなわち、アフリカのある種族の首長の長い公文書を逐語的に伝えるのに、もっぱら自然的・直観像的記憶を使用するアフリカの使者の記憶と、キープを結んだり解読したりすることが義務となるペルーの「結縄の将校」の記憶とを、比較することである。

　「結縄の将校」は、アフリカの使者よりも、記憶の文化的発達の階段において上位にいる。それは、将校の自然的記憶がより高次だからではなく、人為的な記号の助けのもとで、自身の記憶をより巧みに利用することや、記憶を支配することを学んだからなのである。

〔絵文字と恋文〕

　さらに1つの階梯を上がり、文字の発達における次の段階に照応す

る記憶に注目してみよう。図18には、いわゆる絵文字、つまり、ある考えや概念を伝えるために直観的表現を用いる文字の事例が描かれている。白樺の皮に娘(アジブエ族 Ojibwe〔合衆国北部からカナダにかけて居住〕の)が白人の土地にいる恋人宛に手紙を書いている。かの女のトーテムは熊、かれのトーテムは蟻の人形である。これら2つの表現物は、誰から誰へ送られた手紙なのかを表示している。かれらの居留地から引かれた2つの線は交差し、その後、2つの湖の間にある土地まで続いている。この線から2つの天幕に至る小径が分岐している。ここには、3つの十字架が示すように、カトリックの信仰に改宗した3人の娘たちが自分の天幕に住んでいる。左側の天幕は開いていて、そこから手招きの身ぶりをした手が伸びている。手は手紙の書き手のものであり、自分の恋人への挨拶という先住民の記号なのである。この記号は、手のひらの状態によって表現されている。—— このときには、手のひらは前と下とに動かされ、伸びた人差し指は語り手がいる場を指し、招待客の注意をかれが進むべき小径へと向けさせている。

　この段階に見られる文字は、ふたたび、まったく別の形式の記憶の仕事を必要とする(図19)。さらに別の形式が登場するのは、人類が表意文字あるいは象形文字に移行するときである。これらの文字は、その意味が対象に対してますます遠ざかっていくシンボルを利用している。マレリー〔Mallery, Garrick, 1831-1894〕が正しく指摘しているように、これは大部分が記憶術的メモなのであって、記憶術的目的をもって使

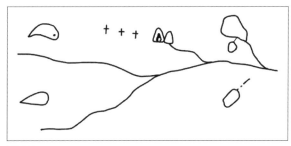

図 18

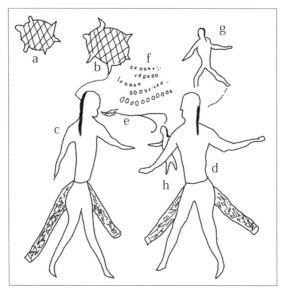

図 19
絵文字の典型例。ある先住民（ c ）のその息子（ d ）への手紙。父
と息子の名前は頭の上の小さな像が表している（亀 - a と b 、人間 -
g ）。手紙の内容は次のものである。－父は来るようにと息子を招く
（父の口から出ている線 - e 、息子の右手にある人間の小さな像 - h 、
運賃 -53 ドルー父が息子に送る（小さな丸〔 f 〕上から）

用される素材的対象との関連で解釈されてきた。

　文字の発達の歴史、つまり人間がどのように自己の記憶の支配をめ
ざそうとするのかを示すこの歴史の他には、人間心理学にとってより
特筆すべきで特徴的である歴史を思い浮かべることはできないだろう。
こうして、記憶の自然的発達から文化的発達への移行における決定的
な一歩は、次のような峠を越えることである。すなわち、記憶を記憶
術から、記憶の利用を記憶への支配から、記憶発達の生物学的形式を
歴史的形式から、記憶の内的形式を外的形式から区別する峠なのだ。

　そのような記憶支配の 原 始 的 形式は、自己のために使用される
というよりは、他者のために、社会的目的をもって使用される記号で
ある。そして、その記号が後に自己のための記号にもなる、― と指摘
しておこう。ウスリースク地方の有名な探検家アルセーニェフは、き

わめて荒涼たる地域にあったウデゲ族の村落を訪問したときのことを語っている。ウデゲ人たちはかれに、中国人から被っている圧迫に対する不満を述べ、ウラジヴォストークに到着したら、このことをロシア当局に伝えて保護するように頼んだ。

　次の日、この旅行者が村を去る時に、ウデゲ人らは群れをなして村を囲む柵のところまで見送った。その一群のなかから白髪の古老が出てきて、山猫の爪[3]をアルセーニェフに贈り、ポケットにしまうように言った。かれがリ・タンクヮについてのウデゲ族の願いを忘れないようにするためだった。ウデゲ族は、自然的記憶を信用せずに、人為的記号を導き入れている。その記号は、旅行者に想起させるべき事柄といかなる直接的関係も持たないものであったが、記憶の補助的技術的道具、記銘を望ましい経路に沿って方向づけその流れを支配する手段であった。

　ところで、山猫の爪の助けによる記銘の操作、最初は他者に向けられ後に自己自身に向けられる操作は、文化的人間において記憶の発達がすすむ道の最初の萌芽を意味している。今日の文化的人類が理解し知っているすべてのこと、書物・文献・手稿に蓄積されてきたすべての経験、これらすべては、人間の歴史的・文化的発達の不可欠な条件である人間の記憶の膨大な広がりであり、まさしく外的な、記号にもとづく人間の記銘に負っているのである。

第5節　未開社会における言語発達と関連した思考

　自然人の心理学の、〔記憶に〕劣らず中心的な他の領域、つまり、ことばと思考の領域においても、まったく同じ発達の道が認められる。ここでも、記憶の領域と同じように、一見すると次のことに驚かされる。— 自然人が文化的人間と区別されるのは、自然人の言語が文化的人間

3　山猫の爪の事例は、ヴィゴツキーの手稿「人間の具体心理学」（1929 年）にも書かれている。

の言語よりも貧しい手段であり、より粗雑であまり発達していないということだけではない。こうしたことはすべて、もちろん、その通りだ。だが、それと同時に、自然人の言語によって驚かされるのは、まさしく語彙がきわめて豊かなことである。このような言語を理解し研究するすべての困難は、次の点にある。— この言語は、さまざまな意味が豊かで、量が多く、豊穣であり、そのことの度合いにおいて、比較にならないほど文化的諸民族の言語を優越しているし、これはわたしたちの言語にまったく欠如したものである。

〔意味の膨大な豊かさ〕

　レヴィ゠ブリュールとイエンシュがまったく公平に示しているように、自然人の言語のこうした二重の特質は自身のめずらしい記憶と密接な連関のなかにある。自然人の言語において私たちを驚かせる第1のものは、まさしくそれが持っている意味の膨大な豊かさである。この言語全体が具体的意味によって芯まで浸透されており、そして、この具体的ディテールを言いあらわすために、この言語は大量の語と表現とを使用している。

　ガチェット〔Gatschet, Albert Samuel, 1832-1907〕は述べている —「わたしたちは正確に話すという意図をもっているが、〔北米の〕先住民は絵を描くように話している。私たちは分類するが、かれは個性化している」。それゆえ、自然人のことばは実際に、私たちの言語と比較してみると限りなく複雑なものを、もっとも正確に言えば、何らかの出来事を詳細に描写する造形的で写真のような記述を思いださせるのである。

　それゆえ、言語の発達は、こうしたきわめて豊かな具体的名辞がますます消えていくと特徴づけられる。オーストラリア諸民族の言語には、たとえば、一般的概念を表示する語がほぼ完全に欠如しているが、これらの言語は、諸対象の個々の指標や個性を正確に区別する大量の特別な名辞にあふれている。

　アイルはオーストラリア人について述べている ―「かれらには、木、魚、鳥などの一般的な語が存在しておらず、木、鳥、魚の個々の特別の種に適用される特殊的な名辞だけがある」。他の未開諸民族においても、同じく、木・魚・鳥のために対応する〔一般的な〕語は存在せず、すべての対象と存在はその固有な名称によって表示される、という現象が観察されている。

　タスマニア人は、甘い・苦い・固い・冷たい・長い・短い・丸いという性質を表示するための語を持っていない。かれらは「固い」の代わりに、石のように、を使う。「高い」の代わりに高い足のように、「丸い」の代わりに玉のように、月のようにを使い、さらに、これらを説明する身ぶりがつけ加わる。同じように、ビスマルク諸島〔現在はパプアニューギニア領〕では、色彩のためのあらゆる表示が欠如している。色彩は、まったく同じように、それらが類似性を持つ対象の名称によって表示されている。

　パウエルスは述べている ―「カルフォルニアでは、〔ことばの〕属も種も存在していない。樫の各々、松の各々、草の各々がその特別の名称を持っている」。これらすべては、未開諸民族の語彙のすばらしい豊かさを創りだしている。オーストラリア人たちは人間身体のごく小さな部分のほぼそれぞれに固有の名称をつけている。たとえば、かれらには「手」という語の代わりに、手の上の部分、中程の部分、先端の部分、右手、左手などを表示する、多くの固有な語が存在している。

　マオリ族は、ニュージーランドの植物相のための、通常とは違うが完全な学術用語のシステムをもっている。かれらには、ある種類の雄株と雌株のための特別な名称が存在している。かれらはまた、成長の種々の時期に葉の形を変える樹木のために、個別の名称をつけている。ココまたはコノテガシワという鳥に、4つの名称をつけている。〔そのうちの〕2つは雄鶏のためのものであり、2つは雌鳥のためのものであるが、その違いは季節に依存している。鳥の尾、動物の尾、魚の尾を表示するそれぞれの語がある。インコの鳴き声を表示するために3つ

の語がある。落ち着いた状態でのインコの鳴き声、怒ったときの鳴き声、驚いたときの鳴き声である。

アフリカ南部のバベンダ族は雨の種類ごとに特別な名称をつけている。北アメリカの先住民たちは、雲のさまざまな形や空の記述のために、ほとんど学術的といえる正確な定義を大量にもっている。これらはまったく翻訳不可能なものである。

レヴィ゠ブリュールは続けている ―「ヨーロッパ諸語のなかに何らかの類似したものを探しだそうとするのは無益であろう」。ある種族は、例えば、2つの雲のあいだで輝く太陽を表示するための独特な語を持っている。かれらの言語のなかに存在する数詞はほとんど数えきれない。ある北方の未開民族には、例えば、さまざまな種類のトナカイを表示するための名辞が多数ある。生後1年・2年・3年・4年・5年・6年・7年のトナカイを表示する特別な語があり、氷のための語は20、寒さのための語は11、さまざまな形態の雪のための語は41、〔氷の〕凝結と融解とを表示するための動詞は26もある、等々。「かれらは、そうした言語を、かれらにとってその観点からすればあまりにも貧弱であるノルウェー語に取り替えようとする試みに抵抗する」のはこのためである。きわめて多様な個々の対象に与えられた固有の名称が大量にあることは、同じことによって説明される。

ニュージーランドのマオリ族には、どの事物もそれ自体の独特の名称をもっている。彼らの舟、家、武器、衣装でさえも、1つひとつの対象はそれにふさわしい名称をもっている。かれらの土地や道のすべてが独自の呼び名をもち、島の周りの岸、馬、牛、豚も、樹木、岩、泉でさえも、そうした呼び名をもっている。オーストラリア南部では、どの連山もその名称をもち、どの山もそうである。先住民たちは、どの個別的な丘の名前も正確に話すことができるし、自然人の地理学は私たちの地理学よりも、明らかに、はるかに豊かであるほどなのだ。

〔現ナミビアの〕ザンベジ州では、1つひとつの高地、丘、山、連峰がその呼び名を持っているが、ちょうど、1つひとつの湧泉、平野、草原、

国の区と地方が、こうして、特別な名称によって表示されるのと同じである。リヴィングストンが言ったように、そうした名称のすべては、それが表示する意味・意義の解読のために、人間生活の全体を使いつくしているかのようだ。

　そうした語彙の豊かさは、自然人の言語の具体性と正確性とに直接に依存している。かれの言語は自身の記憶と思考とに照応している。かれは、自分のすべての経験を記銘するのとまったく同じように、その経験を写真に写すように表現し再現する。かれの経験は、文化的人間がするように、抽象的、象徴的に表現しえないのである。

　それゆえ、ヨーロッパ人が１〜２語で間に合うところを、自然人はしばしば 10 語も使う。たとえば、「ある人がウサギを殺した」という句は、〔北米の〕先住民ポンカ族の言語では逐語的には次のように伝えられる。―「ひとりの生きて立っている人間のかれは、故意に矢を放って、ひとりで生きて座っているウサギを殺した」。

　この正確性は、いくぶん複雑な概念にもあらわれている。たとえば、バタク人においては、「島」という１語は、逐語的には「土地、水、真ん中、そこにある」を意味する４つの語によって伝えられている。ウェルナー〔Werner, Heinz, 1890-1964〕はこうした語を、英語の「ピジン化」[4] ― 俗語化と対比している。この俗語によって、半自然人は「グランドピアノ」を「叩くと鳴き声をあげる箱」と表現したのだった。

〔語彙の豊かさと、文法・思考の「現実との癒着（ゆちゃく）」〕

　こうした柔軟で詳細な記述は、プリミティヴな言語の高い優位性と大きな欠陥とを表している。高い優位性というのは、この言語がほぼすべての個別具体的対象のために記号を創りだしているからであり、自然人がかれが扱うすべての対象を、あたかもその分身であるかのよ

4　ここで「ピジン化」と訳したロシア語は биджен と表記されている（1930 年版、1993 年版のどちらにおいても）が、露和辞典に発見することができなかった。文脈的意味からすると pidgin が適切であり、そのロシア語表記は英露辞典によれば пиджин とされている。このあたりが文意を担保できる語であろう。

うに異常な正確性をもって意のままにしているからである。それゆえ、よく理解できることだが、自然人にとってかれの生活様式のもとで、自己の言語からヨーロッパの言語に移行することは、生活の方向を定めるもっとも強力な手段を直ちに失うことを意味するわけである。

　しかしながら、これと並んで、この言語はディテールと詳細という重荷を思考に限りなく負わせ、与えられた経験を加工せず、その経験を短縮することもなく現実にあるがままの豊かさにおいて再現する。人間がウサギを殺したという単純な考えを伝えるために、〔北米の〕この先住民は、この出来事のすべての状況をディテールのすみずみまで詳細に描かねばならなかった。それゆえ、自然人の語は、まだ事物から分化されることはなかったし、まだ直接的な感性的印象と密接に結びついている。

　ヴェルトハイマー〔Wertheimer, Max, 1880-1943〕は、ヨーロッパの言語を学んだ半自然人が「白人が６匹の熊を殺した」という句を翻訳する練習をどのように拒んだのかについて、話している。白人は６匹の熊を殺すことができないのだから、そのような表現そのものさえあり得ないだろう。このことは、言語がまだどれほど現実の直接的反映としてのみ理解され用いられているのか、言語がまだどれほど自立的に機能していないのかを示している。

　トゥルンヴァルトも類似した事例を伝えている。自然人はトゥルンヴァルトの申し出にもとづいて、数をかぞえる。何かを必ず数える必要があるので、彼は想像上の豚を数えている。60の手前で、彼は立ち止まって、これ以上は数えることはできないと言い張った。なぜなら、１人の主人のもとに豚はそれ以上多くはいないからだ。

　言語の操作、計算操作は、それらが生みだされた具体的状況とまだ結びついている限りにおいてのみ可能である。プリミティヴな言語の具体性と形象性は、すでに、その文法形式に現れている。その文法形式は、きわめて些細な具体的ディテールを伝えるという方向性をもっている。動詞の形式は、意味のきわめて繊細なディテールに依存して

変化する。たとえば、ある未開種族の言語では、「われわれ」という一般的表現のかわりに、多数の個別的な具体的表現が存在している。「わたしとあなた」「わたしとあなた方」「わたしとあなた方2人」「わたしとかれ」「わたしとかれら」であり、それから2の数が組み合わされる。「わたしたち2人とあなた」「わたしたち2人とあなた方」である。さらに多数になると、「わたし、あなた、かれ、またはかれら」である。直説法現在形の簡単な活用のなかに、70以上の異なる形式がある。動詞のさまざまな形式は、生物体と無生物体があったことを表している。いくらかの言語では、複数形と単数形の代わりに、2個を1つ、3個を1つ、ときには、4個を1つと表示する形式が使用されている。これらすべては、その言語の具体的性格やプリミティヴな記憶の具体的性格と関連している。

　個々の接頭辞は、これらの言語において、語によってたえず具体的に伝えられる仔細なニュアンスを表現するという機能を持っている。北アメリカ先住民の諸言語における動詞の形式の並はずれた豊かさはすでに書いておいた。ドブリツホファー〔Dobrizhoffer, Martin, 1717-1791〕はアビポン人〔南米、ラパナ川流域の先住民〕の言語をもっとも恐ろしい迷宮と呼んだ。ヴェニアミノフ〔Вениаминов, Иннокентий, 1797-1879〕によれば、アレウト人〔アリューシャン列島の先住民〕の言語は400以上の様式（時制、法、人称）で語を変化させることができる。これらの形式の各々は語義の個別的で正確なニュアンスに対応している。

　多くの著述家が一致して、この言語を絵文字的または絵画的言語とよび、そうした言語のなかに、表現したいことを「眼で話す」、絵を描くように表現するという傾向を指摘している。脇への動きや、曲線に沿った動き、話し手からいくぶん離れる動きよりも、直線的な動きが表現されている。レヴィ＝ブリュールは述べている ―「一言でいえば、クラマス人〔北アメリカの先住民〕の言語ではことに、非常に正確に表現されている空間的関係が、視覚的記憶と筋肉的記憶によって維持され再現されている」。

　空間的要素の優勢は実際に、多くのプリミティヴな言語の基本傾向を表現している。ガチェットが確証しているように、「空間状況・距離の状態のカテゴリーは、未開で野生的な諸民族において著しく重要であるが、それは、私たちの思考において時間と因果性のカテゴリーが基本的であるようなものである」。あらゆる句と文は空間における諸対象の関係をかならず表現しなければならないのだ。

　レヴィ゠ブリュールは述べている ―「未開諸民族の知的生活が要求しているのは、空間における対象と存在〔人間たち〕との相対的布置、それらの距離を表現するだけではない。かれらの知的生活が満足するのは、言語が、その他のあらゆる点においても、対象のディテールと形式、その規模、その運動様式、それが存在するさまざまな状況の表現を、特異化するときだけである。こうした目的を達成するために、言語はきわめて多様な手段を使用している」。

　同じような手段として使用されているのは接頭辞と接尾辞であり、それらは形式と運動あるいは形式と規模を表示し、また運動や状態などが生じる環境の性格を表示している。これらの補助的な言語的小片は限りがない。ディテールのこうした特異化は未開諸民族の言語ではまったく無制限である。ある未開種族の言語には１万の動詞があり、その数は、膨大な量の接頭辞・接尾辞のおかげでさらに増大するに違いない。アビポン人の場合には、同意語の数が膨大である。かれらには、人間または動物の歯、ナイフ、剣、矢で人間または動物を傷つけると言うために、それぞれの語がある。槍・矢・拳・言論で負けることを表示するために、また、１人の夫に２人の妻がいて、その２人が夫をめぐって殴りあうことを表現するために、それぞれの語がある。また、話されている諸対象のさまざまな位置 ― 上、下、まわり、水中、空気中など ― を表現するための各々の小詞がある。

　リヴィングストンはアフリカ南部の諸種族について、語の不足ではなく膨大な豊かさが旅行家を驚かせる、と語っている。「わたしは多様な歩き方を表す約20の名辞を耳にした。前のめりで歩く、あるいは後

ろに反りかえって歩く、よろよろと歩く、のろのろと歩く、あるいは
快活に歩く、偉そうに歩く、両手または片手だけを振って歩く、頭を
かしげて歩く、あるいは頭を高くして歩く ── これらの歩き方の各々に
は、その特有な動詞がある」。

〔自然人の身ぶり言語〕

　言語のこのような性格の原因を解明しようとするとき、自然人の造
形的・直観像的記憶とならんで、この言語の特質を説明するうえで私
たちには大きな意義を有する第 2 の原因がさらに見つかる。この原因
は次のことにある。── 本質的にいえば、自然人の言語は二重の言語
であり、一方ではことばの言語、他方では身ぶりの言語である。自然人
の言語は対象の形象を表現し、それを正確に伝達するわけだが、眼と
耳とがその形象をどのように把握しているのかという具合に伝達する
のである。正確な再現が、そのような言語の理想である。
　レヴィ゠ブリュールが述べているように、これらの言語がもつ一般
的傾向は、主体によって得られた印象を記述するのではなく、空間に
おける対象の形、輪郭、状態、運動、作用の様式、つまり知覚し描写
しうるすべてのものを記述しようとすることである。かれはまた述べ
ている。── わたしたちがこの特質を理解できるのは、〔未開の〕諸民族
自身がもう 1 つの言語でも普通に話していると思いだすときであろう。
そうしたもう 1 つの言語がもつ性格は、かれらが用いる知的操作の様
式を必然的に規定し、かれらの思考の様式や話しことばの性格を規定
すると考えられる。
　この第 2 の言語、記号または身ぶりの言語は、未開諸民族において
著しく普及しているが、この言語は、さまざまな機会に、ことばの言
語とのさまざまな組み合わせにおいて使用されている。たとえばある
種族には、口頭の言語のほかに、ヘゾンが語るように、さらに記号の
言語がある。すべての動物、土地の人、男と女、空、大地、歩く、馬

116

に乗る、跳ぶ、忍び寄る、泳ぐ、食べる、飲む、および、数百の対象
と行為とがそれぞれの独特な言語を持っており、1語も発音しないで
一連の会話を続けることができるほどである。

　いまは、こうした身ぶり言語の普及の程度、および、この言語が存
在している状況については詳しく述べないでおこう。この言語が思考
の道具として、思考の操作そのものに与えている大きな影響について
のみ語ることにしよう。この場合、容易に気づくことであるが、道具
の性質が人間のあれこれの労働操作の構造・成分を規定するのと同じ
ように、言語とその性格は、知的操作の性格と構造を規定している。

〔手による「概念」〕

　レヴィ＝ブリュールは、大部分の未開社会には二重の言語 ― 口頭言
語と身ぶり言語が存在する、と結論づけている。かれは述べている ―
それゆえに、これらの言語が相互に影響を与えることなく存在するか
のように仮定することはできない。「手による概念〔manual concepts〕」に
かんする特筆すべき著作のなかで、クッシング〔Cushing, Frank Hamilton,
1857-1900〕は、手の言語が口頭の言語に与える影響を研究した。かれは、
あるプリミティヴな言語において、文の成分の秩序、数の形成の様式
などは、その起源を手によって規定された動作に負っていることを示
したのである。

　よく知られているように、この著述家は、自然人の知的生活を研究す
るために、自らも未開種族のあいだに定住し、ヨーロッパ人としてでは
なく土地の人の1人として生活しようとした。土地の人たちの儀式に参
加し、かれらの様々な共同社会に加わったのである。粘り強く、長期の
訓練によって、この著述家は自分の手にプリミティヴな機能を植えつけ
た。前歴史的時期になされたすべてのことを手によって継続したわけだ
が、その際、「真理の一部を構成するほど、手が知性と結びついた」時
代に存在したのと同じ条件において同じ素材を扱ったのだった。

　レヴィ゠ブリュールは述べている —「文明の進歩は、手から知性へ、知性から手へ、という相互の影響に負っている。自然人の知的生活を研究するために、かれの手の動作、つまり、かれの言語と思惟とがそれから切り離しがたい動作を、ふたたび見つけださねばならない。手なしに語ることのない自然人はまた、手なしには考えないのである」。

　クッシングは、自然人の言語において確認される動詞の特殊化がどれくらい手の運動の自然的結果であるのかを示している。彼は述べている —「ここには文法的必然性がある。自然人の知性には、ことばによる表現と等価的であるものがすばやく創造されたように、複雑ではあるが力学的にシステム化されている思惟－表現、表現－概念が発生したに違いない」。

　レヴィ゠ブリュールは述べている —「手によって語るとは、文字通りの意味で、ある程度は手の助けで考えることを意味している。こうした手による概念の特質は、必然的に、思惟の口頭表現のなかにあらわれてくるに違いない。2 つの言語は、それらを構成する記号（身ぶりと音）についてはかくも異なっているが、その構造や、事物の伝達・行為・状態の様式にかんしては、相互に近い。したがって、もし口頭言語が状態・運動・距離・形・輪郭の最終的なディテールまで記述し絵のように描くとすれば、これは、身ぶり言語がまさしく同じような表現手段を使用するからなのである」。

〔身ぶりと「絵のような言語」〕

　この研究が示しているように、最初のうちこの 2 つの言語は独立せず分離されていなかったし、1 つひとつの句は、身ぶりと音が連結された複雑な形式を示すほどだった。この身ぶりは、対象と行為とを正確に絵のように描き記述しつつ、運動を再現するものであった。

　「水」を語るために、この表意文字〔身ぶりを指す〕は、どのように土地の人が水を手のなかに集めて飲むのかを示した。「武器」の語は、武器

使用時におこなわれる身ぶりによって、威嚇するように描写された。レヴィ゠ブリュールは指摘している —「簡単にいえば、この言語の助けによって話す自然人は、対象と動作とのあいだの視覚的－運動的連合に大いにもとづいている。かれは対象について、それを〔身ぶりによって〕記述しながら考えている、と言うことができる。かれの口頭言語はそれゆえ、記述することの他には何もなしえないのである」。

　マレリーが指摘するように、ある〔北米の〕先住民の言語の語は身ぶりに似ており、この身ぶりの研究こそプリミティヴな言語をわたしたちに説明してくれる。かれが言うには、一方の言語が他方の言語を説明しているが、2つのうちの一方を知らないならどちらも研究することはできない。マレリーが集収した身ぶり言語の語彙は、この言語で話す人の知的操作に光をあてて、なぜプリミティヴな口頭言語が必然的に記述的であるのかを説明している。

　ドイツの研究者たちは、活写への同様の傾向を「音の絵画」つまり音における描画と名づけている。レヴィ゠ブリュールはある未開種族の言語のなかに、さまざまな歩き方を表示するための33の動詞を数えあげている。かれが言うには、この量によってはまだ、歩き方の異なるニュアンスを記述するために動詞を修飾するすべての副詞の多様性をとらえきれていないのである。

　有色先住民たちの話しあいを聞いていると、おそらく、それは子ども流の会話だと言いうるかもしれないと、ジュノー〔Junod, Henri-Alexandre, 1863-1934〕は述べている。だが、事態はまったく逆なのである。この絵画のような言語[5]において、より高次の位置にある言語が表現しえないニュアンスが、語によって伝えられている。自然人の言語のこのような性格がかれの思考の全構成に深い刻印を負わせていることは、言うまでもないだろう。

　このような言語を用いる思考は、この言語とまったく同じく、芯ま

5　「絵画のような言語」の事例をあげれば、映画のタイトルでもある《Dances with wolves》(「狼たちとの踊り」、1990年、監督・主演はケビン・コスナー)は北米先住民が主人公につけた人名である。

で具体的で、絵画的で、形象的である。まったく同様にディテールに
満ち溢れているし、同じく、現実から切り取られ直接に再現された状
況や状態を操作している。レヴィ゠ブリュールは、言語をそのように
用いるときの不十分な抽象力や、そうした思考のための素材となる「内
的な絵」あるいは形象－概念の独自性について指摘している。

　そのような言語を用いる自然人の思考が直観像的であるということに
は完全な根拠がある。この結論に、イエンシュも自己の資料をもと
にたどり着いている。かれはこの言語のなかに感性的記憶への示唆を
見いだすのだが、この記憶はまったく例外的ともいえる多数の視覚的・
音響学的印象をもつものであった。プリミティヴな言語のそのような
「絵文字的機能」（絵画的機能）は、かれには自然人の直観像的性格の直
接的表現だと思われるのである。思考と言語との文化的発達につれて、
直観像的傾向は後方に退き、それとともに、個々の具体的諸部分を伝
達することへの関心は言語からも姿を消すのである。

　フンボルト〔Humboldt, Wilhelm, 1767-1835〕が正しく述べているよう
に、この言語を使ってみると、あなたは自分がまったく別の世界に連
れて行かれたと感じるだろう。なぜなら、このような言語が暗示する
世界の知覚とその解釈は、文化的なヨーロッパ人に固有である思考様
式とは実際に深く異なっているからである。

　トゥルンヴァルトはこれらの資料と完全に一致して、語彙の量の点
からすれば自然人の言語はその表現が貧弱であるとけっして言うこと
はできない、と述べている。表現の具体性という意味で、かれは文化
的人間に優越している。「しかしながら、自然人は、小さな空間のなか
での狭い活動や、この言語を話す小グループがいとなむ生活条件とき
わめて緊密に結びついている。このグループの生活の特質は、自然人
の言語のなかに鏡のように映しだされている」。

　土地の人たちの言語のなかに現れてくるものは、開花と成熟のさま
ざまな段階のヤシの実のためや、トウモロコシのさまざまな品種のた
めの大量の表示である。中央アジアの遊牧民の言語では馬が性と色に

もとづいて区別されている。ベドウィンも同じようにラクダを区別し、他の民族はイヌを区別するが、これらの動物のためのいかなる属としての名称も持っていないのである。この著述家が述べるように、プリミティヴな表現の具体性のなかには、力と表現の表情の豊かさがある。また一方で、表現の〔具体性への〕束縛もあり、何かの個別的なものか一般的なものかを表現することができず、他の事物への関係を規定することができない。抽象が欠如しているために、諸対象をナンバリングするような列挙がこの言語を支配している。

〔ことばへの思考の影響から ─ 言語様式における固有名詞、複合、概念の諸段階〕

きわめて重要な意義を持っているのは、トゥルンヴァルトが指摘した、ことばに対する思考の逆の影響である。これまですでに指摘してきたように、知的操作の構成は言語が使用する諸手段に大いに依存している。トゥルンヴァルトが示すように、ある民族による他の民族の言語の借用あるいは諸言語の混淆にあたって、語の蓄積それ自体はある種族から他の種族へと容易に移行するが、文法構造はこの言語を取り入れる側の民族の「思考の技術」によって本質的に変化する。思考の過程そのものも、そのような思考手段に密接に依存している。

自然人は概念をもっておらず、抽象的な類的名称はかれにはまったく無縁である。かれは私たちとは別の語を用いている。語はさまざまな機能的使用を獲得することができる。語がどのような様式で用いられるのかに、この語の助けのもとで実現される思考操作も依存している。

語は、固有の名称として、あれこれの個性的対象と連合的に結びついた音として使用することができる。この場合、語は固有名詞となり、その助けによって、記憶の簡単な連合的操作がおこなわれる。プリミティヴな言語はまさしくこの発達段階に位置することが見いだされたのである。

　未開諸民族の言語にどれほど多くの固有名詞があるのか、また、個々
別々の個性的な性質・対象の最大限の特異化への傾向がどれほど指摘
されたのかを、想起してみよう。この場合、語の使用の様式そのものが、
思考の様式を規定している。だからこそ、自然人の思考は、かれの記
憶の活動と比べて、実際に遅れているのである。

　語の使用の発達における第2段階は、語が、個性的対象ではなく諸
対象の何らかの複合またはグループの、連合的記号として現れる段階
である。〔その場合〕語はあたかも家族的・グループ的名称となるかのよ
うである。語はすでに、連合的機能のみならず思考的機能をも遂行し
ている。なぜなら、語の助けによって、さまざまな個性的諸対象が分
類され、一定の複合に統合されるからである。

　だが、この連結はそれでもまだ個々の具体的諸対象のグループのま
まであり、その諸対象の各々は、新しい組み合わせのなかに参入しつ
つも、自己の個性と個別性とを保持している。この段階では、語は複
合を形成する手段である。語のこうした機能の典型的事例となりうる
ものは、わたしたちの姓〔ファミリー・ネイム〕である。何らかの家族 ──
ペトロフ家について語るとき、このペトロフ家という語によって表示
されるのは具体的人びとのグループであり、そのようなグループが成
り立つのは、人びとがある共通の指標を持っているからではなく、一
定の共通のグループにかれらが具体的に属するからである。

　複合が概念と区別されるのは、個性的対象とグループ的名称とのあ
いだに確認される関係によってである。対象を見ながら、わたしは、
これは木だとか、これはイヌだとかと、まったく客観的に言うことが
できる。なぜなら、木やイヌは、概念の表示、つまり一般的な類的グルー
プを表示するのに役立つからであり、この類的グループにはあれこれ
の個性的対象が本質的指標にもとづいて分類されねばならないからで
ある。私はひとりの人間を見て、彼はペトロフだとかそうでないとか
言うことはできない。なぜなら、これを解決するためには、かれがこ
の姓に属しているのかいないのかをただ実際に知っていなければなら

122

ないからである。こうして、複合には個体がそれ自体として保存されている。ところで、複合自体が様々な諸要素を統合するのは、諸要素間の内的・本質的連関にもとづいてではなく、諸要素間に現実に存在する、あれこれの面での事実的・具体的近接にもとづいている。

〔自然人の複合的思考〕

　こうして、複合的思考というこの段階に、自然人はまさしく位置している。かれの語は固有名詞あるいはファミリー・ネイムであり、つまり個別的対象の記号もしくは複合の記号である。自然人は概念によってではなく複合によって思考する。ここに、かれの思考をわたしたちの思考から区別するもっとも本質的な相違がある。

　レヴィ＝ブリュールが自然人の思考を、きわめて多様な諸連関が同時に可能となる前論理的思考として特徴づけるとき、かれはこの思考の基本的性質を「融即の法則」（共参加 соучастие の法則）のなかに表現している。この法則が述べるところでは、プリミティヴな思考は私たちの論理の法則に則っておらず、自己の独特なプリミティヴな論理をもっている。この論理は、わたしたちのものとはまったく別の表象連関にもとづいている。プリミティヴな論理にとって特徴的である諸連関の独特なタイプは、同一の対象がさまざまな複合に共参加し、まったく異なる諸連関にその構成部分として参入することができる、という点にある。

　したがって、自然人にとって、第３項の排除という規則は現実的ではない。かれにとって、「人間」という複合に参入するが故に人間は人間であるが、それによってまだ、人間はインコではないとは言えない。自然人は同時に、「人間」の複合のなかにいるとともに、「インコ」の複合のなかにいることもできる。たとえば、〔南米〕先住民のボロロ族は、自分たちは美しい〔金剛〕インコである、と主張した。このことは、かれらが死後にインコになるとか、インコが転じて先住民になったもの

だとかを意味しているのではない。彼らは実際にインコであると言うのである。このような連関は、概念が利用される論理においては不可能である。そこでは、人間は人間であるのだから、すでにそのことによってインコではない。

　この種の思考と論理は、わたしたちが見てきたように、複合にもとづいている。ところで複合とは、具体的な諸連関のうえに築かれているので、もちろん、同一の対象において、こうした具体的連関がきわめて多数あることは可能である。同じ人間がさまざまな「ファミリー的なグループ」に加わることができる。自分の家族的所属性にもとづいて、かれはペトロフ家の人になることができるし、かれが住み続けている都市にもとづいて、モスクワっ子になることもできる、等々。

　プリミティヴな思考のあらゆる特質は結局のところ、このような基本的事実に、つまり、この思考は概念のかわりに複合を操作していることに帰着することができる。ウェルナーは述べている ―「どのプリミティヴな概念も、同時に、直観的な描画である」。

　言語の外的な構成・性格にもとづいてプリミティヴな思考が抽象的様式なのか具体的様式なのかを判断することに対して、ルロアは公平にも警告している。かれが述べるには、道具だけを吟味するべきではなく、道具の潜在的あるいは現実的な使用の様式を研究しなければならない。たとえば、特別な名辞の豊かさは原 初 性（プリミィティーヴノスチ）の独占的な特色ではないし、そうした豊かさはわたしたちの技術のなかにもある。それは、漁労や狩猟の技術的操作における正確さへの要求を表している。たとえば、自然人はさまざまな雪の様相を言語の上で区別しているが、これは現実においてもかれの活動にとって相異なるものであるからだ。かれはそれらを区別しなければならないのである。語彙の豊かさはここではもっぱら経験の豊かさを反映しているし、経験の豊かさは死活的な必要性によって創られているのだ。それゆえ、この著述家が言うように、自然人は自分の言語をノルウェー語に変えることを決断しえないのである。「ノルウェー語では事物との接触がきわめて疎遠になっ

てしまう」からである。

　このように、思考の特質ではなく、技術的要求、生活上の必要性が
これらのプリミティヴな言語の特質の真の原因である。たとえば、ル
ロアが指摘するように、身ぶり言語は一定の経済的・地理的諸条件の
なかで発生し、(他の種族とのあいだの配分、獲物の追跡、戦時や平原での、遠
く離れた往来のもとでの)必要性によって創造される。それゆえ、こうし
た言語と思考とのすべての特質を絶対的にとらえ、第1次的なものと
みなすことはできない。ある種族においては木・魚・鳥にとっての共
通名詞が存在しないのに対して、他の種族(クィーンズランドの種族)には
鳥・魚・蛇のための共通表示が存在している。しばしば、こうした一
般化と類的名称は、私たちの場合とは別のものである。たとえば、ピッ
タ＝ピッタ族の言語では、語根のピは、空気中を運動する事物を意味
するあらゆる語、つまり、鳥・ブーメラン・月・星・雷・鷹を示す語
にみられるのである。

　わたしたちの技術的言語には少数の抽象的呼称の代わりに多数の具
体的呼称を導入しようとする〔プリミティヴな言語との〕同一の傾向がしば
しば見られること、また、色彩による対象の名づけ方(タバコ色、麦わら色、
サクラ色、サンゴ色など)はわたしたちの場合にも広く見られること — と
いった類似性は、次のことを確実に示している。— プリミティヴな思
考の特質は1つではないし、いずれにせよ第1次的でもないが、「事物
との直接的接触」の必要性、技術的活動の要求は、プリミティヴな言語・
思考の多くの特質を生みだすものである。

　こうして、プリミティヴな言語と結びついたプリミティヴな思考も、
記憶の場合と同一の発達上の特質を顕わにしていることがわかる。そ
もそも、記憶の発達は、有機体的記憶の完成化から、記憶が使用する
記憶術的記号の発達と完成化への移行にある。この発達と同じように、
プリミティヴな思考の発達は、この思考がますます多くの細目を蓄積
し、さらに大きくその語彙を拡大し、ディテールをさらに繊細に再現
する、という点にあるわけではない。この発達は本質そのものにおい

て自己のタイプを変更する。それは、言語とその利用や使用の様式の発達・完成化への移行、思考が実現される基本的手段の発達への移行による変更である。

　思考の発達における基本的進歩は、固有名詞としての語の使用の第1の様式から、語が複合の記号であるときの第2の様式へ、最後に、語が概念の育成のための道具または手段であるときの第3の様式への移行のなかで結びあっている。記憶の文化的発達が文字の発達の歴史とのきわめて密接な連関を顕著に表すのとまったく同じように、思考の文化的発達は、人間の言語の発達の歴史との同じような緊密な連関を明らかにしている。

第6節　自然人による数の操作

〔抽象的概念の欠如と自然算数〕

　自然人における思考の発達、この思考発達の高次の記号の完成化への依存性のあざやかな事例は、自然人の数の操作の研究である。思考発達は高次の記号に依拠し、この記号によって実現されている。〔ところが〕多くの未開諸民族においては、2または3より大きな計算は存在していないのだ。

　しかしながら、ここから、かれらは3よりも大きな計算ができないと結論づけるのは間違っているだろう。これが意味しているのはもっぱら、自然人にはそうしたより大きい数についての抽象的概念が欠如していることだ。レヴィ＝ブリュールが述べるように、かれらは、わたしたちに特有な操作をおこなうことはできないが、「自然人に特有な操作によって、かれらはある範囲内であれば〔わたしたちと〕同じ結果に達することができる」のである。

　これらの操作は〔わたしたちの操作とくらべて〕より大きく記憶に依拠している。自然人たちはわたしたちとは別の様式で — つまり、具体的様

式で計算する。こうした具体的様式においては、自然人はまたしても
文化的人間に優越している。いいかえれば、自然人における計算過程
の研究から明らかなように、記憶やことばの面と同じく、この面でも、
自然人は文化的人間よりも貧困であるばかりか、ある意味では豊かで
もある。それゆえ、ここでは、量的差異ではなく、自然人の計算の質
的に異なる様式について語る方が理にかなっているだろう。

　自然人の計算過程の独自性をひと言で特徴づけようとするなら、か
れに発達しているのは主として 自 然 算数だということができる。か
れの計算は具体的知覚や、自然的記銘や、比較にもとづいている。か
れは、文化的人間が計算の助けとなるように創出した技術的操作に訴
えない。もし数の助けによる以外に計算することができないなら、3
よりも大きな数が存在しない人は、3よりも大きな計算ができないの
だ、とわたしたちは思うだろう。レヴィ＝ブリュールは次のように問
うている ―「はたして、他の方法では同じ結果に達することができな
い、と仮定せねばならないのか。わたしたちの計算法で達成するのと
同じ目標に達するために、プリミティヴな知性には独自の操作法と独
特な過程でが存在しないのか」。自然人は対象のグループを量的側面か
ら把握する。この場合、量的指標は、あるグループを他のグループか
ら分かつ、あきらかに直接的に知覚される性質としてあらわれている。
外的様相にもとづいてこそ、自然人は、そのグループが足りているのか、
不足しているのかを判断することができる。

〔量の直接的知覚〕

　こうした量の直接的な知覚は、文化的人間においても、主として秩
序づけられた量の知覚の領域では明らかになりうる、と言わねばなら
ない。もし音楽作品で演奏者が1拍を抜かしたり、あるいは、詩にお
いて誰かが1音節を故意に落としたりするなら、そのときには、わた
したちは計算に訴えずにリズムの直接的知覚にもとづいて、この場合

には1拍または1音節が不足していると結論づけるだろう。ライプニッツ〔Leibnits, Gottfried Wilhelm, 1646-1716〕はこうしたことにもとづいて、音楽を無意識の算数と名づけたのである。

　類似したことは、量的に異なる諸対象のグループを知覚するとき、自然人にも生じる。たとえば、リンゴ12個は、直接的印象にもとづいて、リンゴ3個のグループから区別される。これら2つの量のあいだの差異は、計算しなくても、具体的なやり方で知覚されうる。このことは私たちをいささかも驚かせない。この面でも、わたしたちは、対象の2グループのうち、どちらかより多いかをひと目で判断するという同じ能力をもっているからである。

　この技量において自然人が到達する繊細な区別ほど、通例、研究者たちを驚かせるものはない。研究者たちが語るように、通常とはちがう記憶にもとづきつつ、自然人は量の直接的知覚を最大限に洗練させている。かれは、いまある印象を記憶の像と対比しつつ、何らかの大きなグループのなかで1つの対象が不足しているだけでも、それに気づくのである。

　ドブリツホファーは自然人について次のように述べている —「彼らは算数を知らないばかりか、算数を避けている。かれらの記憶は、概して、欠点を構成している。かれらは計算したくないのであり、それは退屈にさせるものなのだ」。かれらが野生の馬を捕獲して戻ってきたとき、誰も「なん頭、連れ帰ったのか」とは質問しない。問いは次のように立てられる —「連れかえった馬の群れは何か所にいたのか」。

　自然人たちが狩猟の用意をするとき、かれらは自分たちの多数の犬をちょっと見渡して、もし犬が1匹でも足らないなら、それに直ちに気づく。まったく同様に、自然人は、数百の動物の群れのなかでその動物が1匹でも足らないと、それに気づくのだ。こうした正確な識別は、本質的に言えば、量の直接的知覚をさらに発達させたものであり、わたしたちにも認められるものである。

　リンゴ12個のグループをリンゴ3個のグループから区別すること

は、赤色を青色から区別するのと同じように容易である。それにたいして、100頭の動物の群れを101頭の群れから区別することは、たとえば、ある色調のブルーを同じくブルーだがちょっと暗い色調から区別することと同じように、困難である。しかし、これらは原理的にはまったく同じ操作であり、より広範におよぶ識別の訓練によって可能になったにすぎない。

　次の指摘も興味深いものである —— 現代の文化的人間もまた、量のあいだの差異を直観的で鮮やかに体験したいと思う場合には、そうした量の視覚的・具体的知覚に戻らねばならない。この意味で、未開諸民族の自然算数はかれらの他の思考様式と同様に、わたしたちのものよりも大きいくもあり小さくもあるのだとヴェルトハイマーが言うとき、かれは正しいのである。より小さいというのは、ある操作は自然人にはまったく受け入れられないものであり、その領域におけるかれの可能性は、わたしたちの場合よりも、いちじるしく制限されているからだ。より大きいというのは、この〔自然人の〕思考は現実の領域のなかで絶えず変動して抽象性に欠けているが、コントラストが明確で生きいきとした状況を直接に伝えているからであり、しばしば、わたしたちの実際生活や芸術のなかのように、こうした具体像は抽象的表象よりもはるかに有効であるからだ。

　現代の平和主義者が戦争でいかに多くの人びとが亡くなったかという生きた表象を与えて、それを感受させたいと思うとき、かれは抽象的な算術的総計を新しい具体的な表象へと翻案する。たしかにこの翻案は人為的につくられたものではあるが。この平和主義者は次のように述べるのである —— 戦争で殺された死体を肩を並べて置くならば、それは〔極東の〕ウラジオストックからパリまでの距離を占めるであろう。この直観的な光景によって、かれは視覚でわかるように数が多いことを純粋に感じさせたいのである。

　まったく同じように、わたしたちが普通の図表できわめて簡単な事柄、例えば、中国とドイツとでは石鹸がどれほど消費されているのか

を表そうとするとき、このために、〔まず〕中国の住民がドイツの住民より何倍多いかを象徴するものとして、大きな中国人と小さなドイツ人を描く。〔つづいて〕これらの下に、一方には小さな石鹼、他方には大きな石鹼を描く。そうすると、この絵全体、図表全体は、抽象的な算術的データよりも、ずっと多くのことをわたしたちに語りかける。こうした絵や形象的様式を用いるのが、自然人の自然算数なのである。

　レヴィ＝ブリュールは、わたしたちの数に対する未開諸民族の関係について述べている。この数は、かれらが必要性を感じていないし、その使い方を知らない道具なのだ。かれらは、多数のものを数を使って計算できないが、まったく別の方法でなら数えることができる。

〔プリミティヴな計算の形象性〕

　このプリミティヴな計算の具体性あるいは形象性は〔操作の〕一連の特質として現れている。もし自然人が３人または５人を表示したいときには、人びとの合計を言うのではなく、トゥルンヴァルトが述べるように、この自然人が個々に知っている各人の名前によって〔数を〕挙げている。もしかれが名前を知らないなら、次のような別の具体的標識を列挙する。たとえば、大きな鼻の人、老人、子ども、皮膚病の人、小柄な人。── これらすべては、５人がやってきたと言うことの代わりなのである。

　集合は、最初は何らかの絵の形象として知覚される。形象と量とは、まだ１つの複合のなかで一体となっていた。だからこそ、上で指摘したように、プリミティヴな知性にとって抽象的な計算は不可能であり、かれが数えるのは、その計算が自身にとって現実と結びついているあいだだけである。それゆえ、未開諸民族の数詞はたえず何か具体的なものを表示する名称であり、これは、ある集合のためのシンボルとして使用される数の形象または形式である。この場合、記憶の補助的手法がしばしば問題になる。

〔独特な記号の創造への道 ― 身体の部位によって数える〕

しかしながら、決定的であるのはこのことではなく、自然人における計算の発達はどのような方向に進んでいくのかということである。この発達は、自然算数の高度化の路線にそってではなく、自然人における記憶の発達と思考の発達とが進むのと同じ道を進む。つまり、その助けによって自然算数が文化的算数へと成長転化していく、独特な記号の創造の道に沿って進んでいくのである。

なるほど未開諸民族のなかでは、この記号の使用も、まだ純粋に具体的で直観的・視覚的性格をおびている。自然人における計算のもっとも単純な様式は、あれこれの対象のグループと対比される身体の諸部分である。こうして、その発達の最高の段階にいる自然人はすでに、眼で見て対象のあるグループをたんに把握するのではなく、すでに量的な面で、あるグループと他のグループを例えば自分の5本の指で対比する。彼はある面つまり量の面において、計算されるべき対象のグループを、何らかの計算の道具と対照しているのだ。

この意味で、自然人によってなされているのは、抽象化へのもっとも重要な一歩であり、発達の完全に新しい道へのもっとも重要な移行である。しかし、新しい道具の使用は最初はまだ純粋に具体的なものにとどまっている。自然人たちは数えるとき、しばしば視覚的様式によっている。かれらは、すべての指、手の諸部分、肩、眼、鼻、額を順番にさわり、それから、自分の身体の同じ部位を反対側からさわり、こうして、純粋な視覚的方法によって、何らかの対象の量をある順序で数えられる自分の身体の諸部位に対比するのである。

ここではまだ、本来の意味での数詞はやはり存在していない。レヴィ＝ブリュールが指摘するように、ここで問題となるのは、与えられた集合を規定するための具体的操作や記憶の操作についてである。ハッドン〔Haddon, Alfred Cort, 1855-1940〕の意見によれば、このシステムは計算のための補助的道具として使用されている。これは、結び目のある

紐が使用されるのと同じように使用されているのであって、けっして
真の数として使用されるのではない。これは、数の操作であるよりは
記憶術的手法である。ここではまだ、数の名称も、本来の意味での数
も存在していない。レヴィ＝ブリュールは、次のことに注意を払った。
── このような計算にあたっては、同一の語が異なる量を意味している。
たとえば、ニューギニアでは、「アノ」（「首」）は 10 と 14 とを同時に表
示する働きをしている。

　まったく同じように、他の諸民族においても、指・肩・手を表す語は、
計算の過程でそれが右側で記されているのか左側で記されているのか
によって、異なる量を表示している。このことからこれらの語はけっ
して数を表していないと、この著述家は結論づけるのである。彼は問
うている ──「もし『ドロ』という語が右手の 3 つの指の 1 つ、あるい
は、左手の同じ指の 1 つを指し示す身ぶりによって明確にされないな
ら、この同じ語がどのように 2 、3 、4 のための記号と、19、20、21
のための記号になりうるのだろうか」。

〔落ち葉、砂上の線で数える〕

　ブルック〔Brooke, James, 1803-1868〕が述べた特筆すべき 1 つの事例、
ボルネオの先住民が委託された内容をどのように記銘しようとしたか
という事例を、取り上げてみよう。この人は、蜂起のあとに征服され
た 45 の村を巡視して、その村々が支払うべき科料の合計をかれらに
知らせなければならなかった。かれはこの委託をどのように扱ったの
か。いくつかの落ち葉を持ってきて、それらを小さくちぎった。かれ
の首長はそれらを紙の代わりにした。かれは、小片を 1 つずつ手の指
でなんども数えて、机の上で小片を次々と割り当てていった。それか
ら、彼は机の上に片足をのせて、足の指でさらに紙の〔本当は木の葉の〕
小片を数え始めた。それらの 1 つひとつは村の名称、その首長の名前、
戦士の数、科料の合計を示す記号であった。足の指で足らなくなると、

彼は手の指に戻った。計算が終わると、机に置かれたのは45枚の紙片であった。

　かれはふたたび、下された自分への委託を反復してほしいと頼んだ。このときには、葉の紙片の上に手をすべらせるように動かし、前と同じように手と足の指を動かした。彼は述べた —「ほら、これがわれらの手紙だ。君たち白人は、われわれのようには読めないだろう」。夜遅く、かれは各々の紙片に個々に指を置きながら、すべてを正確に反復した。彼は述べた —「さて明朝に私が思い出すなら、すべては上手くいく。机にこれらの紙片を置いておこう」。そう言って、彼は紙片をごちゃまぜにした。翌朝、彼は前夜にしたのと同じ順序で紙片を並べ、すべてのディテールを完全に正確に繰りかえした。1か月のあいだ、村から村へ、国の奥地を渡り歩いたが、かれはこうしたさまざまな合計のすべてを、1つとして忘れなかったのだった。

　レヴィ゠ブリュールは指摘している —「手足の指の代わりに紙片に置き換えることは、格別に特筆すべきものである。この置き換えは、前論理的思惟に固有な、さらに完全な『具体的抽象』のまったく純粋なケースを示している」。実際のところ、〔このケース以上に〕人間の記銘と動物の記銘とのあいだの最も本質的な差異をより驚くべき形で示すような事例を思い描くのは困難である。記憶の自然的力を超える課題を前にした自然人は、紙に、指に、外的記号の創造に頼るのである。

　この自然人は自身の記憶に外側から働きかけることを試みている。記銘の内的過程を、かれは、外側から組織している。それは、自分の支配力にもっとも容易に服する外的活動を、内的操作の代わりにすることを通してである。外的活動を組織しながら、かれは記号の助けによって自分の記憶を支配する。この点に、人間の記憶を動物の記憶から本質的に区別するものが現れている。それとともに、この事例は、自然人において計算の操作が記憶の操作とどれほど密接に結びついているのかを示している。

　ロス〔Roth, Walther Edmund, 1861-1933〕は自然人に、かれの手足の指は

どれだけあるかを尋ね、砂の上にできたそれらの線の数を言うように
頼んだ。人は指を２本ずつ曲げ、各組のために砂の上に２本の線を引
いた。種族長たちは人数を数えるために、こうしたやり方を行っている。
ここに、わたしたちは、記号の助けによって量の表象を構成するための、
間接的な道具的な道を見出すのである。わたしたちが見てきたように、
量の直接的知覚にもとづく自然算数から、記号の助けによってなされ
る媒介的操作への移行は、人間の文化的発達の最初期の段階ですでに
見受けられる。

〔具体的ナンバリングから半抽象－半具体のナンバリングへ〕

　身体の部分による計算、こうした具体的ナンバリングは、しだいに
半抽象－半具体のナンバリングになり、わたしたちの算数の最初の段
階を構成する。ハッドンは述べている ―「『ナビゲト』は５という数の
名称である、とはいえない。この名称が意味しているのは、対象は手
の指の数だけ存在するということだけである」。したがって、こうした
計算の基礎にあるものは、無言の形象的または絵画的な比較、この著
述家の表現によれば、手による概念または視覚的な概念であり、これ
なしには原初的な数の操作の発達は理解できないだろう。
　この数的表示の形象的起源が明らかになるのは、自然人が、１とい
う単位にもとづいて計算するのではなく、きわめて多様な、例えば、
２組、４組、５組などのグループにもとづいて計算する傾向にあるこ
とだ。だからこそ、自然人は、このグループで数えられるしばしば小
さな数量を自由に扱い、同じ数量を何回か繰り返すことによって、い
ちじるしく多くの数量もまた計算することができる。
　多くの未開種族に存在するさまざまな対象のための異なる計算シス
テムも、同じ具体的性格を示唆している。そのさまざまな対象とは、
たとえば、平面的な対象、丸い対象、動物、人間、時間、長い対象な
どである。異なる対象は異なる計算を必要としている。たとえば、ミ

キル族の言語には、人間、動物、木、家、平らな対象と丸い対象、身体の諸部分のための個々の計算システムが存在している。数詞はつねにあるきまった対象の数なのである。

　これらの痕跡は、わたしたちになおも残る、さまざまな対象に適用される異なる計算様式のなかに見いだされる。たとえば、鉛筆は今日までダース〔12 本〕とグロス〔12 ダース〕などで計算されている。この面で特筆すべきは、計算にあたり多くの未開諸民族によって使用されている補助的な語である。この補助的な語は算術操作の順次的段階を直観的に、あたかも眼に見えるようにすることを課題としている。たとえば、そのような言語で「21 個の果物」と言われるとき、それは文字通り次のことを意味している。果物が 20 個を超えるときには、私はその天辺に 1 個を置く。「26 個の果物」といわれるときには、これの意味は、果物 10 個ずつのグループ 2 つの上に 6 個を置く、ということである。

　レヴィ゠ブリュールがいうように、ここでは私たちが言語の一般構造において見出したのと同じ特色 ── 絵を描くような算術が見いだされる。

　かれが言うには、次の結論がどんなに逆説的に思われようとも、それは真理である。── ある社会においては、人間は、まだ数を持つことなく何世紀にもわたって計算をしていた。人間の知性は計算するために数を構成したと考えるなら、それは誤りであろう。同時に言いうることは、その逆に、人びとは数を創造するよりも早く、計算を始めていたのである。

　数の操作と具体的状況との連関を見事に説明しているのは、ヴェルトハイマーである。かれは、自然人が用いる数の形象は現実的可能性の方を向いていると指摘している。現実にありえないことは、自然人にとっての数の操作においても、ありえないのである。諸事物のあいだにいかなる生きた具体的連関も存在しないところでは、その諸事物にはいかなる論理的関係も存在していない。自然人にとって、たとえば、馬 1 頭＋馬 1 頭＝馬 2 頭、人間 1 人＋人間 1 人＝人間 2 人、だが、馬 1 頭＋人間 1 人＝騎手 1 人、なのである。

　ヴェルトハイマーは次のように一般的問題を提起している。── 私たちが数を操作する場合に実際には思考課題があらわれてくるとき、自然人ならどのように行為するのかと。そうした課題が自然人の前にきわめてしばしば立ち現れることは明らかだ。その際、かれはその発達の低次の段階では量の直接的知覚を操作し、高次の段階では記号または道具として使用されているものの、まだ純粋な具体的性格をおびるナンバリングの形象を操作するのである。

〔計算木〕

　低次の段階で記号または補助的道具として現れてくるのは、石、指、棒きれであり、それらに続いて発達したのが計算木である（図20）。最後の方で自然人は計算の際に指が足らないときには、友人をひとり連れてきて彼の指で計算し、さらにもし必要なら、友人をもうひとり招く。そのさい、それぞれの新しい仲間の指は、新しい桁（10位の数）を意味

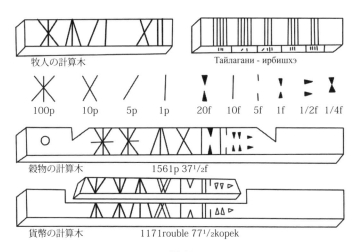

図 20
イルクーツク・ブリヤート人の計算木。計算木には、木に切り込まれた独特な記号によって、家畜、パン、お金などの量が示されている。計算木は、十分に体系化していない数字と文字の代わりに、原始的なメモ、預かり証、領収証、債務を示すのに役立っている。

している。

〔ローマ数字システムに似た数え方〕

　未開諸民族の計算でしばしば見られるのは、ローマ〔数字〕システム
に近い記号である。たとえば、手・指による長さ測定法(цуни。「寸」を
意味する)は結びの助けであらゆる数字をつくりだす。単純な結びは1
を、より複雑な結びは5を、さらに複雑な結びは10を表示する。2は
1プラス1である。単純な結びが直前にある5は4を意味する。単純
な結びが直後にある5は6を意味する。より大きな量から1を減算し
てより小さな量を意味するこのシステムが示唆しているのは、概算的
な自然的グループ(手の指など)への自然人の算術的傾向である。
　自然人の計算について、ある研究者が特筆すべき事例を語っている。
この事例は数のシステムの発達に光をあてている。自然人は始めは、「こ
れは1だ」等々と宣告しながら、一方の手の指で数えている。最後の
指ともなると、かれは「手が1つ」と付け加える。その後、彼はもう一
方の手でまったく同じように数え、その後には、足の指を使う。それ
でも数え終わらないときには、更なる計算にあたり「一方の手」が高い
位の単位として数えられる。今やすでに、手と足との指で数えるとき、
彼は5の倍数によって、つまり、手が全部でいくつかを数えるのである。
　心理学者たちはこの操作を純粋に実験的な方法で生じさせている。
次のようなことを想起してみたい。── 何らかの文化的人間のグループ
に27の対象を総合計するように提案する。そのとき、若干の未開諸民
族のように、5より大きく数えることができないと予告しておく。す
るとわたしたちの実験が示すように、グループの第1部分は課題をまっ
たく解決できない。〔第2〕部分は解決するにしても条件を満たしてい
ない。最後の第3部分は完全に正しく同じ形で課題を解決している。
　かれらは対象を数え上げるとき、たえず1から5までを繰り返し、
そのあとで、5の塊を数え、結果を次のように表現する ── 5の塊が

5つと2である。研究が示しているように、私たちの10進法にもとづく計算も、まさしく、こうした手法にもとづいている。これはたえず、5の2倍による計算であるかのようだ。つまり、わたしたちは対象を自分で数え、そのあとで、自分の計算を数える、つまり、この対象のグループを数える。たとえば、私が21、22、23…と数え、その後、31、32、33と数えるとき、私は実際上、1、2、3だけを使って数えている。数えるごとに加えられる「20」「30」の語は、私の計算は2番目の10の塊と3番目の10の塊の範囲内で進むことを示している。

〔わたしたちの計算システムはわたしたちを超えて数える〕

　実験研究はきわめて興味深い結論をもたらした。わたしたちの計算システムはわたしたちを超えて数えている、という結論である。自然人が行うにちがいない注意の2分割、つまり、まず対象の単位を手の指で数え、そのあとで同じ指で手の数量を数えること ── このことそのものが、私たちを超えて10進法を切り拓いている。それゆえ、心理学者らがいうには、私たちが数えるとき、心理学的観点からすれば、まったく数えているわけではなく想起しているのである。私たちは自動的に私たちの数のシステムを利用し、数の列を秩序だって再現する。そして、一定の点に達すると、出来あがった結果を認知するのである。隠され自動化された、すでに発達した形式において、大人の文化的人間のなかに見いだされるものは、自然人のなかですでに明瞭な形式と発達の状態とにおいて存在するのである。

　次のように指摘するのは興味深いことであるが、上述のような特別な補助手段の助けによって生じるのは、単純な計算だけでなく十分に複雑な算数操作である。ヴェルトハイマーは、ロシア－ペルシャ国境のクルド人のなかに発見された、数え方の特筆すべき様式について伝えている。クルド人は、まだ抽象的操作をともなう計算を獲得しておらず、次のような形で掛け算をする。6から10までの数は指を1本、

２本、３本、５本と曲げることによって表現されている（プラス５が暗示されている）。５×５から10×10までの掛け算は、曲げられた指が10の位として加算され、伸ばされた指が１の位として掛け算されている。

　たとえば、７×８の掛け算をする必要がある。一方の手には２つの指が曲げられている（2+5=7）。他方の手には３つの指が曲げられている（3+5=8）。二つの手を合わせて、曲げられた指を足し（2+3=5）、伸ばした指を掛けると６である（2×3=6）。結果は56である。

　ルロアが教えているように、文化的諸民族にも数の集合あるいはナンバリングの形象が見られる（世紀、年、週、月、中隊 ― これらすべてはナンバリングの形象である）。かれは問うている ―「フィジー人の語『コゴ』は『100個のヤシの実』を意味しているが、これが『100年』を意味する語『世紀』よりも原始的だなどと、どうして言えるだろうか」。私たちの場合にも、10名の兵士が〔集団として〕別々に進んでいくわけだが、この10名は伍長とともに隊をなす小隊である。この事例のなかには、プリミティヴな諸言語でいえば、数は計算の「特殊事情を記述」していることとの類似性が存在すると、ルロアは見なしている。

　この著述家の基本的結論は、わたしたちの見るところ、疑う余地はない。自然人の数え方を動物の「数え方」と比較することはできない。いいかえれば、あらゆるプリミティヴな算数を、量の直接的知覚に帰着させることはできないのだ。そうしたプリミティヴな算数にとって最も特徴的なものは、この「胎生的な数え方は、一定の限界を超えていくために、数えるたびに具体的な記憶術の助けを借りなければならない」（指、棒きれの使用）ことである。自然算数（量の直接的知覚）と記憶術的なものとの結合は、プリミティヴな数え方のもっとも特徴的な特色を構成している。ルロアはこの算数を、読み書きの教育を受けていない人たちの計算と、また、私たちの場合の直観的な数（図表）と、正しく比較している。

　「文化的数学」のさらなる発達は、記号やその使用様式の進化ときわめて密接に結びついている。これは、学問的数学の低次の段階のみな

らずもっとも高次の段階にも当てはまる。ニュートンは、代数学的方法の本質を説明しつつ、次のように述べた。— 数あるいは量の抽象的関係にかかわる問題の解決のためにもっぱら求められているのは、課題を提起している英語あるいは他の言語から、量の相互関係にかんする私たちの概念を表現することのできる代数学的言語に、課題を翻案することである。

　こうした道具としての記号の役割をみごとに指摘しているのは、『数学史』概説におけるシェレメーチェフスキー〔Шереметьевский, Всеволод Петрович〕である。彼は述べている —「とくに数学的分析について言えば、1 つのきわだった性質が数学的分析を本当の思惟の仕組みに変えている。その仕組みは、うまくつくられたメカニズムに特有の速さと正確さとをもって思惟の仕事をおこなうのである。わたしが述べているのは、分析のあらゆる結論を代数学的記号の助けによって象徴的に記録するという手法のことである」。

　そうした記号を用いる現代の代数学を古代の修辞学的代数学と比較して、この研究者は、課題の解決にかんするあらゆる心理学的仕事は操作を表示する新しい様式の影響のもとで改造されてきた、と結論づけている。かれは古代の数学について述べている —「この数学に欠けていたのは、現代の代数学の大きな優位性を示す、象徴的意味の判断をメカニズム化することだった。当時の象徴化されていない、あるいは修辞学的な代数学においては、最終結論を課題の条件と結びつける論理的すじ道の全体を意識のなかでつねに維持するために、記憶と想像とを強力に緊張させなければならなかった。古代の数学は、盤を見ずにゲームを行うチェスプレイヤーのなかに育てられている、思惟の独特な蓄えを発達させなければならなかったのだ。そこに必要であったのは、この作業にたいする『超人的な理解』である。抽象的思考のどのような異例な力がこの作業に必要であったのかは次のことから理解することができる。ユークリッドは自分の模倣者を見いださなかったし、不通分な理論は 1800 年もこの形式で維持されてきたのである」。

第7節　プリミティヴな行動

〔人間行動の歴史的発達の一般原理〕

　こうして、すでに自然人はその発達において、自然算数から記号の利用への移行というもっとも重要な歩みをすすめたことがわかる。同じことは、記憶の発達や思考の発達の領域においても強調されてきた。この点に人間行動の歴史的発達の一般的道程が存在するという仮説を提起することができる。

　自然にたいする増大する支配は、人間の場合、その生体の諸器官の発達にもとづくというよりはむしろ技術の完成化にもとづいている。それと同じように、自分自身にたいする支配、人間行動のますます増大する発達は主要には、技術的経済的要求の圧力のもとで一定の社会環境において育成される外的記号や外的手法・様式の完成化にもとづいている。

　こうした影響の下で、人間のあらゆる自然的・心理学的操作も改造されていく。あるものは消滅し、他のものは姿をあらわすのだ。ところで、すべての過程にとってもっとも重要で、決定的で、特徴的であるものは、この過程が外から完成化されること、究極的には、個人が属するグループと民族との社会生活によって規定されることである。

　猿のなかには道具の使用の存在と記号の使用の欠如が認められる。それに対して、自然人のなかにわたしたちが気づくのは、プリミティヴな道具をもとに成長する労働 ── これが自然人の生存の基礎である ──、自然的心理学的過程（直観像記憶、量の直接的知覚としての）から文化的記号の使用への、独特な文化的技術の創造への移行形式である。この文化的技術は、自然人が自分の行動を支配するときの助けとなるものである。

〔呪術的行為 ― 自然と自己自身への支配の初期的形式〕

　ところで、この面で自然人が到達した発達段階を特徴づける1つの特色がある。自然人を一言で特徴づけたいとき、通例、呪術または呪術的思考がもっともきわだった特色として語られている。〔このことから〕すぐにでも示したいのだが、この特色は、自然の支配に向けられた人間の外的行動だけを特徴づけているのではない。これは、自己の支配に向けられたかれの行動をも特徴づけている。

　呪術的行為とはなにかは、きわめて簡単などんな事例によっても容易に理解できる。〔たとえば〕雨が降ってほしいと願う人がいる。このために、かれは独特な儀式によって雨を表現する。つまり、息を吹きかけて風を表現し、両手を広げて稲妻を表現し、太鼓を叩き水を注いで雷鳴を表現する。一言でいえば、雨を模倣し、かれが自然のなかによび起こしたいものと類似した、視覚的状況を創造することである。こうしたアナロジーから、自然人または半自然人は呪術に頼る。それは、土地が肥沃になることを望んで、種蒔きが終わった畑のなかで性行為をおこなうときに、よくあらわれている。

　ダンツェルが正しく指摘するように、自然人が土地が肥沃になるように儀式を行うのは、わたしたちの場合でいえば、技術的な農業経営の取り組みをおこなうようなものである。このようなきわめて簡単な事例の分析から容易に見てとれるように、自然人が呪術的操作をおこなうのは、これらの操作の助けによって、自然を思うように支配しようとしたり、自己の意志にもとづいてあれこれの現象をよび起こしたりする場面においてである。

　だからこそ、呪術的行動はすでに動物には不可能であって、人間に固有な行動である。それゆえ、呪術をもっぱら思考の欠陥にすぎないとみなすのも正しくない。その逆に、ある面では、呪術は動物の行動と比べるときわめて大きな前進の一歩である。呪術が表現しているのは、人間のなかに成熟した、自然にたいする支配の傾向、つまり、原

理的に新しい適応形式への移行の傾向なのである。

呪術のなかに現れるものは、自然にたいする支配力への傾向のみならず、同じように、自己自身にたいする支配への傾向でもある。この意味で、呪術のなかには、もう１つの純粋な人間的形式の行動 ― 自己の反応 ― の支配の萌芽がみられる。呪術は自然の諸力と人間の行動とへの原理的に同じ働きかけを許容している。それは、愛と雨への呪術を同じように許容するのである。こうして、呪術のなかには自然の支配にむけられた未来の技術と人間の固有な行動の支配にむけられた文化的技術とが、未分割な形で含まれている。

それゆえ、ダンツェルは次のように述べている。― わたしたちの技術の客観的実践とは反対に、呪術的行動はある程度は一種の主観的・本能的に適用された精神技術であると言うことができる。客観的なものと主観的なものとが未分化であることや、両者がしだいに対極化していくことのなかに、この著述家は、人間の文化的発達の出発点とそのもっとも本質的な路線とを見ている。

実際のところ、客観的なものと主観的なものとの完全な分離が可能になるのは、技術の発達を基礎にしてのことである。この技術の助けによって、人間は自然に働きかけながら、自分の外側にありそれ自体の独特な法則に従うものとして、自然を認識する。自分自身の行動の過程では、ある心理学的経験を蓄積しつつ、人間は、自分の行動を制御する法則を認識するのである。

人間は自然に働きかけるにあたり、自然の諸力を衝突させ、ある力を他の力に働きかけさせる。それとまったく同じように、人間は自分に働きかけるとき、外的諸力（諸刺激）を衝突させつつ、それを自分に働きかけさせる。自然の中間的な〔大自然と自己との間にある〕外的力を通した働きかけの経験、〔つまり〕「道具」という手段は、心理学的側面からすると、技術にとっても行動にとっても、同じものである。

ビューラー〔Bühler, Karl, 1879-1963〕とコフカ〔Koffka, Kurt, 1886-1941〕は次のように確信している。― 事物を表示するための記号として語を使

用する過程は、子どもに〔語が〕誕生するときには、猿の実験における棒の使用と完全な心理学的類似性を露呈している。子どもへの観察が示すように、心理学的側面からすれば、猿において見られるこの過程のあらゆる特質が、ここでふたたび繰り返される。自然人の呪術的思考のきわだった特色は、自然の支配にむけられたかれの行動と、自己の支配にむけられた行動とが、まだお互いに分離されていないことである。

〔アニミズムをめぐって〕

　レナック〔Reinach, Salomon, 1858-1932〕は呪術をアニミズムの戦略と規定している。ユベール〔Hubert, Henri, 1872-1927〕とモース〔Mauss, Marcel, 1872-1950〕のような他の著述家たちは、呪術をアニミズムの技術と規定している。そして実際に、自然を精神を持つ対象や力のシステムだとみなす自然人は、霊を宿す存在への働きかけのように、これらの力に働きかける。それゆえタイラーは、呪術の本質は現実的なものよりも前に観念的なものを誤って押し出すことだと、正しく見ている。
　呪術は思惟にたいする支配力を事物にたいする支配力と取り違えていると、フレイザー〔Frazer, James, 1854-1941〕が述べているのは正しい。つまり自然法則は心理学的法則によって代替されているのだ。思惟において近接したものは、自然人にとっては、現実においてもそうなのである。ここに、疑似的呪術の基礎がある。上で引用した呪術的操作の事例では、自然への働きかけは類似による単純な連合法則にもとづいて構築されている、と容易に指摘することができる。
　挙行された儀式は雨を想起させるので、それは自然のなかにも雨をよび起こすにちがいない。性行為は子どもを生み出すので、それは豊かな収穫を保証するに違いない。このような作用がありうべきものとわかるのは、自然の法則は思惟の法則である、という信念にもっぱらもとづいているからである。この類いの他の呪術的操作も、そうした

自然法則の思考法則との同一化に基礎を置いている。たとえば、そうした操作とは、ある人に不幸をもたらすために、人型の造形物を砕いたり、傷つけたり、切り裂いたりし、その人の髪の一部を燃やしたりする等々というようなものである。

人間は自然への関係のみならず自己自身への関係においても、このような呪術的関係を表すのだ、と述べないなら、呪術的行動にかんする記述は不完全だろう。

記銘のために使用される語・数・結び目 ── これらすべてもまた、呪術的手段の役割を段階的に演じはじめる。なぜなら、自然人はまだ、言語、数、あるいは記憶術的記号がそれに沿って働く真の法則を理解するほどには、自分の行動をまだ支配していないからである。これらの手段がもたらす成功は、かれには、魔法のように思える。まったく同じように未開人は、白人たちがメモの助けによって相互に考えなどを伝え合っていることも魔法の力のせいだと考えたのだった。

〔呪術の発生 ── 中程度に発達した自然人において〕

しかしながら、レヴィ＝ブリュールがそうであったように、プリミティヴな思考・行動の呪術的性格を絶対化したり、この呪術的性格に第一次的で自発的に発生する特質であるという意義を与えたりすることは、きわめて大きな誤謬であろう。トゥルンヴァルトが述べているのだが、呪術はもっとも未開な諸民族のあいだにもっとも普及していたわけではけっしてないことを、研究は示している。中程度の〔発達の〕自然人においてこそ、呪術はその発展のための土壌を獲得し、その開花は高次の未開諸民族と古代の文化的諸民族とに相応している。呪術のための欠くことできない前提条件が発生するためには、文化のめざましい発達が必要なのである。

したがって、プリミティヴな行動と呪術的行動とは少しも一致していないし、呪術は第1次的な思考の性質ではなく、相対的に遅れて発

生する思考の性質である、ということがわかる。ルロアは述べている―「呪術のなかに、レヴィ＝ブリュールは自分の考えを確証する基本的領域を見出している。だが、呪術は文化的諸民族のなかにもあるし、また呪術は、魔術力への信仰と同じく、自然法則から逸れた論理をもつ思考を必ずしも意味していない」。最後の事情はとくに重要である。なぜなら、それはプリミティヴな行動における呪術の真の位置と意義とを理解させうるからである。私たちはすでに、トゥルンヴァルトの見事な分析を上で引用してきた。その分析が示したのは、病人から悪霊を追いだす呪術的儀式は、病気の原因のプリミティヴな理解という観点からすれば、完全に合理的だということであった。

　トゥルンヴァルトはさらに、自然人の技術力の一定水準の発達は呪術の発生のための不可欠な前提条件であることを示した。プリミティヴな技術・思考の発達のある段階は、行動が呪術的性格を獲得するための不可欠の前提条件なのである。こうして、呪術がプリミティヴな技術・思考の骨格を産みだすのではなく、技術とそれと結びついたプリミティヴな思考技術とが呪術を産みだしている。

　このことは、次のことに注意をむけるなら、とくに明瞭になる。―すなわち、呪術のより遅い発生や、原初性からの相対的独立性のみならず、それが広範に発達した場合にも注意をむけるなら、呪術は、自然人の行動と思考をけっして全一的に支配しないし、また、すべての行動を全体としてけっして色づけしない。むしろ、研究が示しているように、呪術は、行動の1側面、その1平面または1断面、多くのなかの1面だけを表している。その1面は、もちろん残りのすべての面と有機的に結びつけられてはいても、〔全体としての〕行動の代わりとはならず、行動と一体化しないのである。

　すでにある研究者の意見を引用しておいた。それによれば、自然人がもしレヴィ＝ブリュールが言うように実際に考えているとすれば、その人は翌日には死んでしまうだろう。これは実際にそのとおりなのだ。自然へのすべての適応、すべてのプリミティヴな技術的活動、狩猟、

漁労、会戦 ― 端的にいえば、自然人の生活の現実的基礎を構成するすべてのものは、呪術的思考だけを基礎にすることは絶対的に不可能だろう。同じように、いかなる行動の支配も、いかなる記憶術も、文字や計算の萌芽も、いかなる記号の使用も、〔呪術的思考という〕この基礎の上では発生しえないだろう。自然の諸力の支配と自己自身の行動の支配は、虚構的思考ではなく現実的思考を、神秘的思考ではなく論理的思考を、呪術的思考ではなく技術的思考を必要としている。

　上で述べたように、第１次的な記憶術的手段、語と数 ― 概して記号 ― の呪術的意義はより遅い起源を持つものであり、もはやいずれにしても、拠（よ）り所でも第１次的なものでもない。ルロアが正しく述べるように、数の神秘的意義はプリミティヴなものを何も含んでいない。この意義は、他のもっとも後期の呪術的産物にもあてはまる。呪術は、いずれにせよ、文化的発達の第１次的な出発点ではないし、思考のプリミティヴィズム・原 始 性（ベルヴォブウィトナスチ）・原 初 性（イズナチャーリナスチ）と同義でもない。呪術が登場するときでさえ、すでに述べたように、呪術は行動の全体を覆（おお）っていないのである。

〔自然人の技術的行為と呪術的行為〕

　ルロアは述べている ―「自然人には２つの異なる平面がある。自然的・実験的平面と、超自然的つまり神秘的平面とである。このことは自然人の生活に関わるのと同じように、彼の知性にも関わっている。これらの２つの平面の混合はありうるが、しかし、レヴィ＝ブリュールが言うようには、これらの混合と一体化は規則的ではない」。この著述家〔ルロア〕が他のことと連関して述べたのだが、呪術師の意義を過小評価してはいけないし、過大評価してもいけない。重要なのは、この平面において意義を吟味しなければならないことである。「言いかえれば、プリミティヴな知性はたえず、呪術的威力と技術的技能を混合している、と主張することはできない」。たとえば、指導者は呪術師では

なく、年齢が高く、経験、剛毅さに長け、ことばの才のある人なのである。

　レヴィ＝ブリュールの主要な誤りは、自然人の技術的活動や実践的知能を過小評価したことにある。つまり、それらは、道具の使用と発生的に結びついたチンパンジーの操作のうえに限りなく上昇していくものだが、チンパンジーの操作は呪術とは根本においていかなる共通性も持たないのである。レヴィ＝ブリュールは、しばしば誤って、自然人の思考をその本能的・無意識的活動と同一化している。

　「レヴィ＝ブリュールがおこなったように、自然人の技術的活動をビリヤード・プレイヤーの巧みさと比較することはできない」— とルロアはこの点について述べている。—「この巧みさは、自然人がいかに泳ぎ、木に登るのかと比較することはできても、弓あるいは斧の製作は本能的操作に帰着しない。材料を選ぶ、その性質を知る、乾かす、ほぐす、切断する、等々をしなければならないからである。これらすべてにおいて、巧みさは諸動作に正確さを付与することができるが、それらを意味づけることも組み合わせることもできない。おそらく、ビリヤードのプレイヤーは数学者ではけっしてないが、このゲームの発案者は本能的な巧みさよりも多くのものを持っていた。はたして、抽象的理論の欠如は論理の欠如を意味するのだろうか。未開人は、ブーメランが自分のところに戻ってくることを見ながら、こうした動きをなぜ悪霊のせいにしないのか。彼はこの自分への帰還のなかに〔ブーメランの〕形態上の出来ばえを吟味し、その有用なディテールを取り出し、それらを再現しなければならないからだ」。

　この問題をさらに検討することは、わたしたちの課題には入らない。呪術の問題はわたしたちのテーマの境界をはるかに超えており、必要とされるのは心理学的な研究や説明だけではないからだ。だが、それでも、ここでは次のような理論仮説を述べておきたいと思う。— 自然の諸力への支配という問題における必要性と可能性との間の差異を意味している呪術的思考は、トゥルンヴァルトが述べたように、自分自身の力の過大評価のもとでの技術と理性との不十分な発達によってひ

き起こされているだけではない。それは、「素朴心理学と素朴物理学」のプリミティヴな統一性に由来していて、自然と行動との支配へのまだ未分割な傾向の必然的所産として ― 技術と思考との発達のある段階で ― 法則的に発生している。

〔呪術的行為の消滅へ〕

　この論述でつねに示そうと努めたのは、プリミティヴな知能にそなわる思考の諸手段が、呪術のための心理学的土壌を準備しつつ、不可避的に複合的思考をもたらしたことであった。実践的にはたらく知能や技術的思考の発達路線と、ことば・語による思考の発達路線の分岐が、呪術発生のための第2の不可欠な前提条件を構成している。技術的思考の初期発達の必要性、自然の諸力を自分の支配に適応させ従わせる必要性が、自然人の知能と子どもの知能とのもっとも重要な相違をつくりだしている。

　本章の最初のある段落で取りあげ、本概説のなかでその主要なモメントにそって発展させようとした、文化的―心理学的発達の第3の理論は、自然人の心理学的発達の基本要因を、技術の発展とそれに照応する社会体制の発展のなかに見ている。呪術から技術が産み出されるのではなく、未開の生活という特別な条件下での技術のしかるべき発展が、呪術的思考を産み出すのである。

　この「素朴心理学」と「素朴物理学」との原初的統一性がとくに明瞭に現れてくるのは、プリミティヴな労働過程においてである。まことに残念なことに、私たちはこれを考察の対象から除外しなければならなかった。だが、この労働過程は、自然人のあらゆる行動の理解に真の鍵を与えるものである。この統一性の物質的・象徴的表現は、未開諸民族にしばしば見受けられる、道具と記号との連結である。K・ビュッヒャー〔Bücher, Karl Wilhelm, 1847-1930〕は語っている。―「たとえば、ボルネオ島とセレベス島では、耕作のための独特な棒が発見された。そ

の棒の上の端には小さな棒切れが取り付けてある。稲の種蒔きにあたり、土壌を柔らかくするのに棒が使われるとき、小さな棒切れは音を出すのである」。この音は、労働の呼び声や指図に似たものであり、作業をリズムで調整することを課題にしている。耕すための棒に取り付けられた装備品の音は、人間の声の代わりである。自然への働きかけの手段としての道具と、行動の刺激の手段としての記号とは、ここでは、1つの装備のなかに結びつけられている。この装備から後^{のち}にはプリミティヴなシャベルと太鼓とが発展したのである。

　自然の支配への傾向と自己の行動の支配への傾向との、呪術的行為における結合は、呪術という歪曲した鏡に文化的発達の始まりを映しだしている。これは、トゥルンヴァルトの表現によれば、人間という肩書の完全な根拠であるし、自然人の人格におけるもっともきわだった特色である。ますます増大する自然にたいする人間の支配がひき起こす更なる文化的発達は、これらの2つの傾向の分裂の路線に沿ってすすんでいる。発達した技術は自然法則を思考法則から区別させる。すると、呪術的行為は消滅しはじめるのだ。

　自然にたいする支配のより高度の段階に並行して、人間の社会生活とかれの労働活動は、人間の自己自身の行動に対する支配にたいして、ますます高次の要求を呈示しはじめる。発達していくのは、言語、数、文字、その他の文化の技術的手段である。これらによって、人間の行動そのものも高次の段階にすすんでいくのである。

第3章　子どもとその行動

第1節　成人の心理へのアプローチ

　大人の文化的人間の心理を研究したいと思うとき、私たちは、この心理は複雑な進化の結果として形成されたことや、この進化には少なくとも3つの〔川床のように見えにくい〕道すじが一体化していることを考慮に入れなければならない。それらは、動物から人間へという生物進化の道すじ、自然人からしだいに現代の文化的人間が進化してきた結果である歴史的－文化的発達の道すじ、人格の個体的発達の道すじ（個体発生）である。個体発生とは世に生まれいでた小さな存在が、一連の段階を通過して学齢期の子どもへと発達し、後には成熟した文化的人間へと発達する、という結果である。

　ある学者たち（いわゆる生物発生法則の支持者）は、次のように考えている。― 発達の道のそれぞれを個別的、孤立的に研究してはならないし、発達しつつある子どもは、本質的に種の発達の特色を繰り返しており、幾千万年の長い期間に種が切り拓いてきた道を個人としての生活の短いあいだに実現しているのだ。

　わたしたちはこれらの観点にこだわろうと思わないが、次のように考えてみたい。― 人間にいたる猿の発達とはなにか、文化的時代の代表者にいたる自然人の発達とはなにか、大人にいたる子どもの発達とはなにか。これらの進化の路線の各々は、本質的に別の路線にそって進み、それ独自の要因の影響下にあり、独自の、しばしば繰り返されない発達の形式と段階を通るのである。

　だからこそ、成熟した文化的人間へアプローチするには、動物と自然人の行動の進化の他に、さらに子どもの行動の発達の道をも考察しなければならない。

　この道の独自性について詳しく述べ、子どもの発達しつつある心理がどのような道をたどるのかを追跡したいと思う。

第2節　大人と子ども ― 根本的変形の原理

　通俗的な意識のなかに1つの誤った観念が確立されてきた。― この観念が信じるところでは、子どもが大人と区別されるのは量的にだけである。大人をつれてきて、かれの背丈を小さくし、弱くし、知識・習熟を奪い取り、聞き分けを悪くすれば、皆さんの眼の前には子どもが現れることになるだろうと。

　子どもを小さな大人とするこの観念は大いに普及しているので、本質的に子どもはつねに大人のたんなる縮小コピーではないとか、子どもは多くの面で根本的に大人と異なっているとか、子どもはまったく別の独特な存在である、といったことについて、多くの人たちはおそらく深く考えなかったのだろう。

　人びとはこのことについて通例は深く考えることなく、子どもは小さな大人にすぎないとの信念が残されているのだが、このことはきわめてシンプルに説明されている。実際、自分自身とのアナロジーで（「擬人的に」）対象とその法則とについて判断することは、非常に簡単な事柄である。自然人は動物と植物にたいしてさえ、かれ自身の固有の特色を書きたした。〔たとえば〕かれはすべての外界に自分自身の性質をあたえ、外界に喜びと悲しみを書きくわえ、植物や無生物のなかにさえ理性・意図・意志を見いだし、全世界を自分に似たものとして取り扱ったのである。それゆえ、自然人が自身の個人的体験にもとづいてよく知っていた大人のすべての特色を子どもにあたえつつ、自分自身の尺度によって子どもを絶えず評価したとしても、不思議ではないのだ。

　子どもたちがどのように絵に描かれているのかを眼にするなら、子どもにたいするこのような態度をことに鮮やかに理解することができる。

　ここで取り上げる絵（図21）には、大人のウズベク人女性によって描かれた、子どもと大人が表現されている。遠く離れた中央アジアの村落の住民であり、文化的発達の低位の水準に位置している[1]このウズベ

1　（原註）この絵は中央アジア大学の共同研究者T・N・バラノワによって提供。かの女の許諾により、この絵はここに転載されている。

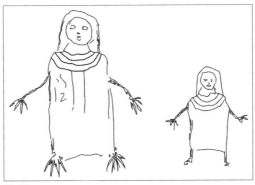

図 21

ク人に、女性の絵を描いてもらった。左側の人物は、女性のプリミティ
ヴな表現である。このウズベク人は「でも、どの女性にも子どもがいる
はず」と気づいて、右側に子どもの姿を描いた。2つの絵をよく見てみ
よう。実際、かの女らはたがいにそっくりであり、一方が他方から区
別されるのはその寸法だけである。頭・手・足の同じようなプリミティ
ヴな配置、頭の上の同じようなスカーフ、首元の飾りさえ同じである。
この半文化的段階の女性の表現する子どもは、小さな大人にほかなら
ない。

　子どもにかんするそうした観念は何世紀にもわたって維持されてき
た。どの美術館でも、ひざの上に乳児を横たえた数十の聖母マリアを
見ることができるが、乳児の身体の全プロポーションは大人を思い出
させる。ドイツの城の人物画ギャラリーにおける幼いキリスト、年少
の公爵と諸侯は大人の衣装をまとっており、本質的に背丈の低い大人
である。これらすべては、人類は何世紀にもわたって子どもを小さな
大人として扱うことを習慣としていた、という命題を証明していない
だろうか。人びとは何世紀ものあいだ次のことを軽視してきた。すな
わち、その身体的様相にかんしても、また心理的性質にかんしても、
子どもは、その生活と活動が疑いもなく特別の注意をもって扱われる
必要のある、大人とは質的に異なる、完全に独特なタイプの存在なのだ、

ということを….

　実際のところ、わたしたちの子どもは、大人とは異なる形で考えたり知覚したりするだけではないし、また、子どもの論理が質的に異なる独特な原理にもとづいて構成されている、というだけでもない。多くの点で、子どもの身体の構成と機能そのものが、大人の生体的構成や機能と異なっているのである。

　このことを確信させる簡単な事例がいくつかある。

　子どもが辿（たど）っていく根本的変形は、人間にとって不動のものと通例は考えられているもっとも基本的なもの ― 彼の身体の構成、諸部分のプロポーション、構造 ― をゆるがしている。ある大人が他の大人と、身体の個々の部分の相互関係、背丈、頭蓋の形などが違っていることがあるが、同じ点で、子どもは大人ともっと大きく異なっているのだ。厳密にいえば、子どもの独特な体格について根拠をもって語ることができ、生まれた子ども 1 人ひとりが、大人になる前に、この体格を通過して大人になるのである。この「子どもの体格」は、わたしたちが大人のなかに見出すのに慣れてきたのとは完全に別のプロポーションによって特徴づけられている。大きな頭、まだはっきり分化していない首、短い手と足 ― これらが小さな子どもの身体的様相の明瞭な特色であり、その後の発達は、子ども時代に特徴的なこれらの相互関係の根本的再編成に帰着する。すなわち、首が分化し、四肢が長くなり、身体の大きさに対する頭の比率が小さくなる。そして、15 ～ 16 歳頃までに、人はまったく別のプロポーションと姿、形を持つ、まったく別の人間となる。実際に、様々な年齢の子どもや大人の身体構成を表現する図表を見てみよう（図22、23）。発達するにつれて、子どもは外的様相においても、一連の根本的変形を通過することがわかるのである。

　もちろん、これらの根本的変形の基礎にあるものは、子どもの発達を規定する諸過程の深部での変化である。たとえば、子どもの内分泌の発達、神経系の個々の部位の増大のような変化について、ここで詳しく述べようとは思わない。子どもの生体的発達は根本的変形の複雑

なシステムによって表されるという基本的命題は、多数の研究者によっ
て確証されている[2]。

　体格におけるそうした深い変化が子どもの成長と大人への移行に
とって特徴的であるなら、子どもの行動のメカニズムにおける根本的
変形はよりいっそう顕著である。

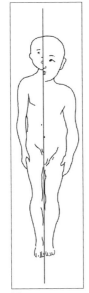

　大人の行動を特徴づけるおそらくもっとも基本的な
特色は睡眠と覚醒の時間的交替であることは知られて
いる。実際、わたしたちは誰しも二重の存在様式を営
んでおり、その生活の構成要素 ── 覚醒と睡眠 ── は集
中化され、まとまった時間をしめている。新生児の場
合にはまったくそうではない。一連の学者の研究（最
近ではこの仕事はレニングラードのN・M・シチェロヴァノフ
〔Щелованов, Николай Матвеевич, 1892-1984〕によってなされて
いる）が示しているように、新生児はまだ、睡眠のなか
でも覚醒のなかでも生きているわけではない。新生児
の睡眠と覚醒は、短い時間に分割されている。それら

2（原註）データの摘要は次の著作を参照のこと ── Блонский
　　П.П. Педология. М., 1926.〔ブロンスキー・P・P『児童学』
　　モスクワ、1926 年〕

図 22

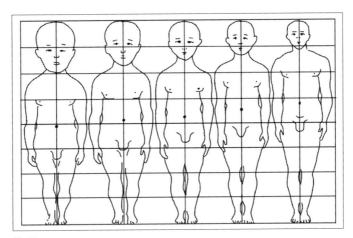

図 23

156

は相互に入れ替わり錯綜しながら、概して、一種の中間状態、つまり興奮と抑制とが拡延された状態を形成している。新生児は、身体のまったく別のプロポーションや活動の組織を持った、まったく独特な存在である。さらに詳細に新生児を見てみよう。かれとその取り巻く世界とを結びつけている糸をとらえてみよう。新生児の世界はどのようなものかと問うなら、わたしたちは、かれ自身がいかなるものかを知ることになるだろう。

第3節　乳児とその世界

　大人は周囲の環境と数千のきわめて密接な連関によって結びついているだけではない。かれ自身が周囲の環境の所産であり、かれの本性は取り巻く環境の本性のなかにある。新生児にはそのようなことはまったくない。大人の場合は、大人と外界とのあいだの橋渡しとなるもの、外界からの個々の信号をかれに伝えるもの ── つまり、かれの視覚、聴覚、すべての感覚器官 ── は、新生児の場合にはほとんど機能していない。かれと外界を結びつけている糸を次から次へと切断された人を思い浮かべてみよう。かれは世界からまったく孤立しており、自身にとっては存在しない事物である世界のなかにいる孤独な者なのだとわかる。たとえてみれば、新生児もそのような状態のなかにいる。確かに、世界は新生児にとって騒音と斑に満ちているが、かれの感覚器官はまだ役に立っていない。かれはまだ個別的な印象を知覚していないし、対象を認知していないし、こうした一般的な混沌のなかから何も分離していない。なじみのある知覚された諸事物の世界は、かれにはまだ存在していない。かれはそのなかで隠者のように生きている。おそらく、子どもが知覚して他のものから分離しはじめる最初のものは、自分の身体の状態や、自分に届く本能的次元の刺激（たとえば飢え）や、そうした刺激の鎮静であろう。大人は、他の何よりも眼というものを通して世界と結びついているのにたいして、子どもの場合には、この連関は

口を通して実現されている。飢えの感覚、母親の乳房によって飢えが
和らげられ満たされる感覚 ― これはおそらく、子どものなかに認める
ことができる心理現象の最初の目録であろう。外界との連関は口唇に
おいて始まる。ここに、第1次的なプリミティヴな感覚、第1次的な
心理的反応が生まれるのである。大人においてきわめて大きな規定的
役割を演じるのは、かれを環境と結びつけ、それ自身が社会的・文化
的働きかけの所産である行動の諸機能 ― かれの知覚、習熟、知能であ
る。〔それにたいして〕乳児において支配的位置をしめるのは、身体的に
制限されている有機体的感覚（内的で恒常的な刺激物 ― プリミティヴな欲望、
口の粘膜の刺激など）である。大人の行動においてもっとも本質的なもの
が、乳児には欠如している。発達のプリミティヴな段階には、異なる
価値、異なるプロポーション、異なる法則がある。乳児は別の面でい
えば、蛹と蝶の差異よりも大きく、大人と異なっているのである[3]。

　わたしたちが知覚するものと類似した形をもつ実在が子どもに存在
しはじめるのは、かれの発達のかなり後の時代においてである。たと
えば、1か月半の子どもに、ようやく両眼の協応動作が観察される。ちょ
うどこの時期から、子どもは眼をある対象から他の対象へ、また、対
象のある部分から他の部分へと移動できるようになる。まさしくこの
ような両眼の協応動作が見ることの前提条件を構成していることがわ
かる。だが1か月半では、視覚的に知覚される世界は、子どもにとっ
てまだわずかでしかない。瞳孔の調節、外的刺激物への適応は、およ
そ2か月の子どもにおいて始まり、十分に正確な顔の認知は2か月半
から3か月にかけて始まり、ようやく4～5か月頃までに眼に見える
世界が子どもに開かれるようになる、と考えられる。もちろん、この
発達は子どもの生活の中に全体的な革命をひき起こす。身体感覚だけ

3　（原註）次の文献を参照 ― Werner H. Einfuhrung in die Entwicklungspsychologie. Leipzig, 1926〔ウェルナー・H『発達心理学序説』ライプツィヒ、1926年〕、Bühler Ch., Hetzern H. u. a. Soziologische und psychologische Studien über das erste Lebensjahr. Leipzig, 1927〔ビューラー・CH、ヘッツェルン・Hほか『生後1年間にかんする社会学的・心理学的研究』ライプツィヒ、1927年〕

を所持するプリミティヴな存在から、また、眼が見えず耳も聞こえず、ただ自己の有機体的生活のなかに埋没した存在から、かれははじめて実在と衝突し、実在との生きた連関のなかに入り、実在の刺激に能動的に反応しはじめる。明らかに必要性によって、少しずつプリミティヴな形式で実在に適応していく。生存のための最初の「有機体的」原理は、第2の原理に ─ 外的な、なによりも社会的な実在の原理に交替しはじめるのである。

このように、子どもは生活のなかに入り込みはじめる。初めて外界との関係を結びつけつつあるこの存在が、たとえわずかでも、大人が持つのと同じ性質、長い適応の過程ではじめて育て上げられてきたものと同じ性質を所持しているとしたら、何とも驚くべきことだろう。だがしかし、次のように考えることもやはり誤りだろう。─ すでにある程度の発達の道 ─ それは大人のなかに見られるものとは似ていない独特な道だが ─ をあゆんだ子どもには、プリミティヴであっても神経─心理的活動のいかなる形式も存在していないし、生活が口述するテクストによって次第に埋められていく白紙であるのが子どもである。この紙は、子どもの生後数週間・数か月間のあいだに書き込まれた文字によってすでに囲まれており、子どもと世界との連関がしだいに調整されてきたその時から、急激に埋められはじめる。〔ところで〕これはまさしく、まったく別の言語の文字であり、しばしばわたしたちにはあまり理解されず、すでに死滅した言語、自然人の言語をしばしば想起させる。たとえば、生後2〜3年の子どもは大人と比べて、たんに分別がなく未発達な人間だというのは、まったく正しくない。子どもは自己流の能力があり、かれはわたしたちとは異なって、世界をよりプリミティヴに知覚しているだけであり、世界にたいしてわたしたちとは異なる態度をとり、異なる考え方をしているだけなのである。

第4節　プリミティヴな知覚

　子どもに世界が見えるようになるのは、世界から切り離され、自分の身体的体験に埋没し、「有機体的存在」として一連の期間の生活を過ごした後のことである。外的刺激から完全に孤立化した存在であるのは、誕生までの子ども（胎内期の子ども）であり、生後最初の数週の子どももほぼそれに該当する。それゆえ、かれの眼が見えはじめるとき、わたしたちと同じようには見えていないのは、驚くにあたらない。時間と空間の知覚にはじまる子どもの知覚は、まだプリミティヴで独特であり、それが大人の知覚として習慣的な形式をとる前に、多くの時間をへなければならない。

〔遠近感と知覚の恒常性〕

　簡単なことから始めてみよう。生活の初期にまさしく身体感覚（安静あるいは不安、緊張と鎮静、痛み、接触、暖かさ、なによりも、もっとも鋭敏な領域の刺激）が優勢である子どもは、もちろん、わたしたちがもつような恒常性の知覚に欠けている。ヘルムホルツ〔Helmholtz, Hermann, 1921-1894〕は自身について語っている。── 子ども時代（3〜4歳）に、かれは塔のある教会の傍らを通り過ぎるとき、その鐘楼（しょうろう）に立っている人たちを人形かと思って、母親にあの人形たちを取ってきてほしいと頼んだ。母親が手を伸ばせば十分に手が届くと考えてのことであった[4]。誰もが見たことがあるように、子どもは月を取ったり、空を飛んでいる鳥を捕まえようとしたりして、手を伸ばすことがある。2〜4歳の子どもにとって遠近感は存在していないし、視知覚は別の、もっといち

4　（原註）この事例は次の書物に引用されている。── БюлерK. Духовное развитие ребенка. M., 1927. C. 161〔ビューラー・K『子どもの精神発達』モスクワ、1927年、161ページ〕。子どもの空間知覚のデータは次の書物のなかに見ることができる。── Трошин П. Я. Сравнительная психология нормальных и ненормальных детей. СПб., 1915. C. 1.〔トローシン・P・Y『健常児と障碍児の比較心理学』サンクトペテルブルグ、1915年、1〕

じるしくプリミティヴな原理にもとづいて働いている。外界はまだプリミティヴに知覚されており、そのうえ、外界は、通例、かれによる触覚・把握・手探りや、プリミティヴな所有形式にとって、子どもには近くにあり手に届くものと知覚されている。まさしく世界との接触のこのようなプリミティヴな形式が優勢であることを根拠に、ビューラー〔Bühler, Karl, 1879-1963〕は子どもの空間知覚の発達における３つの段階を区別し、口唇的（摂食や吸い込みと結びついている）、触覚的、視覚的な空間所有（Mundraum, Tastraum, Fernraum）について述べている。実際、子どもはまず口唇によって世界を認識し、その後、手によって認識し、それから今度は見ることが知覚という建造物の礎石を置くのであるが、それはかなり後の年齢期になってはじめて、完全に展開されていくのである。

　もし実際に、たとえば眼や耳などのような、子どもと外界とを結びつける知覚の器官が、かなり遅れて自己の能動的な行為のなかに入り込むのだとすれば、世界というあらゆる光景が、大人のようには、子どもには知覚されないことは明らかだろう。

　大人の場合に見られる形式での知覚は進化的様式によってゆっくりと構成されていく、ということを、わたしたちは知っている。さきほどヘルムホルツの自伝から引用した事実は、生理学的に容易に説明されるだろう。問題は、各々の視覚的刺激から網膜上に、対応する痕跡が残されることにある。自然なことであるが、近くに立っている人が網膜に映る像は大きく、鐘楼の上にいる人の像は取るに足らない大きさになる。遠くに立っている人の小さな像を、距離を補正した大きな像として知覚するためには、なおいくつかの補助的モメント、持続的な習熟、習慣の存在が必要となる。個々の対象の大きさを判断するこの恒常性は距離には依存していない ― いわば、このような知覚の「不変量」は ― 長期の経験によってできあがる。網膜上にのこる知覚された客体の生理学的痕跡はさらに、過去の経験の観点から加工され、評価されねばならない。遠くの対象を小さいものと捉えたり、近い対象

をその近さのためだけで大きいものと捉えたりすることなく、人が空間に十分に定位できるために、簡単な残像（Nachbild）は、過去の経験によって残されている対象についての表象（Verstellungsbild[5]、調節像）と溶け合わねばならない。適応にとってきわめて重要なこの機能は子どもにはまだ存在していない。かれの経験はまだそれほど多くないので、視覚はきわめてプリミティヴな形で働いており、子どもはその網膜上に得られた像を素朴に信頼しているし、鐘楼の上にいる人たちを人形だととらえながら、かれらに引き寄せられている。つまり、子どもは遠くの丘の上にある小さな小屋を使って遊ぶことができる、と考えているのである。

　十分な根拠から次のように仮定することができる。― 子どもは、不安定で変動的に世界を知覚していること、対象がかれの眼にまったく別の姿に映るには、対象の距離をごく僅か変化させれば（他の要因にはもうここでは触れない）十分であることだ。変化しつつある外界に自分の知覚をなんとか適応させるという課題、また、素朴－生理学的基礎から、過去の経験が網膜上に得られた対象の生理学的像への補正を提起するという別の基礎に知覚を移行させるという課題が生じる。生体が外界の諸条件に実際にうまく適応するために、私たちの生理学的知覚は、過去の経験によっていくらかの程度は矯正されねばならないし、「壊され」なければならない、と言いうるだろう。

〔直観像と直観的形象について〕

　まさしくこのような課題をみずからに課しているのは知覚の独特なメカニズムであり、これを最近の研究者たちは「直観像[6]」と名づけたの

5　1930年の初版本では Verstellungsbild〔調節像〕と記されているが、1993年版では Versteilungsbild となっている。後者は誤記であろう。

6　（原註）以下の文献を参照。― Jaensch E. E. Die Eidetik, 1925〔イエンシュ・E・E『直観像保持者』1925年〕、Über die Aufbau der Wahrnehmungswelt. Leipzig, 1927〔『知覚世界の構造について』ライプツィヒ、1927年〕、Bonte Th., Liefmann E., Roessler F. Untersuchung über die eidetische Veranlagung von Kindern und Junglichen. Leipzig, 1928.〔ボンテ・Th、リーフマン・E、ロエスラー・

だった。問題は、視覚的に捉えられたどの対象も、子どもにあっては、いくらかの残効を残したことにある。ある子どもたちは、事物が視野から遠ざけられた後でも、その事物をきわめてあざやかに見る能力を持っている。たとえば、このような個人は、絵が片づけられた後でも、それをあらゆるディテールにおいてきわめて詳細に記述することができる。これは、この子どもたちによる単純な記憶の働きなのではない。かれらは、ほとんど現実であるかのように鮮やかにこの形象を見て、なおもかれらの眼の前にもたらされているものをたんに記述しているだけなのである。

　こうしたメカニズムが、知覚へと入り込みながら、外側から得られた感覚を一定の形で修正するということは、まったく明らかである。子どもは外界を、たんに受信・送信の器官としての眼によって見るようになるのではない。かれは、自己のあらゆる過去の経験によって、知覚される客体をいくぶん変化させながら、その客体を見るのである[7]。まったく独特なタイプの知覚が育まれている。純粋な生理学的感覚のまだ分化していない世界の座に、子どもによってきわめて明瞭に知覚される、「直観的形象」の世界が立ち現れてくる。この形象のなかでは、外的知覚が、過去の経験の残された形象によって溶け合わされ、訂正されている。自然なことであるが、まさしくこのことが、子どもが知覚の次の段階に移行していくのを助け、不安定で可動的な任意の偶然的な影響を受けやすい感覚の代わりに、外界の安定的で「不変量的」な像を作り上げるのを助けている。

　ところで、こうした「直観的形象」のプリミティヴなメカニズムは、外的環境の偶然的影響を子どもが処理するのを助けるきわめて大きな生物学的意義をもっており、── このプリミティヴなメカニズムが、かれの心理全体の本質的再編を誘引するのである。

　　F『児童・青少年の直観像的素質にかんする調査』ライプツィヒ、1928 年〕
7　（原註）子どもの絵に関連するわたしたちの最新の研究では、これを直観的に跡づけることができた。この命題を一連の事実によって裏づけることにより、別の箇所でこれをさらに詳細に論じることになるだろう。

　子どもによって、以前には一連の偶然的で相互に結びつくことのない流動的断片として知覚されたもの（よく似た印象をわたしたちが得るのは、なじみのない地図を検討する時とか、知らない都市の道に沿って歩いていく時とか、最後に、私たちにとって知らない標本を検討する時である）が、いまや、ひとつながりの絵として知覚されはじめる。まさしく、子どもの心理のなかに残されている「直観的形象」のゆえに、かれの過去の経験は現在の刺激と混ざり合って、世界は全体的性格を獲得することになる。

〔直観的形象とその代償〕

　だが、このことは高い代償を支払って得ることになる。世界を全体的に知覚するとき、小さな子どもは同時に、しばしば現実とファンタジーを、現在と過去を、存在するものと欲しいものを区別する境界を失うのである。

　メジャー〔Majer, Davit R.〕という 1 人の研究者は、上述した命題を明らかにする特別の研究をしようと試みた [8]。かれは、異なる年齢の子どもたちにカラーの絵を与えて、子どもがその絵をどのように扱うのかを観察した。明らかになったのは、異なる発達段階の子どもがこうした場合に同一の行動をとらず、表現物に対する子どもの関係は 3 つの独特の段階に容易に区別できることであった。ある子どもは最初、概して、絵に対して表現物を扱うような態度をとらなかった（第 1 段階）。かれは絵に対してたんに模様のついた紙片として関わり、それをつかんだり、ちぎったりする。しかし、いくらかの時が過ぎると、第 2 段階がはじまり、そこでは、私たちが指摘したメカニズムが明らかに優勢になりはじめる。子どもは絵に描かれたものを形象として知覚しはじめ、そこに描かれた事物を現実の事物として関わりはじめるのである。彼は描かれたものをつかもうとしたり、それに話しかけたりする。――言いかえれば、彼は現実の事物とその表現物とのあいだにいかなる差

8　（原註）Major D. R. First steps in mental growth. N. Y., 1906. P. 251.

異ももうけていないのだ。かなり遅れてようやく、第3段階が始まる。そのとき、子どもは実在の事物をその表現から識別しはじめ、両者に対する態度は鋭く区別されはじめる。しかし、この第3段階はかなり後になってからはじまるので、私たちは次のように言うことができる。子どもの発達の初期段階にある心理生活にとって、格別に特徴的な現象は、ここで指摘した事実に近く、子どもはまだかれに提起される個々の諸刺激をうまく分化できないことに由来している、と。

「直観的形象」によって導かれる世界のプリミティヴな知覚という記述段階は、相当長いあいだ継続する、といわねばならない。さらに長く、子どもは夢と実在とを混同し、しばしば自分の現実と入れ替わるなみはずれて鮮やかなファンタジーを産出しつづけている。

子どもの遊びのなかに、プリミティヴな心理のこの性格がことに鮮やかにあらわれている。誰もが見たことがあるのだが、小さな子どもは、きわめて真剣に短い木の棒の子守りをしたり、存在しない敵と会戦したり、空想上の友達と遊んだりする。どんな役者も、子どもが行うような説得力をもって、「プレイ」することはできないだろう。子どもが実際に見ているのは小さな木片だが、それを人形ととらえ、もっともプリミティヴな客体に、彼の願望・経験・ファンタジーが暗示する性質をあたえる。子どもにとってプリミティヴな世界像は、現実的知覚とファンタジーとの枠組が取り払われているが、紛うことなき像である。この2つの側面が区別され相互に混同されなくなるには、さらに多くの時間の経過が必要だろう。

〔そのためには〕ことばと思考が発達することや、実在に向かう子どもの経験が強化され十分な自発性を得ることや、子どもの心理においてかくも著しい役割を演じる、これらの鮮やかな「直観像的」な直観的形象が薄まることが必要である。— 言いかえれば、子どもがプリミティヴな知覚の段階から、外界への適応の十全な形式の段階という次の段階へ移行するために、さらにきわだった文化的再編成が必要なのである。

第5節　プリミティヴな思考

　子どもの生活の最初の時期は、世界とのもっとも基礎的でもっともプリミティヴな連関が原初的で、閉ざされて存在し、調整されていく時期である。

　すでに見てきたように、生後数か月のあいだの子どもは、外界から切り離されことごとく自分の生理学的機能に制限された、連合的で「矮小<ruby>わいしょう</ruby>な有機体的」存在である。

　全世界は、小さな子どもにとって、なによりも、自分自身の生体とかれに満足をもたらしうるすべてのものとの境界であるにすぎない。外界とかれはまだほとんど衝突しない。概して「寄生的」生存の諸条件のもとで生きているので、子どもはまだ、実在が彼にもたらす制限と障碍とに実践的に出会ったことがないのだ。世界は多くの点で子どもにはプリミティヴに知覚され、想像のプリミティヴな活動と過去の経験の痕跡は、これについてはいま見てきたばかりであるが、まだかれによって実在と混ぜ合わされている。

　もちろん、これらすべてがきわめて決定的な形で子どもの思考に影響せざるをえないので、はっきりと言うことができるのだが、3～4歳の幼い子どもの思考は、大人の思考と ― 文化と長期にわたる文化的進化、外界との繰り返される能動的な交渉とによって創りだされるその形式において ― まったく共通なものを持っていない。

　このように言ったとしても、子どもの思考は自己の法則を持っていないということをまったく意味するわけではないのは、もちろんだ。そうではなく、子どもの思考の法則は完全に明白であり、自己自身のものであり、大人の思考と似てはいないということなのである。この年齢の子どもには、そのプリミティヴな論理と思考的手法とがある。これらすべてを規定するものは、まさしく、この思考がまだ十分本格的に実在と衝突していない行動のプリミティヴな土壌のうえで展開されていることである。

〔子どもの自己中心性とプリミティヴィズム〕

　確かに、子どもの思考のこれらすべての法則は、ごく最近まで、あまり知られていなかった。最近になってようやく、とくにスイスの心理学者ピアジェ〔Piaget, Jean, 1896-1980〕の著作のおかげで、子どもの思考の基本的特色が知られるようになった。

　わたしたちの前に切りひらかれたのは、真に興味深い情景である。一連の研究の後で見いだされるように、子どもの思考は文化的な大人の思考とは別の法則にそって機能するだけではない。子どもの思考は、その根本において、本質的に別なように構成され、別の手段を用いている。

　大人の思考がどのような機能を果たしているのかについて考えてみるなら、この思考はとくに複雑な状況にある世界への適応を組織するのだ、という答えが、ただちに見つかるだろう。単純な本能の活動あるいは習慣の活動では不十分だというとくに複雑なケースにおいて、思考は実在へのわたしたちの関係を規制している。この意味で、思考は世界への適切な適応の機能であり、世界にたいする働きかけを組織する形式である。このことは、わたしたちの思考のあらゆる構成を制約している。思考の助けによって世界にたいする組織的な働きかけが可能になるためには、思考は最大限に規則正しく働かねばならないし、実在から分離されたり空想的なものと混ざり合ったりすることがあってはならない。思考のどの歩みも、実践的検証を受け、その検証に堪えなければならないのだ。健常な大人にあって、思考はこれらすべての要請に応えており、神経ー心理的に病んでいる人たちにおいてのみ、思考は、生活・実在と結びつかずに、世界への適切な適応を組織することのない形式をとることがあるのである。

　そのようなことは、子どもの発達の初期の段階ではまったく見られない。思考がどれほど規則正しく経過していくのか、最初の検証、実在との最初の出会いにどれくらい堪えられるのか、ということは、子

どもにはしばしば重要ではない。子どもの思考が、外界への適切な適応を規制し組織するという方向性をもっていないことは、よくあることだ。ときに子どもの思考がこうした方向性を特色として持ちはじめることはあるが、思考はこれをまだプリミティヴに、かれが手にしている不完全な道具によって実現している。この道具が行為に導入されるためにはなおも長期の発達が必要である。

　ピアジェは小さな子ども（3〜5歳）の思考を2つの基本的特色によって特徴づけている。つまり、自己中心性とプリミティヴィズムである。

　すでに述べたように、乳児の行動にとって特徴的であるのは世界からの隔絶状態、自分自身、自分の興味、自分の満足への埋没である。2〜4歳の子どもが一人でどのように遊ぶかを観察してみよう。彼は誰にも注意を払わず、ことごとく自分のなかに没入し、あるものを自分の前に並べ、ふたたび積み重ね、自分自身と会話し、自分に呼びかけ、自分で自分に応えている。この遊びからかれを遠ざけるのは困難である。かれに話しかけたとしても、すぐには自分のしていることから遠ざからないであろう。この年齢の子どもは、ことごとく自分自身にとらわれて、首尾よく一人で遊ぶことができる。

　2歳4か月の子どもにたいして書かれた、その子の遊びの1つのメモを引用しておこう[9]。

　マリーナ、2歳4か月、は遊びに熱中している。自分の足に砂をまいていた。主として腿の上にまき散らし、それから、爪先に砂をまきはじめる。その後、砂をなん回も握って、足に掌全体で擦りつけた。最後に、砂を腰にまきはじめ、スカーフを上から被り、両手で足のまわりを撫でた。顔の表情はきわめて満足していて、しばしばひとりで笑っている。

　遊ぶときには自分に話しかけている。─「ママ、ほ、ほら、もっと、もっと。ママ、もっと〔砂を〕かけて。ママ、もっと。ママ、かけて。ママ、

9　（原註）メモはV・F・シュミットが快く提供してくれた資料にもとづいている。

もっとかけて。それでよし。これはおばさん。おばさん、もっと砂を。おばさん、もっと、お人形に砂をかけるの」。

〔自分自身とのモノローグ〕

　さらに、別の面にも、子どもの思考の自己中心性が現れてくることがある。子どもがいつ、どのように話すのか、自分の会話でどのような目的を追求しているのか、かれの会話はどのような形式をとっているのか、を観察してみよう。驚いたことには、子どもにもっと近づいて見てみると、かれは一人で「空間へと」何度も話しかけ、ひとり言を言っており、ことばが他者との交わりに役立っていないことが頻繁にあるのだ。子どものことばは、大人の場合のように、相互の交わりと情報伝達という社会的目的にはしばしば役に立っていない、という印象がつくりだされている。

　同じ資料から得られた子どもの行動のメモをさらに１つ引用しておこう。２歳６か月の子どもの遊びに「自閉的な」ことば、自己のためだけのことばがどのように付随しているのか、に注意を払うことにしよう。

　アリク、２歳６か月、は（母親の部屋に来て）ナナカマドの実を使って遊ぼうとし、その実をもぎ取り、うがい用のカップに入れた。―「実を急いで洗わなきゃ…これは僕の実。実がベッドにいる。（クッキーの包みに気がつく）。もうクッキーはないの？紙だけが残ったの？（クッキーを食べる）。クッキー、おいしいよ。おいしいクッキー（食べる）。クッキーおいしい。なくなった。かけらは？なくなった。これはそんな小さな…大きな…小さなツミキ…ツミキは座ってられる…これも座ってられる…これは書けない…ツミキは書けない…（牛乳瓶を取る）。あそこにマッチを置いて、ピロシキ（丸いボール紙を取る）をあげよう。ピロシキがたくさんあるよ…」。

すでに引用したピアジェも、子どものことばのもっとも特徴的な形式はモノローグ、つまり、自己自身に向けたことばである、と確証した。ことばのこの形式は集団のなかでさえ子どもに維持され、集団のなかでさえ子ども各人が自分に向けて話すという、特殊でいくぶん滑稽な形式をもっている。そこでは、自分の「話し相手たち」には最小限の注意しか払わずに、かれらも（これらの子どもたちは同じ年齢であるなら）やはり自分に向けて話しているのだが、〔にもかかわらず子どもたちは〕自分のテーマを発展させつづけている。

〔集団的モノローグ〕

ピアジェは指摘している ―「子どもはこのように話していて、話し相手が自分の話を聞いているのかどうかということをたいてい気にかけていない。それは、ただたんに、実際のところ、子どもが自分のことばを話し相手に向けていないからである。子どもは概して、誰にも話しかけていない。かれは他者がいるもとで、自分に向けて声を出して話しているのである」[10]。

わたしたちの習慣では、集団のなかでの発話は人びとを相互に結びつけている。しかしながら、子どもたちの場合には、しばしば、そうしたことが見られないのだ。ふたたびメモを引用しておこう。今度は、同年齢児の集団における6歳5か月の子どもの会話 ― 描画遊びのときになされている会話 ― のメモである[11]。

ピー、6歳（連結した路面電車の絵を描いている Ez に話しかける）:

23 「あそこには運転台がないよ、後ろから連結する路面電車には」（応答はない）。

24 （描き終えたばかりの路面電車について話す）「連結した客車がない」（誰に

10 （原註）Piaget, J. Le langage et la pensée chez l'enfant. P., 1923. P. 28.〔ピアジェ・J『子どもにおける言語と思考』パリ、1923 年、28 ページ〕
11 （原註）Ibid. p. 14 〜 15. それぞれの文字は子どもの名前を示している。

も話しかけていない。誰も答えていない）。

25 （Bに話しかける）「これは路面電車だけど、まだ客車がない」（応答は
   ない）。

26 （Xに話しかける。）「この路面電車にはまだ客車がない。X、そうで
   しょ、ねえ。これ、赤でしょ」（応答はない）。

27 （Lは声を出してしゃべる ―「これは、おかしな人…」。ピーに話しかけずに、
   また概して誰にも話しかけずに、間があいてから遊ぶ）ピー「これは、おか
   しな人」。（Lは自分の客車を描き続けている）。

28 「この客車は白いままにしておくよ」。

29 （同じく絵を描いている Ez が言い張る ―「客車は黄色にするよ」）「いいや、
   これは黄色にしなくてもいい」。

30 「階段を描いた。ほら見て」。（Bが応える ―「今夜は来られないよ、自分
   には体操がある…」）。

　この会話のすべてにとってもっとも特徴的なものは、わたしたちが
集団的会話において普通に気づく問い・応答・意見の相互の話しかけ
合いという基本的なものが、ここではほとんど見られないことである。
こうしたモメントは、この事例ではほとんど欠如している。どの子ど
もも、誰にも話しかけず、誰からも応答を期待することなく、主とし
て自身について、自身に向けて話している。もし子どもが誰かからの
応答を待っていても、この応答が得られないときでさえ、子どもはす
ぐにそのことを忘れてしまい、他の「会話」に移るのである。この時期
の子どもにとって、ことばは一部では相互の交わりのための道具では
ある。だが他の部分では、ことばはまだ「社会化」されていないし、こ
とばは「自閉的」で自己中心的であり、わたしたちが以下に見ていくよ
うに、ことばは子どもの行動においてまったく別の役割を演じている。
　ピアジェとかれの研究協力者たちは、自己中心的性格をおびた、こ
とばの一連の他の形式をも指摘している。最近の分析で明らかになっ
たのは、子どもにおける多くの問いさえ、自己中心的性格をおびてい

ることである。かれは、応答されるなどとあらかじめ知ることなく、ただ質問するために、自己を示すために質問しているのだ。このような子どものことばにおける自己中心的形式は十分に多くあることがわかる。ピアジェのデータによれば、3〜5歳の年齢でこの形式の数は平均して54〜60の間を変動し、5〜7歳の年齢では、44〜47の間での変動である。子どもにたいする長期の系統的な観察にもとづいたこれらの数字が語っているのは、どれくらい子どもの思考とことばが特別に構成されているのか、また、どれくらい子どものことばが、大人のそれとはまったく別の機能を担い、まったく別の性格を帯びているのか、ということである[12]。

　最近になってようやく、一連の専門的な実験のおかげで、自己中心的言語はまったく明白な心理学的機能をおびることを、わたしたちは確信した。この機能はなによりも、はじめられた一定の行為を計画化することにある。この場合、ことばは完全に特別な役割を演じはじめ、行動の他の振るまいにたいする機能的に独特な関係をもつようになる。子どもの言語活動がここではたんなる自己中心的な現れではなく明白な計画化機能を帯びているのだと確信するためには、上に掲げた事例を2つだけではあっても検討してみれば十分であろう。このような自己中心的言語の爆発は、子どもの何らかの過程の進行に困難を与えれば、容易に得ることができる[13]。

〔子どもの思考内容と半実在的世界〕

　ところで、子どもの思考のプリミティヴな自己中心性が現れてくる

12　（原註）Ｓ・Ｏ・ロズィンスキーの長期にわたる研究から得られたロシアの資料は、わたしたちの児童施設の子どもたちの自己中心性のいちじるしく低い水準を示した。このことがたびたび示しているのだが、いかに異なる環境が子どもの心理の構造における明瞭な相違をつくりだしうるのかである。

13　（原註）：Выготский Л. С. Генетические корни мышления и речи // Естествознание и марксизм. 1929. № 1〔ヴィゴツキー・Ｌ・Ｓ「思考と言語の発生的根源」『自然科学とマルクス主義』1929年第1号〕、Лурия А. Р. Пути развития детского мышления // Естествознание и марксизм. 1929. № 2.〔ルリア・Ａ・Ｐ「子どもの思考の発達の道すじ」『自然科学とマルクス主義』1929年第2号〕

のは、ことばの形式においてだけではない。自己中心性の特色にさらに大きく気づくのは、子どもの思考の内容、そのファンタジーにおいてである。

多分、子どもの自己中心性がもっとも鮮やかにあらわれているのは、次の事実においてである。小さな子どもはまだ全体としてはプリミティヴな世界に生きていて、その世界の尺度は満足と不満足とであり、子どもはまだごく小さな程度にしか実在と触れあっていないのである。また、この世界に特徴的であるのは、子どもの行動をもとに判断しうる限りでは、子どもと実在との間に、さらに中間的で半実在的な世界が入り込むことだ。だが、それは、子どもにとってきわめて特徴的な、自己中心的思考とファンタジーとの世界である。

わたしたちのそれぞれ ― 大人 ― が、なんらかの欲求を実現しようするものの、この欲求が満足されずに残っているのだと気づいて、外界と衝突したとしよう。そのとき、大人なら、ことごとく組織された行為によって自分の課題を実現して欲求を満たすとか、あるいは、必要性のゆえに妥協しつつ欲求の満足を拒絶するとか、というように、自身の行動を組織する。

小さな子どもにおいては、まったく、このようではない。組織化された行動ができない子どもは、独自の最小抵抗路線に沿って進む。外界が実在のなかの何かを子どもに与えないならば、彼はこの不足をファンタジーのなかで補っている。欲求を実現するうえでなんらかの停滞に適切に反応することのできない子どもは、幻想的世界を創りだしながら、不適切に反応する。その世界では、かれのあらゆる願望が実現され、かれは完全な主人となり、創りだされた宇宙の中心になるからである。子どもは幻想的で自己中心的な世界を創造しているのだ。

このような「実現された願望の世界」は、大人の場合には、なるほど確かにかれの夢見のなかに、しばしば夢想のなかにある。子どもにとって、それは「生きた現実」である。わたしたちが指摘したように、子どもは、現実的活動を遊びまたはファンタジーに置き換えることで、完

全に満足するのである。

　フロイト〔Freud, Sigmund, 1856-1939〕は、母親にサクランボを取りあげられた小さな男児について語っている。この男児は睡眠のあと、翌朝に起きて、自分はサクランボを全部食べたので、とても満腹だ、と言ったのだった。現実において満たされないことが、夢のなかで幻想的な満足を見出したのである。

〔**現の夢想**〕

　しかしながら、子どもの空想的・自己中心的思考が姿をあらわすのは、夢のなかだけではない。この思考がとくにはっきりあらわれるのは、子どもの「現の夢想」と呼ばれる、しばしば遊びと容易に混ざり合うものにおいてである。

　まさしくここから、しばしば子どもの作り話といわれるものが生まれてくるし、また、ここから、子どもの思考における一連の独自の輪郭が生まれてくる。

　3歳の子どもが、どうして昼は明るいが夜は暗いのかと問いかけられると、「昼にはご飯を食べるし、夜には眠るから」と応答する。これはもちろん、すべてを自分自身のため・自分の利益のための応用を説明しようという、自己中心的ー実践的な構えのあらわれである。同じことを言わねばならないのは、次のような、子どもにとって特徴的で素朴な表象にかんしてである。周りにあるすべてのものは、― 空も、海も、岸壁も、― これらすべては、人間によって作られたものであり、人間に贈られたものである[14]、と。同じような自己中心的構えと大人の万能性に対する全幅の信頼は、松の森や自分が行きたいBという場所を自分にプレゼントしてほしい、ジャガイモができるようにほうれん

14　（原註）しかし、これらのデータはピアジェが研究した具体的環境のなかで成長した子どもたちに特徴的なものだと指摘しなければならない。異なる条件のなかで成長するわたしたちの子どもはまったく異なる 結果をもたらすことができる。

草を煮てほしいと、母親にお願いする子どものなかに見られる[15]、等々。

　幼いアリク（2歳）は、とても自分の気に入った自動車が走り去ってしまったのを眼にして、彼は、「ママ、もう1度！」となにがなんでも頼みはじめた。まったく同じように、マリーナ（やはり約2歳）は、飛んでいったカラスに反応した。かの女は、ママはもう1度、カラスを飛ばすことができる、と心から確信していた[16]。

　子どもの問いと答えには、この傾向がきわめて興味深く現れている。

〔子どもにおける目的論〕

　子どもとのある会話のメモによって、このことを例示してみよう[17]。

アリク、5歳5か月。
かれはある夕刻、窓越しに木星を見た。
　―ママ、何のために木星はあるの？
わたし〔ママ〕はかれに説明しようとしたが、上手くいかなかった。かれはふたたび、わたしにつきまとって話す。
　―ところで、何のために木星はあるの？
それから、何を言うべきかが分からないので、わたしはかれに尋ねた。
　―ところで、わたしたちは、何のために、いるの？
これに対しては、即座に、確信に満ちた答えがえられた。
　―自分のために。
　―じゃあ、木星も自分のために、ある。
これにかれは気に入り、満足げに話した。
　―蟻も、南京虫も、蚊も、いら草も、自分のためにあるの？
　―そうね。

15　（原註）以下を参照。― Клейн М. Развитие одного ребенка. М., 1925. С. 25-26〔クライン・М『ある子どもの発達』モスクワ、1925年、25～26ページ〕。
16　（原註）V・F・シュミットによって公表。
17　（原註）V・F・シュミットによって公表。

そして、彼はうれしそうに笑いはじめた。

　この会話において著しく特徴的であるのは、子どものプリミティヴな目的論である。木星は何かのために存在していなければならない。まさしく、この「何のために」が、なによりも、子どもにはより複雑な「なぜなのか」の代わりになる。この問いにたいする答えが困難であろうとも、子どもはそれでもこの状態から抜け出していく。わたしたちは「自己のために」存在する ― これが子どもの独特な目的論的思考にとって特徴的な答えである。このような答えは、他の事物も、動物も、彼が最も嫌いなもの(蟻、南京虫、蚊、いら草 …)でさえ、「何のために」存在するのか、という問いを解決することを可能にするのである。

　最後に、このような自己中心性の影響は、他者との談話や外界の諸現象にたいする子どもには特徴的な関係のなかにも見られる。子どもは自分にとって理解できないことはないと実際に確信しており、「知らない」ということばは、4〜5歳の子どもの口からほとんど聞かれない。以下においてさらに見ていくように、頭のなかで最初に到来した解決を押しとどめておくことは、子どもにはいちじるしく困難であるし、自分が知らないということを認めるよりも、まったくナンセンスな解答をする方が彼には容易なのである。

　自分の直接的反応を押しとどめること、応答を適時に遅らせる能力 ― これは、かなり遅れて発生する、発達と教育との所産である。

　子どもの思考における自己中心性についてすっかり述べたあとでは、子どもの思考が大人の思考と異なるのは別の論理によるのであり、子どもの思考は「自然人の論理」にそって構成されている、と言うべきだとしても、驚くにはあたらない。

　もちろん、ここでの、1つの小さな補説の範囲内では、子どもにとって特徴的なプリミティヴな論理を多少とも完全に記述することなどできない。わたしたちは、子どもの会話や判断に明瞭に現れている、かれの論理の個々の特色だけを論じなければならないのである。

〔諸事実の因果関係ではなく「寄せ集め」〕

　すでに述べたように、外界にたいして自己中心的な構えをもつ子どもは、外的客体を具体的・全体的に知覚しているのだが、なによりもまず、〔外的客体が〕自分自身の方に向かい自分に直接的に働きかけてくるという側面から、外的客体を知覚している。具体的に知覚される客体の指標から抽象され、客観的相互関係や法則性に注意を向ける、世界への客観的関係〔態度〕は、子どものなかには、もちろん、まだ育てられていない。子どもは、かれが世界を知覚するように、世界を受けとる。そのとき、知覚される個々の状況の相互の連関について気にかけていないし、体系的な世界像とその諸現象の像を構成することに気をかけていない。〔ところが〕そうした体系的世界像とは、思考が世界との相互関係を制御しなければならない文化的に成熟した人間にとっては必要不可欠なものなのだ。子どものプリミティヴな思考においては、まさしく、諸関係の論理、因果関係などは欠けているし、他のプリミティヴな論理的手法に交替している。

　ふたたび子どものことばに注意を向けてみよう。そして、子どもの思考のなかでわたしたちに関心を抱かせる依存関係が〔ことばの面では〕がどのように表現されているのかを、検討してみよう。多くの人たちがすでに指摘したように、小さな子どもはけっして従属文を使用しない。かれは「散歩に出かけたとき、私はびしょ濡れになった。急に夕立が降ってきたからだ」とは言わない。かれは次のように言う —「散歩に出かけた、それから雨が降った、それからびしょ濡れになった」。子どものことばには因果関係がたいてい欠如し、「なぜなら」あるいは「その結果」という連関は、かれにおいては「そして」という接続詞に代替えされている。まったく明らかなことだが、ことばの構成におけるそうした欠点は彼の思考にも現れざるをえない。複雑で体系的な世界像、連関と因果的依存性にもとづく諸現象の配置が、個々の諸指標の単純な「寄せ集め」やそれらのプリミティヴな相互の連結に、取り替えられ

ている。こうした子どもの思考の手法は、子どもの絵によくあらわれ
ている。つまり、子どもは、相互に特別な連関のない、まさしく個々
の諸部分の列挙といった原則にもとづいて、絵を構築している。それ
故に、しばしば子どもの絵に見受けられるのは、眼、耳、鼻の表現が
頭から切り離され、頭と並んでいるが、頭との連関がなく、また、一
般的な構造に従属していないことである。そのような絵の事例のいく
つかを引用しておこう。わたしたちが取り上げた第1の絵（図24）は子
どものものではない。━━ この絵はあまり文化的ではないウズベク人女
性のものである。ところが、かの女は子どもの思考の典型的特質を繰
り返している。わたしたちがこの事例をここで敢えて取りあげたのは、
この典型的特質がきわめて鮮やかにあらわされているからである[18]。こ
の絵は、馬に乗った騎手を表現しているはずである。一見すれば明ら
かなように、この絵の描き手は、現実の模写ではなく、何らかの別の
原理、別の論理に導かれて描いたのである。この絵を注意深く吟味す

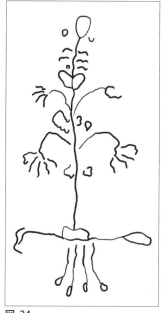

ればわかるように、この絵の基本的で
際立った特色は、この絵が、「人間」と
「馬」という結合の原理にもとづいてで
はなく、人間の個々の諸指標が1つの
形象に結合されることなく、それらの
寄せ集め、総計の原理にもとづいて、
構成されていることである。この絵の
なかに見られるのは、個別的な頭、そ
の下には、個別的な耳、眉、眼、鼻孔
である。これらすべてが、現実的な相
互関係から切り離され、絵のなかでは
次々と登場する個々の部分という姿で
列挙されている。騎手がそう感じたよ

18（原註）この絵は、ていねいに紹介してく
　　れたT・N・バラノワのコレクションから
　　取りあげられたものである。

図 24

178

うな曲げられた姿で描か
れた足、身体から完全に
切り離された性器 ― こ
れらすべてが、素朴に寄
せ集められ、1つ1つを
糸に通した形で描かれて
いる。
　第2の絵（図25）は、
5歳の男児のものであ
る[19]。この子はここでラ
イオンを描こうとし、自
分の絵を然るべく解説し
た。かれは「鼻面」と「頭」
を別々に描き、ライオン
の残りのすべては「ライ

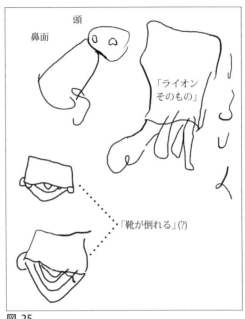

図 25

オンそのもの」と呼んだ。この絵は、もちろん、以前のもの（この時期の
子どもの知覚の特質に完全に対応している）よりも、ディテールの量がいちじ
るしく少ないことを特徴としているが、ここでは「寄せ集め」の性格が
まったく明らかである。このことがとくに明瞭に現れているのは、子
どもが事物の複雑な複合、たとえば、部屋を表現しようとする絵である。
図26は、およそ5歳の年齢の子どもが、暖炉に火がついている部屋を
どう表現しているのかという事例である。この絵にとって特徴的なこ
とは、暖炉への関係を持つ個々の対象の「寄せ集め」であることだとわ
かる。ここには、薪も、蓋も、炉蓋も、マッチ箱も整えられている（そ
れらの大きさは機能的意義に照応している）。これらすべては、それぞれが一
列に並ばられ、糸に通された、個々の対象の総計として与えられて
いる。

19（原註）絵はV・F・シュミットから提供されたものだが、児童養護施設の研究
　　室で収集されている。

図 26

　そうした、厳格に規制する法則性や秩序づけられた諸関係が欠如したもとでの「糸通し」のようなものを、ピアジェは子どもの思考と論理にとって特徴的であると考えている。子どもは因果性のカテゴリーをほとんど知らないし、1つの小さな鎖に、作用も、原因も、結果も、因果性に関係を持たない個々の諸現象も、無秩序に片っ端から結びつけるのである。そうであるからこそ、子どものなかで原因はしばしば結果の位置と交代するし、「なぜなら」という語で始まる結論にたいして、このプリミティヴな前文化的思考をもつ子どもは無力なのである。

〔使用できない接続詞「なぜなら」〕

　ピアジェは、「なぜなら」という語のところで中断した句を子どもに呈示し、この語の後ろに、原因をあらわす表現を入れなければいけない、という実験を、子どもたちを相手におこなった。この実験の結果は子どものプリミティヴな思考にとってきわめて特徴的なものであった。子どものそのような「判断」のいくつかの事例がここにある（子どもが追加した応答は下線で示している）。

Ts（7歳2か月）：　ある人が道で倒れた、なぜなら…<u>その人は足を折って、かわりに杖を使わないといけなかったから</u>。

K（8歳6か月）：　ある人が自転車から落ちた、なぜなら…<u>その人は手を折ったから</u>。

L（7歳6か月）：　私は風呂に行った、なぜなら…<u>その後できれいになったから</u>。

D（6歳）：　私は昨日、ペンを失くした、なぜなら、<u>私が書かないから</u>。

　引用したすべての事例で、子どもは原因と結果を混同していること、また、かれが正しい答えをえるのは不可能であることがわかる。因果関係のカテゴリーを正しく操作する思考は、〔この年齢の〕子どもにはまったく縁がないのは明らかだ。子どもにとってごく身近にあるのは目的のカテゴリーである。── もし私たちが子どもの自己中心的構えを想起するなら、このことは明らかになるだろう。たとえば、ピアジェが調査したある幼少の被験児は、かれの論理の構図を本質的に解き明かすような構成の句を示している：

D（3歳6か月）：　「暖炉を作ることにしよう…だって…暖めるために」。

　個々のカテゴリーの「糸通し」現象も、子どもには疎遠な因果関係のカテゴリーをより身近な目的のカテゴリーに取り替えることも、これらすべてはこの事例において明らかであり、十分にきわだっている。

〔ヒエラルヒーの欠如〕

　子どものプリミティヴな思考における個々の諸表象のそうした「糸通

し」は、さらに、ある興味深い事実にもあらわれている。子どもの表象
は定まったヒエラルヒー（より広い概念 ― その部分 ― さらに狭い部分、など。
類型的な図式によれば、類 ― 種 ― 科など）のなかに配置されていない。だが、
個々の表象は小さな子どもにとってあたかも同意義なものであるかの
ようだ。たとえば、市 ― 地方 ― 国は小さな子どもにとって原理的に
は相互に区別されない。かれにとってスイスは、ジュネーブに似たも
のであり、もっと遠くにあるだけである。フランスもまた、かれのよ
く知っている生まれ故郷の市に似たものであり、ただささらに遠くにあ
るのだ。ジュネーブの住民である人が、さらに同時に、スイス人でも
あるということが、かれには理解できない。以下にピアジェが引用し
子どもの思考のその独特な「平面」を例示している、短い会話がある[20]。
引用する会話は、指導者と小さな Ob（８歳２か月）とのあいだで行われ
ている。

― スイス人って誰のこと？
― スイスに住んでる人のこと。
― フリブールはスイスにあるの？
― そう。でも、私は、フリブール人でもスイス人でもない…
― ジュネーブに住んでいる人は？
― ジュネーブ人。
― ところで、スイス人は？
― 知らない…わたしはフリブールに住んでいて、フリブールはスイス
　にある。でも、わたしはスイス人じゃない。それは、ジュネーブ人
　も同じ…。
― 君は、スイス人を知ってる？
― とっても少しだけ。
― じゃあ、そもそも、スイス人っているの？

20（原註）次の文献を参照のこと ― Piaget, J., Le jugement et le raisonnement
chez l'enfant. Neuchatel, 1924. P. 163.〔ピアジェ『子どもにおける判断と推理』
ヌーシャテル、1924 年、163 ページ〕。

――いるよ。

――その人たちは、どこに住んでいるの？

――知らない。

　この会話は、子どもはまだ論理的に一貫して考えることができないこと、外界と結びついた諸概念はいくつかの段階に位置づけられていること、対象はより狭いグループにもより広いクラスにも同時に所属しうることを明示している。子どもは、かれにとって慣れ親しんでいる側面から事物を知覚しながら、具体的に考えているのであって、その事物から抽象したり、同時に他の指標をともないながらその事物が他の現象の構成のなかに含まれうることを理解したりすることは、まったくできないのである。この側面からすれば、子どもの思考は絶えず具体的で絶対的なものであると言うことができる。そして、このプリミティヴな子どもの思考の事例をもとに、思考過程の発達における第１次的でまだ前論理的な段階を特徴づけるものはなにかを、示すことができる。

〔前論理性と混合主義〕

　これまで述べてきたように、子どもは、事柄の相互関係をとらえることは困難であって、具体的な事柄によって思考する。６〜７歳の子どもは、自身の右手を左手からしっかりと区別しているが、同じ対象が一方に対して右にあり、同時に、他方に対して左にあるということを、かれはまったく理解していない。同じくかれにとって不思議であるのは、かれに兄弟がいるとして、かれ自身が今度はその兄弟にとって兄弟であることでだ。かれには兄弟が何人いるのかという問いにたいして、子どもは、たとえば、自分には兄弟がひとりいて、その名前はコーリャだと答える。わたしたちは「じゃあ、コーリャには何人の兄弟がいるの」と質問する。子どもは押し黙り、その後で、コーリャには兄弟は

いない、とはっきり言う。私たちは次のように確信することができる。
── こうした単純なケースにおいてさえ子どもは相対化して思考することができないし、思考のプリミティヴな前文化的形式は絶えず絶対的で具体的である。つまり、この絶対性から逸れていく思考、相互関係的な思考は、高次の文化的発達の所産なのだ。

　小さな子どもの思考について、もう1つの固有の特質を指摘しなければならない。

　まったく自然なことであるが、子どもが出会わねばならない語と概念のなかでは、その大部分がかれには新しく理解しがたいものである。しかし、大人はそうした語を使用している。だから、大人の語に肩を並べ、大人より劣り愚かにみられないように、小さな子どもは、自分を劣等感から救いだし、かれにとって理解しがたい表現や概念を少なくとも外的には支配することのできる、まったく独自の適応様式を作りあげている。子どもの思考のこうしたメカニズムを見事に研究したピアジェは、このメカニズムを混合主義とよんでいる。この名辞は興味深い現象を意味しており、その残滓は大人にもあるし、子どもの心理のなかでは華麗な花のように咲き乱れている。この現象は、外的部分のみを持つ諸概念がいちじるしく容易に接近すること、また、ある知らない概念をよりなじみのある他の概念に取り替えることにある。

　そのように代入することや、理解しがたいことを理解できることに置き換えたりすること、こういった意味の混合は、子どものなかで、きわめて頻繁に起こるのであり、K・チュコフスキー〔Чуковский, Корней Иванович, 1882-1969〕は興味深い本[21]のなかで、そのような思考の混合主義的様式のきわめて鮮やかな一連の事例を示している。幼いターニャが、かの女の枕カバーは「錆び色（ルジャフチナ）」だ、と言われたとき、かの女は自分にとって新規のこの語の意味をよく考えようという努力をせずに、それは馬が「いなないた（ナルジャラ）」ことだという仮説を唱

21　（原註）以下を参照のこと。── Чуковский К. Маленькие дети. Л., 1928.〔チュコフスキー・K『小さな子どもたち』レニングラード、1928 年〕

184

えたのである。小さな子どもにとって、騎士（フサッドニック）は庭に（フサッドゥ）にいる人のことであり、怠け者（ロードィリ）は小舟（ロートキ）を操る人のことであり、救貧院（ボガデェリニャ）とは「神様がつくられている（ボガ　デェラユット）」ところなのである。

　混合主義のメカニズムは子どもにとってきわめて特徴的なものであり、その理由は明白である。実際、これはもっともプリミティヴなメカニズムなのであり、これなしには、子どもがそのプリミティヴな思考の歩みをはじめることさえきわめて困難だろう。その一歩ごとに、かれの前には新しい困難が、新しい理解しがたい語・思惟・表現があらわれてくる。もちろん、かれは実験室や研究室にいる学者ではないし、そのたびに辞書を探るとか大人に質問することはできない。〔だが〕かれはプリミティヴな適応によってこそ自分の自発性を保持することができる。こうして、混合主義は、子どもの未経験と自己中心性によって培われる適応なのである[22]。

〔inductive ― deductive ― transductive〕

　思考過程は子どものなかでどのように進行するのか。かれは、どのような法則にもとづいて結論をみちびき、自分の判断を組みたてるのか。今まで述べたすべてのことから明瞭であるが、論理が思考に負わせたあらゆる制限とあらゆる複雑な条件・法則性とをもつ、発達した論理は、子どもには存在しえない。プリミティヴで前文化的な子どもの思考は、はるかに単純につくられている。この思考は、素朴に知覚される世界の直接的具象化である。そして、子どもにとっては、ただちに然るべき（まったく不適切であるとはいえ）結論を引き出すためには、

22　（原註）興味深いことであるが、ある場合には、混合主義的思考が大人においても再生され華麗に開花することがある。それは外国語の教授・学習の場合である。不十分にしか知らない言語で書かれた外国の本を読んでいる大人においては、個々の語の具体的理解ではなく混合主義的理解の過程が大きな役割をはたしている、ということができる。この点で、かれは子どもの思考のプリミティヴな特質をくり返しているかのようである。

　1つの部分、1つの不完全な観察で十分なのだ。もし大人の思考が蓄積した経験と一般的命題からの結論との、複雑な組み合わせの法則にもとづいて進むなら、また、大人の思考が帰納法（インダクティヴ）－演繹法（ディダクティヴ）の論理の法則に従っているなら、小さな子どもの思考は、ドイツの心理学者シュテルンが表現しているように、「変換的（トランスダクティヴ）」である。この思考は、部分から一般へも、一般から部分へも進んでいかない。それは、眼にするすべての新しい指標にその都度（つど）もとづきながら、たんに事例から事例へと推理を進めるのである。各現象は子どものなかでただちに然るべき説明を得ることになる。この説明は、あらゆる論理的なクラス、あらゆる一般化を素通りして、直接に与えられるからである。

　ここに、そうしたタイプの推論の事例がある[23]。

　子どものM（8歳）には、水の入ったコップが示されている。そこに石が入れらると、水が上昇する。なぜ水は上昇したのかという問いにたいして、この子は次のように答えている — 石は重いから。
　他の石を持ってきて、それをこの子に示す。Mは「この石は重い。水を上昇させる」と言う。—「この石は小さいの？」—「いいや、これは水を上昇させない…」—「どうして？」—「この石は軽い」。

　わたしたちが見てきたように、ある個別的事例から他の個別的事例へと結論が即座にくだされ、指標の1つがその根拠として自由気ままに取りあげられている。ここでは一般的命題からの何らかの結論がまったく存在していないことを、続く実験が示している。

　子どもに木片が示されている。「ところで、この木片は重いの？」—「いいえ」—「これを水のなかに入れたら、水は上昇するの？」—「そう

23（原註）以下の文献を参照 — Piaget J. Le jugement et le raisonnement chez l'enfant. Neuchatel, 1924. P. 239 - 240.〔ピアジェ・J『子どもにおける判断と推理』ヌーシャテル、1924年、239-240ページ〕

だよ、木片は重くないから」―「どっちが重いの？この小さな石か、この大きな木片か？」―「石」（正しい）―「どちらが水をたくさん上昇させるの？」―「木だよ」―「どうして？」―「木片の方が大きいから」―「どうして水は石なら上昇するの？」―「だって、それらは重いし…」。

　これでわかるように、いとも容易に、子どもは、水を上昇させたと考えていた１つの指標（重さ）を投げ捨てしまい、それを他の指標（大きさ）と取り替えている。かれは、毎回、ある事例から他の事例へと結論をくだしていて、統一的な説明が欠如していることにまったく気づいていない。この点で、私たちはさらに、ある興味深い事実を扱うことにしよう。つまり、子どもにとって矛盾は存在しておらず、彼はそれに気づいていない。矛盾した諸判断が並んで存在しているが、それらは相互に排除しあうことがないのである。

〔矛盾した判断の併存〕

　あるケースでは、水が対象によって押しあげられるのは、その対象が重いからで、他のケースでは、それが軽いからだ、と子どもは主張することがある。小舟が水の上を進んでいくのは小舟が軽いからであり、汽船の場合は重いからである、と子どもは言い張ることができる。かれは、そこに、いかなる矛盾も感じていないのである。ここに、そうした会話の１つの完全な記録がある。

子どもＴ（７歳６か月）
― どうして木は水の上を進むの？
― 木は軽いから。小舟にはオールがある。
― オールのない小舟は？
― 小舟は軽いから。
― 大きな汽船は？

― 重いから。

― つまり、重い物は水の上に浮かんでいるの？

― いいえ。

― じゃあ、大きな石は？

― それは沈む。

― 大きな汽船は？

― それは重いから、進むよ。

― 理由はそれだけ？

― いいえ、まだある。汽船には大きなオールがある。

― オールを降ろしたら？

― 汽船はもっと軽くなる。

― またオールを置いたら？

― 汽船は水の上に止まっている。オールが重いから。

　この事例では矛盾にたいして完全に無頓着であることが実に明白である。子どもはある出来事から別の出来事へ、その都度に結論をくだしていき、これらの結論がたがいに矛盾していても、このことでかれは行き詰ることはない。なぜなら、人間の客観的経験や実在との衝突や作り上げられた命題の検証を根源とする、論理の諸法則 ― 文化によって培われた論理的思考のこれらの諸法則は、子どもにはまだないからである。それゆえ、結論の矛盾を指摘して子どもを行き詰まらせることほど、困難なことはないのだ。

　きわめて容易にある個別的事例から他の個別的事例へと結論をくだし、現実の相互関係の理解について深く考えない。このような、上述した子どもの思考の明らかな特色のおかげで、なるほどもっぱら大人の自然人のなかにしばしば固有な形式で見うけられた思考のひな形を、子どものなかにも観察することができる。

　外界の諸現象に出会うとき、子どもは否応なく、原因と個々の諸事物の相互関係とについて自身の仮説を構成しはじめる。そして、この

仮説はかならず、子どもの思考の明確な特質に照応する、プリミティヴな形式をとることになる。通例、ある事例から他の事例へと結論づけるとき、子どもは外界についての仮説の構成において、任意の事物を任意の事物と結びつける傾向、「すべてをすべてと」結びつける傾向を露呈する。現実のなかにある因果的依存関係にとっての障碍は、外界を長く知ったあとでのみ大人の文化的人間に理解されるようになるのであって、この障碍は子どもにはまだ存在していない。子どもの表象においては、距離や時間にかかわりなく、連関の完全な欠如にもかかわりなく、ある事物が他の事物に作用することができる。おそらく、表象のこのような性格は子どもの自己中心的構えのなかに根源がある。まだ実在とファンタジーとをあまり区別していない子どもが、実在によって子どもに願望が実現されない場合に、いかに願望を幻想的にかなえるのかを想起してみよう。

　世界に対するこのような関係の影響のもとで、子どものなかにプリミティヴな表象が少しずつ形成されている。それは自然におけるどの事物もどの事物とも結びつくことができ、任意の事物がそれ自体で他の事物に働きかけることができる、という表象である。子どもの思考のそうしたプリミティヴで素朴心理学的な性格は、最近、スイスにおいて、すでに引用したピアジェが、それと同時に、ドイツの心理学者K・ラスペ[24]〔Raspe, Carla〕がおこなった一連の実験のあとでは、とくに疑問の余地のないものになった。

〔前後即因果の論理〕

　ラスペによっておこなわれた実験は、次のようなものであった。少し時間をおいて明白な原因によって形を変化させた対象が、子どもに呈示された。そのような対象であるのは、たとえば、一定の条件のも

24（原註）以下の文献を参照。—— Raspe C. Kindliche Selbstbeobachtung und Theoriebildung // Zeitschrift f. angewandte Psychol. 1924. Bd. 23.〔ラスペ・C「子どもの自己観察と理論形成」『応用心理学のための定期刊行物』1924年、第23巻〕

とで錯覚を与える図である。その図は、別の地の上に置かれると、サイズが大きく見えはじめる、または、辺の向きを変えると(図27)、大きくなったような印象をあたえる正方形のことである。── そのような図なら〔ここで〕活用することができるだろう。この錯覚が現れるときに、故意に、たとえば電灯が点(とも)されるとかメトロノームが作動するとか、というような、副次的な刺激物が子どもにあたえられた。そして、実験者は子どもに、発生した錯覚の原因を説明するように、なぜ四角形は大きくなるのかという問いに答えるようにとうながした。すると、子どもはたいてい、新しい、同時に作動した刺激物を原因としてあげた。正方形が大きくなったのは、電灯が点されたから、あるいは、メトロノームが動きはじめたから、と子どもは語ったのである。もちろん、これらの現象のあいだにいかなる明白な連関もなかった。

　これらの現象の連関性への信念、「前後即因果 post hoc- ergo propter hoc」の論理は、子どものなかできわめて大きいので、もしこの現れを変化させて正方形を小さくするように子どもに依頼するなら、かれはよく考えずにメトロノームに近づき、それを止めてしまうだろう。

　実験室でこうした実験をくり返してみると、7〜8歳の子どもたちからつねに同じ結果がえられた。もともと頭に浮かんだ答えを抑制したり、他の仮説を構成したり、自分の行動を自認したりすることができたのは、それらの実験のうちでほんのわずかであった。大多数の子どもは、同時に起きた現象は相互に因果関係によって結びついている、とはっきりと言い張りながら、はるかにプリミティヴな思考の特色を示した。同時にとは、結果のことである。子どもの思考の基本命題の1つはこのようなものであり、そうしたプリミティヴな論理がどのような世界像をつくりだしているのか

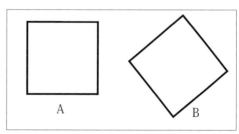

図 27

を、思い描くことができるのである。

　年長の子どもたちにもこのようなプリミティヴな性格をもった判断が保持されているという指摘は興味深い。ラスペが示す数値は、そのことを確証している。調査対象となった10歳の子どものうち8人が、メトロノームを導入した結果、図が大きくなったと言っており、1人は別の性格の理論を構成し、1人だけが説明を拒絶した。

　ことに明瞭に観察できるのは、3〜4歳の子どもにおける「呪術的〔おまじないの〕思考」のメカニズムである。この年齢の子どもにおいては、ある現象の純粋に外的な評価によってその現象の役割にかんする推論がいかに促されているかが、すぐにわかる。わたしたちのなかのある人が観察した女児のことであるが、この女児が見破ったのは、母親がその子がすべきことを2〜3回繰り返して言ったときに、かの女に与えられたちょっとした頼みごとをやり遂げられたことだった。なん度かおこなわれた後に、次のようなケースを観察することができた。——あるとき、その女児がちょっとした言いつけで他の部屋に行かされたとき、女児は「ママ、3回繰り返して」と要求した。女児はそれを待つことなく、隣の部屋に駆けて行ったのである。母親のことばにたいするプリミティヴで素朴な態度は、ここでは、きわめて明瞭にあらわれているので、これ以上の説明をする必要はないだろう。

　子どもがまだ文化的作用の階段よりも前にいるとき、あるいは、その階段の極めて低いところにいるとき、そのような子どもの思考の一般的状況とは、以上のようなものである。

　「有機体的存在」として人生の道を始めながら、子どもはその自閉性、自己中心性をさらに長い間、保持している。だから、世界との第1次的な弱い連関が強められ、子どものプリミティヴな思考の胎盤のうえに文化的人間の思考と名づけられる均整のとれた器官が発達するためには、長期にわたる文化的発達が必要なのである。

第6節 文化への歩み

　年少の子どものプリミティヴな知覚と思考にとって特徴的なものとは何かについて述べてきた。ところで、子どもは乳児から子どもへ、子どもから少年・少女へと、急ぎ足で発達し、前に進み、新しい形式の活動に移行していく。そして、大人には、自分もかつて子ども時代を体験したこと、また、自分もかつて世界を本質的に別なように考え、感じ、知覚したことについて、回想できるだけである。

　プリミティヴで子どもらしい形式の行動のうえに、少しずつ、他の―「成熟した」、文化的な形式の行動が生成してくる。新しい習熟、思考・論理の新しい形式、世界に対する新しい関係が発達するのである。そして、学問の前には、当然ながら、プリミティヴな子どもの心理が成熟した文化的人間の心理に少しずつ移行していった道すじにかんする問題が、あらわれてくる。

　子どもが発達するという場合、かれは成長するだけでも成熟するだけでもない。それと並んで、― 子どもの心理の進化を分析して指摘しうるもっとも本質的なものであるが ― 子どもは一連の新しい習熟、新しい行動形式を得ている。つまり、発達の過程で、子どもは成熟するだけではなく技術革新[25]をするのである。子どもが成熟した文化的人間へとどのように移っていくかを追跡するとき、そこで眼にする発達と転換の大部分は、まさしくこの「技術革新」によって生じている。これによってこそ、人間の発達は動物の発達ともっとも力強く区別されるのである。

　実際のところ、動物の発達、棲息（せいそく）する環境への動物の適応がどのような道をたどっていくのかを、追跡してみよう。進化の過程において、

25　原典に示されたロシア語 перевооружение の第1の語義は「再武装」「再軍備」であるが、第2の語義には工学用語として「装備・技術の更新」「再装備」がある。本書第2章第7節ではプリミティヴな行動の原初的次元には呪術的思考ではなく技術的思考があるとヴィゴツキーが指摘し、また本書の題辞に掲げられているベーコンの言説 も「裸の手」「生のままの知性」と「道具」「補助手段」とを対照している。これらも考慮しつつ、ルリアの意図を念頭において「技術革新」を訳語とした。

動物の行動にともなって生じるあらゆる変化は、とりわけ次の2つの基本的モメントに帰着する、ということができる。誕生の時にあたえられた自然的性質が発達することと、個としての生活の過程で獲得される新しい習熟 ―「条件反射」が発生すること、である。

森での生活条件に適応しなければならない動物を取り上げるなら、この動物を危険から回避させることのできる、そのあらゆる知覚器官がいかに鋭敏であるかがわかる。その視覚の鋭さ、嗅覚の驚くべき発達、動物にそなわる、しばしば驚くべき聴覚が見いだされるのである。これらと同時に見いだされるのは、そうした動物の知覚諸器官とその運動とがきわめて繊細な動的システムに統合され、この動物にとっておなじみとなった任意の標識にもとづいて、知覚諸器官が大いに動員され、作動させられることである。

このように、動物は、自分の有機体を改造し、そのあらゆる知覚器官を繊細にし、運動のあらゆる可能性を動員することによって、自然に適応する。

いっそう高次の発達段階への移行をともなう進化の過程では、これらの自然的属性（視覚、聴覚、嗅覚、記憶など）がますます完成化されていくだろうと考えられるはずだ。また、人間においては、これらのすべての機能のはなはだしい発達を期待してしまうかもしれない。

ところが、そのように期待するとしたら、わたしたちは深く失望することになるだろう。人間の一連の生得的属性の状態を詳細に知るなら、私たちは次のように認めざるをえないだろう。きわめて多くの生得的性質が動物と比べて強力に発達したり完成したりすることはなく、最良の場合でも完全な停滞が明らかであるし、大多数の場合には、それらの劣化、衰退、逆行について語る根拠さえある。

実際、はたして人間の視覚とワシやオオタカの視覚とを比較することができるだろうか。人間の聴覚を、成熟した文化的人間では決して知覚しないような微かな音、音調の違いが理解される犬の聴覚と、比

較することができるだろうか[26]。最後に、〔人間の〕嗅覚、触覚、筋感覚を、人間よりも低位にいる他の動物のこれらの知覚システムの発達と、比較することができるだろうか。

　さらに、文化的人間 ─ たとえば平均的な現代のパリ市民 ─ におけるこれらの過程と、きわめてプリミティヴな発達段階にあるオーストラリア人〔先住民〕におけるその過程の状態とを比較してみると、次のことがわかる。文化的人間は、ほぼすべてのもっとも単純な心理機能にかんして、自然人よりも後退しているのだ。旅行家でもある民族誌学者たちの物語は、自然人の聴覚と視覚との驚愕<ruby>驚愕<rt>きょうがく</rt></ruby>すべき発達、彼らの驚くべき記憶、同時に多数の客体を知覚して（たとえば、たとえ1匹の羊が大きな群れからいなくなった場合に）その数量を判断する能力、にかんする報告に満ちている。こうしたすべての生得的機能において、自然人は文化的人間とは比べものにならないほど優れている。だが、わたしたちはやはり知っているのだが、文化的人間の心理生活ははるかに豊かで威力があり、しばしばはるかに周到に周囲の生活において方向を定め、周囲の現象を自分に従わせている。

〔「感覚の拡張」と道具の創造〕

　動物から人間にいたる、自然人から文化的民族の代表者にいたる心理の進化の謎は、どこにあるのだろうか。

　わたしたちが考えるには、この謎はかれらの各々が存在する生存条件の進化のなかにあり、それとともに、そうした外的条件によって規定されよび起こされる行動形式の進化のなかにある。現代の文化的人間は、動物あるいは自然人に適合している形式によって外的環境に適応するにはおよばない。かれは自己に自然を従わせた。そして、自然人が手または足、眼または耳で行ったことを、文化的人間においては

26　（原註）I・P・パヴロフ学派の仕事によって客観的に示されたように、犬は8分の1の音調をまちがいなく区別できるが、人間はだれもそのように区別できないのである。

自身の道具が行うのである。文化的人間は、遠くの対象を見るために、視覚を緊張させる必要はない。かれはそのために眼鏡をかけ、双眼鏡を覗き、望遠鏡を手にすることができる。かれは遠くの方に耳を傾ける必要はないし、ニュースを伝えるために全力で駆けていく必要もない。これらすべての機能は、かれの意志を実現する通信・移動の道具や手段によって遂行される。すべての人為的道具、文化的環境が『私たちの感覚の拡張』[27] に役立ち、現代の文化的人間は、生得的性質を人為的適応によって補完するので、また、自然人が生まれつきのものを直接的に適用していくよりも見事に、人為的適応の助けによって外界を扱うので、最悪の生得的性質さえ優れたものにしうるのだ。自然人が石で叩いて木を割るのにたいして、文化的人間は斧や電動ノコギリを手にして、より早く、より見事に、より少ないエネルギーの消費で、この課題をやり遂げるのである。

　しかしながら、文化的人間の自然人との差異は以上のことに限定されるわけではない。生産的・文化的環境はすこしずつ人間そのものをも変化させる。そして、人間は、ご存知のように、生産的・文化的環境の影響のもとで、いく度も削られ作りなおされてきた石材である。

　外的諸条件に依存して、猿はうしろ足でたち、自分の身体を直立させた。また、これらに依存して自分の四肢が分化し、猿の手が、後には人間の手が発達した。この事実に、エンゲルス〔Engels, Friedrich, 1820-1895〕は、猿が人間に近い存在になっていくモメントを関連づけている。

　しかし、生産的・文化的諸条件の影響はこれにとどまらなかった。手に続いて、脳が変化したに違いないし、それとともに、環境にたいする人間のより繊細で動的な適応形式が培われたにちがいない。当然ながら、変化した諸条件は新しい適応形式を要求した。そして、そのような適応形式は時の流れとともにつくりあげられてきた。外的な生存諸条件の直接的な圧力のもとで、外界との能動的な闘いのなかで、

27（初版本原註）これについては興味深い冊子がある。— О. Винер, "Расширение наших чувств", Спб. 1909.〔ヴィーネル・О『わたしたちの感覚の拡張』サンクトペテルブルグ、1909 年〕

人間が学んだのは、自然から与えられた自己の素質を生存のための闘いに直接に適用することではなく、この闘いにおいて人間の助けとなる、多少なりとも複雑な手法をつくりあげることだった。進化の過程で人間は道具を発明し文化的な生産環境を創造した。だが、この生産環境は人間自身を改造し、プリミティヴな行動形式の位置に複雑で文化的な行動形式をよび起こした。人間は少しずつ、自然から受け取った性質を合理的に使用することを学んでいる。環境の影響は、動物の場合には見たこともない一連の新しいメカニズムを、人間のなかに創りだす。環境はあたかも〔人間の〕内側に根をのばすかのようであり、行動が社会的・文化的になるのは、その内容のみならずそのメカニズム・手法にもよるのである。人間にとってとくに重要なことを直接に記憶する代わりに、かれは連合的・構造的な記憶システムをつくりあげる。彼のことば、思考が発達し、抽象的概念がつくりあげられ、一連の文化的な習熟と適応様式が創造される。— つまり、自然人の座に文化的人間がすわるである。自然から与えられた自然的機能は、自然人と文化的人間において同じものであり、〔文化的人間においては〕ときには発達の過程で劣化することさえある。だが、文化的人間の自然人との大きな違いは、文化の過程で創り出された心理学的メカニズムの大きな財産 — 習熟、行動手法、文化的な記号と適応をもっていることや、かれのあらゆる心理は、かれを創造した複雑な諸条件の影響のもとで再編されることである。

　わたしたちは故意に子どもの心理への分析を脇に置いてきた。そうしたのは、子どもの行動が成熟するにつれて体験する、本格的で深い変化をどの点に期待すべきなのかを示すためであった。

　すでに指摘したことだが、わたしたちは、上述したばかりの類の発達と子どもの発達とのあいだに、同一性あるいは何らかの厳格な並行関係が存在するとは、けっして考えようと思わない。子どもはすでに出来あがった文化的な生産環境のなかに誕生する。そして、この点に、自然人と子どもの決定的で根本的な相違がある。ところで、肝心なこ

とは、子どもは環境から隔絶されたものとして誕生し、環境にただち
に参入するわけではないことだ。こうした文化的諸条件への参入は新
しいシャツをたんに身にまとうこととはまったくちがう。この参入は、
行動における深い変形、新しく基本的で特別な行動メカニズムの形成
を伴っている。それゆえ、まったく自然なことであるが、どの子ども
にも自分の前文化的でプリミティヴな時期がなければならない。この
時期は、ある期間つづいていくが、子どもの心理生活の構造における
特質によって、知覚における思考の独自的でプリミティヴな特色によっ
て、特徴づけられるものである。

　しかるべき環境に参入しながら、子どもは急速に変化し改造されは
じめる。これは驚くべき速さで進んでいく。なぜなら、出来あがった
社会的－文化的環境は子どものなかに必要な適応の形式をつくりだす
のだが、その形式はすでに以前に、彼をとりまく大人のなかでつくら
れていたものだからだ。

　子どものあらゆる行動が再編成されていく。子どものなかに育てあ
げられるのは、自身の欲求・欲望の直接的充足を抑制する習慣、外的
刺激にたいする直接的応答を停滞させる習慣であり、しかるべき文化
的手法を育てたあとには、迂回路によって当該の状況をより容易にう
まく支配することである。

　プリミティヴな機能のこのような抑制と、複雑で文化的な適応形式
の育成のなかにこそ、行動のプリミティヴな子どもの形式から成熟し
た文化的人間の行動への移行が存在している。

第７節　道具を意のままにする

　まだ人間に至っていないものの、すでに動物界の高次の段階におい
て、わたしたちは興味深い事実を指摘した。猿はいくつかの事例にお
いて、かれには困難である新しい諸条件に、直接的ではなく外的道具

（棒、箱など）の使用によって、適応していた[28]。

　行動形式の発達が十分に高次の水準にあることを示す事実は、幼い子どもにはまだ見られない。外的対象を道具として使用する能力がはじめて形成されるには、また、ある外的客体をたんにそれ自体としてだけでなく、その助けで目的を実現することのできる客体として最初に判断できるようになるには、1歳半〜2歳までの発達をとげていなければならない。対象にたいする最初の機能的態度は、行動の文化的形式の発達の道における第一歩であるし、外的世界との子どもの、純粋に機械的ではない能動的な連関が確立されていく道での第一歩である。

　外界にようやく慣れはじめた子どもにとって、外界はまだ疎遠に思われ、それはしばしばまだ、空想的な表象と混ぜ合わされている。そのことに驚くべきことはなにもない。また、同じく驚くにあたらないが、そうした子どもはごくわずかしか、外界に組織的に働きかけられないし、外界の個々の客体を自分の目的のための道具として使用することができないのだ。このような外界の客体との複雑な相互関係のなかに加わるためには、また、この客体が本能の直接的充足（食べることのできるリンゴ、遊ぶことのできるオモチャ）に役立つのみならず、ある目的の達成のための道具として用いることができるようになるためには、さらに長い発達の道のりを経る必要があるだろう。実際、このために必要であるのは、本能的・直接的活動が、複雑な意図に導かれ組織的行為によって実現される知的活動に、交替することである。

　子どもが外的事物を道具として使用しはじめ、それによって、複雑な知的行動への移行への最初の歩みになる、初期のケースに眼を向けてみよう。

　周知のように、小さな子どももスプーンで食べ、皿を使い、タオルでぬぐう。だが、このことについて実際には子どもは大人の模倣をしているだけで、かれが対象を道具として自然発生的に利用することはほんのわずかであり、ほとんどゼロに等しい。こうしたケースのすべ

28（原註）本書第1章を参照されたい。

てで、スプーン、皿、タオルは、ある習慣的なひとまとまりの状況を構成する食事や手洗いと、不可分に一体化している。それでもやはり、皆が知っているように、1歳半の子どもがスプーンを使い、ナイフで切る（手でちぎるのではなく）等々は、難しいのである。

　純粋な形で道具を意のままにする過程を追跡し、子どもが道具を使用することを妨げるものを理解したいなら、実験にとりかからなければならない。

　子どもは何らかの目的のために事物を道具としてどのように機能的に使用するのかを解明しようとする実験は、ドイツにおいて、いろいろな研究者によっておこなわれた。そのような実験を提起したのは、猿における道具の使用を発見したあのケーラーであり、幼い子どもを対象にして実験を繰り返したのはK・ビューラーであり、年長の子どもに対してはI・パイザーが行い[29]、それらを評価したのは2人のドイツの心理学者 ― O・リップマン〔Lipmann, Otto, 1880-1933〕とH・ボーゲン〔Bogen, Hellmuth, 1893-1947〕である。この2人はこれらの実験にたいしてきわめて興味ぶかい書物を著している[30]。

　ごく幼い子どもたちになされた実験のうちでもっとも簡単なものは、次のような様子であった。子どもがリンゴの載ったテーブルのところに連れて来られた。このリンゴは手では届かなかったが、リンゴには、テーブルの端までのびた紐が結びつけられていた。リンゴを手に入れるためには紐を引けばよかったのだ。

　しかし、子ども（ビューラーは9か月、1歳3か月、1歳9か月の子どもを調査した）は、リンゴを直接に引き寄せることはできないが、紐で引っ張ることはできるとは理解しえなかった。子どもは相変わらずリンゴを

29（原註）以下の書物・論文を参照すること ― Бюлер, К. Духовное развитие ребенка. М., 1926〔ビューラー・K『子どもの精神発達』モスクワ、1926年〕、Peiser I. Prüfungen höheren Gehirnfunktionen bei Kleinkindern // Jahrbuch für Kinderheilkunde. Bd. 9.1.〔パイザー・I「小児期における高次脳機能の吟味」『小児科学年報』第9巻1号〕

30（原註）次の書物を参照すること ― Lipmann O., Bogen H. Naive Physik. Jena. 1923.〔リップマン・O、ボーゲン・H『素朴物理学』イェーナ、1923年〕

直接に引き寄せようとした。必要なときには、反対側からリンゴを手
にいれようとして、子ども自身がテーブルにそって回ったりしたが、
リンゴを得るための補助的道具として紐を使うことは思いつかなかっ
た。目標物とそれを手に入れるための手段とを理解することは、子ど
もにはまったく欠如していた。

　なるほど、ビューラーによる実験では、長い時間をかければ、リン
ゴ(または乾パン)を引きよせるために子どもは直接に紐をつかむことが
できた。しかし、子どもが目標物を取得する方法を意のままにするま
での道程は独特だった。この子どもの場合、粘り強くリンゴを手に入
れようとして、いろいろと無意味に手を動かした。その動きのいくつ
かは、紐にさわったり、リンゴを近くに寄せたりするものであった。
ここでは、組織的な行為によってではなく、偶然的にうまくいった動
作の反復・定着によって、子どもの虚構的－知能的活動が示されるの
だ。リンゴに結びつけられた対象としての紐の知覚にまで、また、目
標物を手に入れる可能な手段としての紐の評価にまで、子どもの理解
はまだいたらない。このような連関づけがかれの身近なものになるに
は、さらに1年を経ることが必要である。

〔知的遅進児による課題解決〕

　いく人かの研究者は別な形で実験を組み立てた。道具を初めて意の
ままにする過程が子どものなかでどのように進行していくのかを示す
ために、この実験を引用しておこう。

　教室の黒板の上端に、子どもの興味を惹くオモチャが置いてある。
近くの壁には、椅子と長い棒がある。子どもの課題は、彼らにとって
かなり高いところに置かれたオモチャを取ることである。その唯一の
方法は、棒を道具として使用することなのだ。これらの実験は、年齢
と知的発達の程度が異なる子どもたちにたいしておこなわれた。もっ
とも興味深いのは、これらの実験の結果は、子どもの知的遅進性の評

価にとって特徴的なことだった。健常に発達した7〜8歳の子どもが
この課題を難なく解決したのにたいして、知的遅進の子どもにとって
は達成できない課題であり、棒を道具として機能的に使用するという
可能性に、かれの考えは遠くおよばなかった。

　これを明瞭にするために2つの並行的な記録を引用しよう。そこに
は、知的遅進児のための学校に通う2人の異なる子どもにおいて同じ
実験がどのように経過したのかが描かれている[31]。

　　被験児R（8歳2か月）
　被験児「ぜんぜん手が届かない」。実験者「どうしたらオモチャに届
くか、考えてごらん」。被験児「ベンチの上に登らなくちゃ」。その試
みはうまくいかない。なぜなら、ベンチから黒板の上端まで手を伸ば
すには、被験児はあまりにも背が低いからである。実験者「違うやり方
でなんとかしてオモチャを手に入れられないの」。被験児「梯子に登る
ことならできる」。実験者「ここには梯子はないよ」。被験児はふたた
びベンチに登り、取ろうとしたが、うまくいかなかった。実験者「本当
に、別なやり方でできないのかなあ。周りを見て試してごらん」。被験
児「あっ、棒でできる…」。棒を手に取り、ベンチの上に登り、オモチャ
を手に入れる…

　　被験児B（8歳6か月）
　被験児は黒板の前に立ち、オモチャの方に手を伸ばしながら、休む
ことなく上に飛び跳ねはじめる。そのようなやり方では目標物は得ら
れないが、この子にとっては、それがわからないようである。実験者「こ
れでは、何も手に入らない…」。被験児はそれでも上に飛び跳ねつづけ
ている。実験者「よく聞いて。今のままではうまくいかないよ。なんと
か別のやり方を試してごらん」。被験児は、黒板から75センチメート

31　（原註）わたしたちが取りあげるのは、次の著作の記録である。— O. Lipmann, H.
　　Bogen «Naive Physik».〔リップマン・O、ボーゲン・H『素朴物理学』〕

ル離れた机の上に立ち、身体全体を伸ばしながら、オモチャを手で取ろうとしている。実験者「なにだったら、オモチャを取れるの」。被験児は、なにが助けになるかわからずに、途方にくれて実験者を見ている。実験者はあたかも不意にであるかのように棒を取って、それを黒板に立てかける。被験児は実験者を見るが、なにもしようとしない。実験者「部屋のなかからほしいものを全部使ったらいいよ。オモチャを得るために役立つものを全部使ったらいいよ」。被験児「わからない…オモチャを取れない…」

　これら2つの並行的な記録は、2人の子どもの行動のきわだった典型的特色をきわめて明瞭に示している。そして、彼らのうちで1人目の子どもは知的遅れがより小さく、2人目は遅れが深刻な子どもであることは、容易に推測できる。実際に記録を注意深く見てみよう。第1の子どもはすぐに〔オモチャと行為の〕組み合わせをはじめたり、オモチャを手にいれるために外的客体を能動に使用することを試しはじめている。なるほど、これはかれには難しい（実際、私たちが眼にしているのは知的遅進児のための学校に通っている子どもである）。だが、それでも、私たちが見るように、かれは黒板のところに椅子を持ってくるし、梯子の助けがあればオモチャを取ることができると言うし、最後には、なるほど実験者による刺激の後ではあるが、この目標物のために棒をあつかっている。

　もう1人の子どもには、そうしたことがまったく見られない。かれの行動にとって最初から特徴的であるのは、あらゆる道具の使用を拒絶することであり、提案された課題のあらゆる複雑で媒介的な解決を拒絶することだった。かれは、オモチャを手で取ろうとして、ひっきりなしに跳び上がることからはじめる。その後、そこにある机に跳び乗って全身で伸びをするが、それでもオモチャには届かない。明らかに無意味な試みであるのに（机は掲示板からほぼ1メートルも離れている）、彼はそうするのである。この子には、まわりにある事物に何らかの変

化を能動的にもたらし、この副次的な変化によって課題の解決を図る
という知恵がなかった。実験者の明白な暗示があったにもかかわらず、
かれはそうすることができず、外的客体 ― 棒 ― が目標物のために役
に立つといういかなる表象もなかったのである。

　明らかに、子どもはいちじるしい知的遅進の段階に位置しており、
かれの行動はプリミティヴな段階からまだ抜けだしていなかった。そ
して、なによりも外界の事物を道具として能動的に意のままにすると
いうような、文化的形式の段階に移行していなかった。

　道具を自由に使う技能は心理学的発達の程度を示す指標である。そ
して、外界の道具を支配し内的・心理学的手法を独特に育成する過程と、
自分自身の行動を機能的に利用する技能は、子どもの心理の文化的発
達における特徴的なモメントであると、わたしたちは自信をもって仮
定することができるのである。

第8節　特殊機能の文化的発達 ― 記憶

〔文化的発達と媒介的過程 ― 記号による刺激〕

　外的客体の世界が最初はまったく疎遠であった小さな子どもが、ど
のように段階的に世界と合流し、これらの客体を支配しはじめ、客体
を道具として機能的に使用しはじめるのかということを、わたしたち
は認識してきた。これは文化的発達における最初の段階である。この
段階では、生得的な動作ともっとも単純だが獲得された動作によって、
新しい形式の行動と手法が形成されている。

　文化的発達の第2段階を特徴づけるものは、子どもの行動における
媒介的過程の発生である。すなわち、この過程は、記号による刺激の
活用を基礎にして行動を再編している。文化的経験の過程で獲得され
るこの行動手法は、子どもの基本的な心理学的機能を再編し、新しい
装備で機能を更新し発達させる。いくつかの事例において、それら〔新

しい高次心理学的機能〕の研究は、以前には謎だと思われた問題を解決する可能性をもたらしている。

　一連の実験において、子どもの記憶と結びついたこうした文化的手法がどのように発達するのか、大人の記憶がもつ水準を少しずつ達成しながら、子どもの記憶はどのように成長し、強化され、更新されるのかを追跡することができた。

〔記憶の発達の「謎」〕

　心理学において、子どもの記憶発達の道にかんする問題は長いあいだ、きわめて不明瞭であり、ほとんど謎であった。実際のところ、子どもの記憶は概して発達するのかどうか。大人の記憶は子どもの記憶よりも優れているのかどうか。

　この問題は、一見してそう見えるほど、単純ではない。

　実際、わたしたち皆は、ことに、なんらかの個人的助言を求める人たちに対応しなければならない者、つまり、医師や心理学者であるわたしたち皆は、しばしば、記憶がおとろえたという不満を患者たちから耳にする。1度で長いあいだ何ページもの文章を記銘することができたのに、さても時とともに記憶が弱まりはじめ、すでに成熟した人間となった今では、記憶がおとろえ、すっかり悪くなってしまったと、大多数の患者は言いはるのである。

　ほぼどの人からも聞かれるこのような不満は現実的なものだろうか。あるいは、この不満は、猜疑心と病的懐疑そのものの所産にすぎないのだろうか。

　多くの点で、これらの不満はまったく正当である、と認めざるをえない。記憶を神経―心理的器官の自然的可塑性と理解し、この可塑性のおかげで、1度得られた印象が強化され、あたかもわたしたちに対して刻印されたかのようだと考えれば、これらの人たちは真理からあまり外れていない。大いに蓋然性をもって次のように仮定することが

204

できる。― この神経 ― 脳組織の自然的可塑性（いく人かの西欧の著述家は、
R・セミョーンにつづいて、この可塑性を「ムネマ」あるいは「ムネマ的機能」と名づ
けている[32]）は、個人の生活の流れにおいて本質的に発達せずに、いくら
かの場合には（神経システムの消耗、過剰疲労などにおいて）退行し弱まって
さえいる。現実にそうであるのかどうかを知るためには、健常な子ど
もと、都市住民のあいだに多く見られる神経症的で過剰に疲労した大
人とにおいて、記銘化への自然的能力を調査すれば十分だろう。

　さまざまな年齢の子どもと大人とによって機械的に記銘された語の
平均値を比較するだけでも、驚くべきことに、この機能のどのような
急激な発達も見られないのである。

　以下に引用する数字は、あるアメリカの研究者 ― ノースワースィに
よって得られたものである[33]。さまざまな年齢の子どもたちにおける語の
記銘を研究して、この研究者は次のような摘要にたどりついたのだった。

　記銘する平均語数（年齢別）

8 歳	11.1	13 歳	13.5
9 歳	12.2	14 歳	13.7
10 歳	12.2	15 歳	13.7
11 歳	12.5	16 歳	14.0
12 歳	12.8	成人	12.8

　明らかに、児童期と青年期とにおける記憶の前進的運動はかなりゆ
るやかに進んでいる。これらの数字を大人の平均的記憶と比較するな
ら、大人は平均すると 13 ～ 14 歳の少年・少女よりも記銘が劣ってい

32　ラテン語には、記憶の女神：Mnemosyne（ムネーモシュネー）、よい記憶の：
　　Mnemone（ムネーモーン）などの語がある。「ムネマ」「ムネマ的機能」の言語
　　的源泉であろう。

33　（原註）Cм.: Norsworthy. The phychology of mental deficient children. N. Y., 1906. Цит.
　　по: Уиппл. Руководство к физиологическому и психологическому исследованию
　　детей школьного возраста.〔「学齢児の生理学的・心理学的研究への指針」にも
　　とづいて引用。

ることがわかるだろう。問題はあたかも、記憶はほとんど発達しない
し、成熟した年齢になるまでに若干の記憶の低下さえ認めざるをえな
い、ということである。

　しかしながら、大人の記憶はしばしばきわめて強力で広がりがある
ことが知られている。また、学者はその専門分野において膨大で多様
な資料を記憶しているということも知られている。わたしたちは誰で
も、頭の中に、膨大な量のあらゆる情報、名辞、数字などを保存している。
大人がきわめて速く他の言語を学ぶことができるという事例も知られ
ている。わたしたちはしばしば、知人の記憶の厳密性と組織性に驚い
たりしている。

　この矛盾はどのように解決できるのだろうか。だれの記憶がより良
いのか ― 子どものか、大人のか。どのような主張が正しいのか。

　子どもから大人まで記憶がどのように発達するのか、この発達にお
いて記憶がどのような固有な特色を示しているのか、という点に着目
さえすれば、だれの記憶がより優れているのかという問題は解決しう
るだろう。

〔自己の記憶を利用する様式の相違〕

　5歳とか6歳とかの子どもの記憶が学齢児[34] の記憶といかなる点で
異なっているのか、の解明に取りかかるなら、次のように言わねばな
らないだろう。― 2人の子どもに見られるのは、自分の記憶を利用す
る形式が異なっているのだと。6歳の子どもは、自分に呈示された資
料を自然的に印象化しながら直接に記銘している。それにたいして、
学齢期の子どもは、彼が必要なことをうまく記銘することの助けとな
る一連の手法を操るようになる。かれ〔学齢児〕は、この新しい資料を
自己の過去の経験と結びつけ、ひとまとまりの連合的システムに頼り、
しばしば、なんらかの印などに頼るのである。2人の子どもは概して

34　本書が書かれた時代のソ連における就学年齢は8歳である。

206

同じ記憶力をもっているが、それを異なる形で用いているのだ。彼ら２人には記憶があるにはあるが、そのうち年長の子どもだけが記憶を利用することができる。子どもから大人への記憶の発達は、記憶の自然的形式から文化的形式へのこのような移行のなかにこそある。

　実際、未開諸民族もやがて記憶の単純な自然的機能を信頼しなくなったことを想起しておこう。これまでに指摘してきたように[35]、家畜の頭数や穀物の分量を記銘しなければならない自然人は、これらを記銘する直接的な様式の代わりに、計算木を発明し、それによって必要な数量を記しながら、ただちに２つの目標を達成した。つまり、プリミティヴな手法を用いたあとでは、自然人は、自然的様式によるよりも、必要な資料をより強固に記銘するようになり、それと同時に、自身の自然的記憶の負担を過剰な重荷から軽減させたのだった。

　子どもも類似した道を進んでいくが、その違いは次の点にある、と言うことができる。― 自然人は自身の記銘システムを自分で発明したが、発達しつつある子どもは頻繁に、かれの記銘を助けるすでに出来あがったシステムを手にいれている。まさしくそうしたシステムのなかに入り込んで、それを利用することを学び、それを意のままにし、それを媒介にして自身の自然的過程を変形するのである。

〔数の記憶の助けにモノを利用する実験〕

　記憶の文化的形式への移行の基礎には何らかの手法の使用があることや、この使用はきわめて短い期間に記憶力を高次の段階に高めることができることを、わたしたちは、実験的条件において調査することができた。

　眼の前にすわっている６～７歳の子どもにたいして、続けざまに数字を10個あげ、それを記銘するように求めたとしよう。実験のあとで、子どもが保持している数について彼に質問してみると、かれは２～３

35（原註）本書第２章を参照のこと。

の数字、最大でも 4 つの数字を記銘していたことが明らかとなった。

　10 個の数字を記銘するのはあまりにも困難なことだと子どもが確信したとき、わたしたちは実験を変更した。かれの手になんらかの対象、たとえば紙、紐、木屑などを与えて、読み上げられた数字を覚えるのをこの対象が助けてくれるよ、と言ったのである。子どもにたいして、ある目的のための手段として、つまり数字を記銘するための手段として、この対象を利用するという課題を提起したわけである。

　そのようにして、わたしたちの前で繰り広げられているのは、通例、次のような状況である。最初、子どもは、どのように記銘のために紙を機能的に使ったらいいのかを理解できない。一方では紙切れと、他方では提起された数字とが何らかの共通性をもちうるということが、かれの頭には浮かばなかったのだ。事物の機能的使用についての概念、つまり、ある事物が何らかの過程や目的のために人為的に使用されうるという概念が子どもに理解されるのは、しばしばまだ稀なのである。なるほど、かれは食べるためにスプーンを使うことができるし、身体を拭くためにタオルを使うことはできる。だが、これらすべては習慣の過程であり、そこでは、対象は過程の構造のなかに不可欠な部分として入り込んでいる。なんらかの過程の助けとなるように、かれにとっては新しい「外部」の対象を利用するというような、補助的道具の使用という発見にとって、子どもにはまだ手段が足らないのだ。かれにとってさらに大きな困難性を示しているものは、心理学的補助手段の機能的使用である。

　だからこそ、この年齢期の子どもは課題の遂行を頻繁に拒絶し、紙切れは数を記銘するうえで自分の助けにはならないと指摘する。わたしたちの前に残されている課題は、── 子どもが与えられた素材を記銘の手段として自由にし、かれが記銘の目的のためになんらかの記号を機能的に使用することを発見しうることであった。

〔紙切れの「記号」化（印づけ・切断）や素材に依存した「補助手段」〕

　たいていは、時間が経過するうちに、子どもによって多少の差はあるものの、記銘が達成されている。子どもは一連の実験のあと、紙切れの上になんらかの記号を設けることができると「気づく」。すると活気をおびて、数を言われる度に紙切れを手に取り、それに印を付けはじめる。これはたいてい紙片の切り裂きあるいは切断のシステムであり、その際、当該の数がどのくらいの単位を含んでいるかに応じて、切り裂き（あるいは断片化）がなされる。その結果、子どもの前にあらわれてくるのは、数の印の「計算木」システムに近い独特な記録システムである。図20では、未開諸民族のなかで使われている典型的な計算木が示された（ブリヤート人の計算木）。ここでは（図28）、わたしたちの実験で6歳の子どもが発明した「計算木」のような記録が使われている。かれら〔自然人と子ども〕はその形式的─心理学的役割についてどれくらい相互に近いのか、実験の条件において、どのように子どもは未開諸民族のなかで実践されている記録システムを発明したのかが、見いだされるのである。

　このシステムはもちろん、子どもにおいては、一連の要因に、なによりもまずかれに渡された素材に依存している。

　子どもに紙切れや木片を渡すと、「計算木」システムに似た記録が得られる。子どもに紐を渡すと、結縄文字を思わせるようなものが得られる。最後に、なんらかの個々の対象（種子、破片、ペン先、釘）を子どもに与えると、この対象を塊ごとに取り分けることで目盛りが得られる。

　これらすべてのケースにおいて、子どもは、記憶の内的過程を支配するために、〔自己の〕外側で操

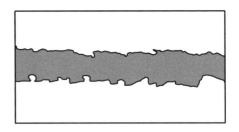

図 28

作している。これは、自然的心理機能の助けとなる第1次的な文化的手法にとって特徴的である。

　しかしながら、子どもたちはたえず同じく容易に、首尾よい結果を達成しうるわけではない。わたしたちは一連の事例を観察してきた。そのときには、当該の単位数に相当する紙切れの量を取り分けるやり方を発明した子どもは、その後にこれらの紙切れのすべてを1つの共通な塊に集めた。だが、次々と言われた数字を再現しなければならないとき、子どもはきわめて困難な状態にあることがわかった。その場合、課題が遂行されるためには、さらに第2の発明が求められた。子どもは切断された紙切れで個々の塊をつくり、それらを順番に勘定することを思いつかねばならなかった。そうすれば、課題は首尾よく遂行されたのだった。

〔「記録」システムへの移行と記憶力の向上〕

　これらすべての実験において、1つの本質的なモメントを指摘することが必要である。直接的な記銘システムから、一定の印の助けによる「記録」システムへの移行にともなって、記憶の「生産性」は鋭く上昇したのである。── 記憶の発達の明白な擬制が達成された、と言えるだろう。直接的印象づけという自然的様式によって3〜4個の数を保持した子どもは、「記録」に移行すると、当然にも、かぎりのない数字を実際に「記銘」できるようになる。かれの記憶は、新しい人為的な、かれによって発明された手法と交替し、記憶は最大限の成果を量的にあげつつ、新たな形で働きはじめる。記銘のために、紙切れをちぎり、塊のなかに並べ、マッチ棒やペン先などを用いて、これらの対象のしかるべき量をその度毎に脇に置くのである。

　いま述べた実験では、子ども自身はある覚え書き〔記録〕システムを発明し、そのシステムの助けで、自然的メカニズムを文化的メカニズムへと変化させつつ、なん倍もの記憶力の増大を達成している。しかし、

　明らかなように、このシステムはきわめてプリミティヴで、扱いにくく、洗練されていないので、子どもの記憶のさらなる発達は、記憶の自然的改善というよりは、あのような手法の交替に、歴史的進化の過程でよりよく培われた他の手法による、プリミティヴな手法の代用に行きつくのである。

　呈示された一連の数を子どもはどのように記銘するのかに戻ることにしよう。ただし6歳の子どもの実験ではなく、小学1年生〔8歳の子ども〕の実験である。この子どもはすでに数の記録システム、数の象徴的表現システムを知っているし、何世紀にもわたって作り上げられ学校の授業でかれに伝えられたシステムを知っている。こうして、一連の数を記銘するという同じ課題をかれに与え、その援助のために同じ材料（紙、紐、種子、破片、ペン先など）を提供したとしても、かれは本質的に違う形で行為しているのだと、気づかされた。学齢児はたいてい、就学前児のプリミティヴな手法にもはや戻ることはないし、紙切れをちぎったり、それを紙片に破って並べたりといういかなる傾向も示さない。学齢児はすぐさま紙片を取り、それで数の表現を手にいれる。記銘するために数を〔形で〕表現するという傾向は、この子どもたちにはきわめて堅固であり、課題が非常に難しくても、紐からでさえ数のシンボルを作りだそうとする。学校で獲得された新しい文化的手法は古いプリミティヴな手法を駆逐していく。量的ではあるが象徴的ではない記録に「誘導する」材料でさえ、計算木による記録と言う古い手法を復活させないほどだ。種子や砕石〔さいせき〕からでさえ、子どもは数の形象物〔フィギュア〕を集める。つまり、単位を記銘するために、1つの破片も脇に置くこともせず、苦労しながら単位の形式を導きだしている。

　次の図が、そのような記録の事例である（図29）。子どもは紙片、木屑、さらに都合のよいものなら何でも用いる。だが、どの材料からも、数を表現する記号を作り出すのである。

　数の呈示を速めると、子どもは新しい単純化された書き付けシステムを発明することになるが、しかし、数のシンボルとかその諸要素と

かを発明したシステムとは似ていない。

〔その場合にも〕記銘された数量の大きな上昇という効果は、同じままである。引用された諸事例から直観的にわかるのは次のことである。— 子ども

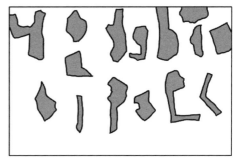

図 29

は発達するとき、自身の記憶をたんに訓練するのではなく、更新するのであって、記憶の新しいシステムと手法に移行する。子どもの自然的な「記憶機能」がこの全期間に平均して同じままであるとしても、自身の記憶を活用する手法はますます発達していき、結果としては最大限の効果をもたらすのである。

〔記憶機能の発達と心理学的補助手段〕

　実を言えば、わたしたちは誰しも、子どもとはまったく違う形で記銘している。誰もが自身の過去の経験の痕跡から構成される大きな素材をもっており、この素材が記銘のどの働きにおいても積極的に利用される。新しいことを記銘するためには、わたしたちはその新しいことを、よく知っていて思い出すことのできる古いことと、頭のなかで結びつけている。いわば、連合のメカニズムを用いて、新しいことをよく知っていることと連合的に結びつけている。より正確にいえば、新しい諸要素と並んでよく知っている古い諸要素も含まれている構造や状況を能動的につくりだすのだ。この意味づけられた状況を記銘しながら、それとともに、記憶のなかに保持しなければならない新しい対象や語を記銘している。

　誰もが、自身の記憶の助けとなる全体的で複雑なメカニズムを自己のなかに持っている。そして、人間がなにかをことに見事に記銘する

とき、しばしば、その意味は、人間は自己の心理学的用具を見事に組織的に使用することができることであり、この用具を記銘のための手段として使用しながら補助的構造をうまく創造することができることなのだ。

　わたしたちがおこなった実験では、次のことを確信することができた。すなわち、子どもの記憶の発達は、主として、上記の心理学的補助手段のなかに、自身の連合と形象を支配することのなかに、記銘の目的でそれらを機能的に使用することのなかに、存在している。

　実験の条件でこれらを調査するためには、もちろん、人間が内的に使用する記銘の手法を客観的に研究しなければならず、そのためには、これを「外側に持ち出す」ことが必要だった。わたしたちは次のように実験を組み立てた。—— 子どもの前に、一連の通常の絵つきのロトカードを並べた。カードには動物やモノなどの絵がかいてあった。わたしたちは一連の語を次々に子どもに提起し、そのたびに、語を記銘すべく、子どもの意見によれば記銘の助けとなるカードを選ぶことをかれに頼んだ。このように選んだカードが脇に集められ、実験の最後には、子どもは、それらのカードを見ながら、自分に呈示された語を再現しなければならなかった。当然ながら、わたしたちが呈示した絵は課題となる話を再現するのではなく、関連づけるだけであった（たとえば、わたしたちが「犬」と言うとき、並べられたカードのなかには犬の絵を含まないようにし、家・小屋・狼などの絵をあたえた。より複雑な実験では、概して、誘導的な絵はなにもあたえられなかったので、被験児は能動的・人為的に、課題の語と任意の絵とを結びつけねばならなかった）。したがって、課題は、記銘のために絵を機能的に使用するよう、被験児を駆り立てるものだった。

　わたしたちの実験は次のことを示した。—— すべての子どもの成績が同じだったわけではないし、このように呈示された道具を活用することができたわけではなかった。

　４〜５歳の小さな子どもにカードを見せて、もっともプリミティヴな連関を確立しつつ、そのカードの助けで語を記銘するように指示し

たが、それが成功したのはまれだった。子どもは記銘のためにカードを使うことを拒んだり、カードが語の記銘のための副次的意義をもちうると頭に浮かばなかった。その子は、カードを用いて語と結びつけられるとか、首輪の絵は犬を思い出す助けになりうるとかと、表象しなかったのである。

　この年齢期の子どもは(わたしたちはもちろん、格別に才能のある、自身の年齢を陵駕している者について語っているのではない)補助的記号の機能的使用を自由にすることはできない、ということがわかる。記憶の文化的使用はかれにはまだ未知のものであり、かれは単純で直接的な印象づけの助けによって活動しているのだ。

〔絵の意味づけによる記銘の実験研究〕

　ところで、もう一歩、先に進むことにしよう。この子どもに、記銘の目的で絵を使うことを促してみる(これは完全に可能だった)、あるいは、6〜7歳の子どもを取り上げてみることにしよう。この子どもはすでに、語を記銘するために補助的な絵を使用することができることが明らかだった。なるほど、この過程はこの年齢の子どもがつねに不可能なわけではない。呈示された語にたいして絵の内容が十分に単純な関係にあるときにだけ、子どもは、その絵の助けで語を記銘することができるのだ。そのような媒介的記銘のもっとも単純な事例は、絵が子どもの過去の経験において語とすでにしばしば結びついていたときの事例である。たとえば、絵にカップが描かれているなら子どもは容易に「お茶」を記銘するし、牛が描かれているなら「ミルク」を記銘する。いくぶんは複雑だが、それでもしばしば可能であるのは、類似性にもとづく結合の過程(「鳥」の語 ―「飛行機」の絵)、あるいは、機能的指標にもとづく結合の過程(「ナイフ」の語 ―「スイカ」の絵。なぜならスイカはナイフで切られるから)である。しかしながら、結合のさらなる複雑化はもはや子どもにはうまくいかない。絵が子どもの過去の経験との直接的な近さによっ

て結びついておらず、これら2つの像の結合のために子どもには明白
な能動性が要求される。その場合には、子どもは記銘のための補助手
段として、絵を用いることがまったくできないのである。

　年長の年齢期の子ども、10〜11歳の学齢児には、とくにわたした
ちが眼にするのは十分に発達した子どもであるなら、以上のようなこ
とはまったく見られない。かれの場合には、すでに完全に別のメカニ
ズムがきわ立っている。この発達段階の子どもは、すでに、記銘のた
めに以前の経験のよく知られた状況を再現するだけではなく、呈示さ
れた語と絵を新しい状況のなかで能動的に結びつけることもできる。
この新しい状況の助けによって、当該の語の印象づけが生まれている。
こうした年長の子どもによって選択された、記銘のための絵は、それ
自体としては、呈示された語といかなる共通なものも持っていない。
だが、ある状況のなかで語と能動的に結びつければ、その語を堅固に
記銘する助けになりうるのだ。以下のものは、10歳の男児から得られ
た、そのような結びつきのいくつかの事例である。

1　「劇場」という語が呈示されている。子どもは海辺にいる海老を描
　　いた絵を選ぶ。この実験のあと、かれはこの絵を見ながら、「劇場」
　　の語を正しく発音した。問いにたいする説明は次のものである。―
　　「海老は海辺にすわって、水の下の小石を見ている。小石は美しくて、
　　ほら、海老には劇場なんだよ」。
2　「シャベル」という語が呈示されている。子どもは堆積物をついば
　　むヒヨコを描いた絵を選ぶ。実験のあと、子どもは絵にもとづいて、
　　語を正確に発音している。説明は次のものである ―「ヒヨコはくち
　　ばしで、シャベルのように、土を掘る…」。
3　「願い」という語が呈示されている。子どもは「飛行機」の絵を選ぶ。
　　この語を正しく発音している。説明は次のものである ―「僕は飛行
　　機に乗って空を飛んでいきたいから」。

　ここには、１つの構造を構成する３つの結合のタイプがある。それらのタイプは、子どもが大量の語を記銘することを助けている。それはこの補助手段がなければけっして記銘しなかったものだ。この３つの事例のすべてが異なる形式をもつ十分に複雑な連関を示していることがわかる。

〔記銘の直接的手法と媒介的手法 ―「記憶発達の擬制」〕

　そうした連関を詳細に検討することは、いまは、わたしたちの課題に含まれない。これらの連関はしばしば、幼い子どもにおいてはごくプリミティヴなものであるが、大人の場合にはきわめて大きく豊かで複雑になっている。子どもの記憶と大人の記憶の相違は、たんに記憶力の通常の自然的「強化」にあるのではなく、ますます新しくなる手法の「文化的」獲得にある。つまり、子どもが媒介的な道によって自身の記憶を何倍にも上昇させうるような、記銘の目的で条件的記号を活用する技能にある。絵の助けによって語を記銘する手法に移ることを子どもに提案しながら、わたしたちはいくらかの「記憶発達の擬制」を得ようとした。４〜５語を記銘した子どもが、その同じ時間に、他の手法を用いて、20〜30語を記銘しはじめている。大人の場合には、わたしたちは記憶のさらに大きな「上昇」を得ることができる。子どもの記憶と大人の記憶とのあいだの相違は、したがって、適用される「文化的」手法の相違にある。215ページには、この状態を例解する小さな表が引用してある。

　異なる年齢期の子どもたちに、次のような課題が呈示された。― まず、10個の語を直接的に記銘し、のちに、補助的な絵の助けによってできるかぎりの語を記銘する、という課題であった。

　得られた結果は次のものだった[36]。

36（原註）この資料はＡ・Ｎ・レオンチェフの研究「子どもたちの記憶の発達」（共産主義教育アカデミー心理学研究室にて実施）から取られている。

〔表〕子どもと大人における自然的記憶と媒介的記憶の発達

被験児	自然的記憶	媒介的記憶	媒介的記憶係数
就学前児Ⅰ（4〜5歳）	2,12	2,85	0,33
就学前児Ⅱ（5〜7歳）	4,55	8,25	0,81
学齢児Ⅰ（7〜12歳）	6,75	12,03	0,78
学齢児Ⅱ（12〜15歳）	7,88	13,09	0,66
学生（20〜30歳）	10,03	14,28	0,42

　この表をよく検討することにしよう。低年齢の就学前児〔3〜5歳児〕は、この実験が示したように、あまりにもわずかな素材しか記銘していない。平均すると、呈示された15個の語のうち、かれが記銘したのは2.12個の語だけだった。ところで、わたしたちが助けとして子どもに呈示した絵によっても、語の記銘はほとんど上昇しなかった。明らかに、就学前児の記憶は主として機械的に働くのであって、単純な自然的印象づけの境界を超えるものではない。年少の子どもにおける形象的な直観像記憶の発達も、このことを明瞭に示している。子どもが、呈示されたきわめて多くの語を機械的記憶によってカヴァーしえないことは、自然なことである。また、子どもは、補助的な記号を活用することができないために、カードを用いた実験でも直接的・機械的記銘の水準にとどまっていることも、自然なことである。カードはしばしば子どもが記銘することを助けずに妨げることさえあり、刺激とは無関係で親しみのない補助的絵を呈示すると、記銘される語の数がしばしば下落するのである。年長の就学前期〔5〜7歳〕になると、すでに事態はいちじるしく改善されている。この時期には、補助的記号の適用は、記銘された語の量を81％まで上昇させている。媒介的記銘への移行にともなう記憶のさらなる顕著な増大は、第1学齢期〔8〜12歳〕に見られる。そこでは、外的記号の活用は、記銘されるものの量を平均して2倍に上昇させている。その後も、補助的手法の利用は効力をもちつづけるが、それと並んで、外的補助手段を用いない記憶もいちじるしく成長するのである。

〔記憶の平行四辺形〕

　表に引用された数字をグラフの線で描くなら、図30で表現された構図が得られる。その前半部分は、外的補助手段を用いた記憶を意味する上方の線の鋭い上昇と特徴づけられる。後半〔年長の学齢期と成人期〕になると、上方の線の上昇が緩やかになりはじめるが、外的補助手段の助けなしに習得された語の量をあらわす下方の線の上昇は〔上方の線と比べると〕より鋭くなる。こうして、条件的に記憶の平行四辺形と呼びうるものが得られ、それは低い年齢期と高い年齢期とにおいて一様ではない記銘のメカニズムによって解釈することができる。小さな子どもがまったく外的補助的手法を使用しえないのにたいして、第1学齢期〔8〜12歳〕になると、高次の補助的記号の適用は最大限に達する。第2学齢期〔13〜16歳〕は別な形で特徴づけられる。すなわち、外的記号の適用は内的過程をも変形させはじめる。幼い年齢期における外的手段なしの記銘は機械的であるのにたいして、学齢児はいくらかの内的手法をすでに使用しはじめ、もはや機械的にではなく連合的・論理的に記

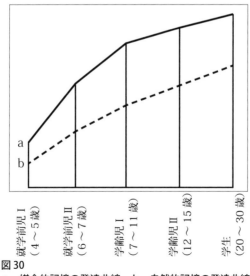

図30
　a - 媒介的記憶の発達曲線　　b - 自然的記憶の発達曲線

銘している。実をいえば、学齢児の「自然的」記憶はすでにナチュラル
な性質を失って「文化的」記憶になっている。プリミティヴな過程のこ
のような文化的変形のなかに、わたしたちは、児童期の「ナチュラルな」
記銘が顕著な発達を特徴とすることの説明を見いだしたいのである。

　個々に使用される手法が記憶の生産をいかに高めうるのかを確信す
るために、次のような実験を自分に課してみよう。── 100 語からなる
システムを、たとえば、年代順の 50 人のロシアの作家と、川か鉄道に
沿って作られてきた 50 の都市または駅の名前とを、記銘してみよう。
もちろん、これには多少の苦労はいる。だが 1 つのシステムのなかに
配置された一連の諸要素（機械の部分、身体の器官など）を記銘することは
結局は大した苦労ではないことは、よくわかることだ。こうした記憶
をのこす目録があれば、特別の苦労もなく、提起された任意の 100 の
語を記銘することができるし、それらの語が読み上げられた順序で反
復することもできる。一見すると驚くべき課題を、単純な、他者の眼
には気づかれない道を通ってなし遂げうるのだ。この課題を遂行する
ためには、絵を用いた実験で行われたのと同じように、新しく聞いた
個々の語を、準備された順列のしかるべき要素に結びつければ、それ
で十分なのである。こうした内的な補助的記号の順列を操作するなら、
5 〜 10 倍以上に自然的記憶の「生産性」を増大させることができるし、
「記憶発達の擬制」と呼びえたものを創造することもできる。

　文化がこのように働くのは、わたしたちのなかにますます新しい手
法を培い、自然的記憶を「文化的」記憶に転化させるからである。学校
もそれと同じように働く。動員される経験の目録を創りだし、一連の
繊細で複雑な補助的手法を教え、人間の自然的機能にたいして新しい
一連の可能性を切り拓くからである。

　わたしたちがわざわざ記憶機能をより詳細に論じたのは、この機能
が、自然から与えられた心理活動の自然的形式と、社会的経験の過程
で獲得された文化的形式との相互関係を、具体的事例をもとに例解し
うるからだった。まさしくここにおいて、発達は単純な成熟ではなく、

文化的な根本的変形であり文化的な技術革新であることを見いだして
きた。いまや成熟した文化的人間の記憶を考察したいと思えば、その
記憶を、自然が創りだしたものではなく、文化が創り出したものとし
て取りあげるべきだろう。

　実際のところ、記憶を、自然から与えられた記憶機能に礎をおく経
験の強化や再現の法則に限定するならば、それはまったく正しくない。

　心理学が現代の文化的人間の記憶の法則を研究したいと思えば、一
方では、この法則のなかに人間が記憶のために用いる手法も、社会環
境の諸条件が創りだした外的記号も、文化的発達も、含めねばならない。
つまり、かれのメモ帳も、抜き書きや覚え書きをつくるかれの能力も、
そして、多少なりとも合理的に組織された、記憶を助ける外的記号も
含めなければならない。他方では、文化的生存と一定の手法の利用と
によって、内的・心理学的メカニズムのなかにもたらされる根本的変
化を、考慮しなければならない。

　文化的人間の記憶を研究するとき、わたしたちは実をいえば、孤立
的な「記憶機能」を研究しているわけではない。その経験の強化に向け
られ自身の文化的成熟の期間に発展している、文化的人間のすべての
戦略と技術を研究しているのである。

第9節　特殊機能の文化的発達 ― 注意

　子どもの注意の発達が通過する諸段階について、ごく短く、文字通
りいくつかの特色について述べおきたい。

　注意が生体の生命においてきわめて重要な機能を担っていることは
知られている。この機能は行動を組織することに、人間を知覚や行為
へと準備するしかるべき構えを創造することに帰着する。

　もし構えという機能がないなら、人間は環境に由来する刺激物を組
織的に知覚することや、この刺激物のなかからもっとも重要で眼の前
の状況に照応するものを析出することはできないだろう。また人間は、

220

もっとも重要な運動を析出してそれを一定の秩序において配置しつつ、自己の反応をしかるべきシステムに組織することもできないだろう。

〔本能的－反射的注意〕

　注意の活動はもっとも初期の年齢期からすでに観察することができる。自然的注意は、生後数週間の子どもにすでに見られるが、それは十分に強力な刺激物によってひき起こされている。まったく明らかなことであるが、強力な外的刺激物 ─ 鋭い光、強い音など ─ は、それ相応の形ですべての行動を組織する。子どもはそのような刺激物の方に頭をまわし、注意するときの特別な表情などが現れてくる。本能的次元の強力な内的刺激物も、まったく同じように作用している。すでに、もっとも幼い子どもにおいて、空腹の状態は一連の特殊な反応をよび起こしている。睡眠と覚醒とのあいだの未分化で中間的な状態に代わって、一連の協応された動作が現れてくる。子どもが母親の乳を欲しがるとき、すべての副次的運動は後方に退き、すべての行動がこの支配的な刺激にそって地ならしされる。

　もっとも単純な自然的注意とはこのようなものであり、これは通例、本能的－反射的注意と呼ばれている。

　この注意の固有な特色は随意的性格をもっていないことにある。突如として現れたどの強力な刺激物も、ただちに、それに子どもの注意を惹きつけて、かれの行動を再編している。他方では、注意による組織化の役割がゼロにまで下降し、また、組織化された行動がふたたび非組織的で未分化なものに席を譲るためには、刺激物（たとえば内的・本能的刺激）が弱まれば十分なのである。

　まったく当然のことながら、そのようなナチュラルなタイプの注意のもとでは、組織化された行動の継続し安定したいかなる形式をもつくりだすことはできない。どの新しい刺激物も、行動のあらゆる新しい再編をよび起こして、受け容れていた構えを何度も砕くのだった。

なるほど、生体がそのような条件を満たしうるのは、生体が社会的要求の外側に、集団や活動の外側に存在しているあいだだけである。個人に一定の要求が呈示されはじめ、かれがなんらかの組織化された活動を（たとえきわめてプリミティヴな活動であっても）おこなわねばならないときには、プリミティヴで非随意的な注意が存在するのでは不十分となり、より安定した他の形式の注意を培うことが必要になる。

　まったく自然なことであるが、注意のそのようなさらなる発達は非随意的注意の発達の道にそって進むことはできない。求められる課題の解決のため、個人は、かれのなかでそれまで支配してきたものとは、まさしく正反対な行動様式を培わねばならない。以前には、どの強力な刺激も、一定の構えを創りだしながら、自己のまわりに行動を組織化する能力を持っていたのだが、それにたいして、いまや、生物学的にあるいは社会的に重要で、長い組織的な反応の連鎖を必要とする、より弱い刺激も、同じような能力を獲得しなければならないのである。注意のナチュラルな形式はこの必要に応えることができないので、当然ながら、この形式と並んで、別のメカニズム、つまり創りだされた状態を解決する上で、すでに人為的で獲得的なメカニズムが、発達しなければならないのだ。人為的で随意的な「文化的」注意が創りだされなければならない ── これが、あらゆる活動のもっとも不可欠な条件である。

〔「文化的」注意の形式への移行〕

　なんらかの課題解決を事例にあげてではあるが、そのような注意の形式への移行過程を追跡してみよう。非随意的でナチュラルな注意に影響を与える諸条件のうちのどれもが、この事例では、生徒にたいして作用していない。呈示された課題は、それ自体では注意をつなぎとめるには十分に強力な刺激物ではないし、この課題は、人格〔個人〕のあらゆる行動を組織することのできる本能的過程の土壌のうえにもたらされることもない。ところが、生徒は、自己の注意をもっぱら課題

に集中させて脇に逸れないでいるなら、十分に長く組織的に課題を解決することができる。自然的形式の行動の観点からすれば、これはなにか説明されざる謎のように思われるのだ。この謎が解決されうるのは、注意を当該の活動にたいして維持して、ある長い期間にわたり注意を働かせつづける一定の力を発見するときである。

　古い心理学は随意的注意を意志の活動によって説明しようと試みた。この心理学は注意を意志的行動の典型的なひな型だと考えたのだった。しかし、つけたして言うなら、これは本質的に説明ではない。なぜなら、「意志」の現象は、さらにその説明を必要とするからであり、最終的で独立的な要因ではないからだ。

　子どもの発達しつつある生活経験そのものがいくらかの新しい追加的刺激をつくりだす。その刺激は誕生のときから子どもに存在したものではなく、行動の自然的刺激と並んでその意義をますます大きく獲得する ── と考えることができる。文化的諸条件(私たちはこの語で、子どもに影響を与える環境の社会的諸条件の全複合、学校、生産施設、職業施設というように、十分に広く理解している)は、ある種の「擬似欲求[37]」、ある活動へと駆り立てている緊張状態 ── その組織化された活動が終わるときにのみ消えていく緊張状態を、つくりだしはじめる。このような行動への人為的な文化的刺激は、人格に働きかけ人格の活動を組織する強力な道具_{アパラット}を形成している。子どもは、呈示された課題に照応して行為することを学びはじめ、自分で自分への課題を立てはじめる。そうした課題の各々は行動の構造に本格的な変化をもたらすだろう。その課題は、その遂行にむけて一連の行為に人間を駆り立てる明白な緊張をつくりだす。情動的に彩られた、過去の経験の痕跡は、この文化的刺激を強化する。課題がより鮮明になり、より明瞭に図式化され、この課題の遂行への道がよりはっきりした形で描かれるようになるほど、その組織的遂行に駆り立てる刺激はより執拗で強くなる。最近、ベルリンの

37 (原註) K・レヴィンの用語。レヴィン・K『意図、意志、欲求』ベルリン、1926 年を参照。

心理学研究所で提起された一連の実験が示すように、ある目的に向けられた行為を遮り、その行為に最後まで行きつく可能性を与えない場合でさえ、すでにこのことによって明白な緊張が人為的におよび起こされる。そして、この緊張は最初の可能性として個人をこの課題の遂行に向かわせ、その途上の本格的な障碍を克服させるのである。

　〔注意を〕逸脱させる本格的な障碍さえしばしば克服しつつ、ある活動に人間を集中させうる一連の「文化的」刺激が創りだされる。だが、動的諸条件の複雑化や、文化的に植えつけられた「愛着」という性格を帯びる新しい欲求の創造とならんで、さらに他の面での注意を組織しながら、歴史的環境の影響が働くことになる。子どものなかには、自身の心理学的操作を制御し、本質的なものを非本質的なものから分離し、複雑な状況をある基本的中心的要因に従属するものと知覚することのできる、特別な手法が創りだされる。文化的に発達しながら、子どもは、その後に自身に影響をあたえて、その行動を組織し、その注意をひきつけることになる刺激を、自ら創りだす可能性を得るのである。

〔傍らの人からの指示とことば〕

　何度か確認できたように、これらの要因の最初のものは、疑いもなく、傍らからの指示と、ことばである。子どもは周囲の対象配置の状況を、はじめのうちは拡散的に知覚している。ところで、母親がその対象を指差しその名を言うようになるが、その目的は、対象が全状況のなかから析出されることであり、また子どもがまさしく対象に自身の注意を払うことだった。ここではじめて、注意の過程が文化的操作の機能になる。しかし、この過程が真に機能となるのは、状況の一部に注意を集中させ、それを残りのすべての地から析出するための、追加的刺激を創りだすという手法を、子ども自身が操るときにほかならない。子どもは、外側で操作しながら、あるときに、この操作の助けによって、注意にたいする自身の心理学的過程を組織しはじめるのである。

このような注意の複雑な文化的活動はどのように進行するのか。

子どもは、自身の注意をある活動に維持するために、どのような手法に訴えるのだろうか。また、「随意的」注意のこのような働きはいかなる構造をもっているのだろうか。

この過程を解明することを助ける1つの事例を分析してみよう。私たちの実験室で行われた、研究協力者のA・N・レオンチェフの実験から、その事例を取り上げてみよう[38]。

〔この事例では〕8～9歳の子どもに、注意の長いあいだの緊張、ある過程への集中を求める課題が呈示されている。かれには一連の問いがあたえられ、そのなかには、色名を答えなければならない問いが含まれている。たとえば、きみは学校に通っているのか、机はどんな色か、きみは遊ぶのが好きか、農村に行ったことがあるか、草はしばしばどんな色か、きみは病院に行ったことがあるか、きみはお医者さんを見たことがあるか、どんな色の白衣だったのか、など。

子どもは問いにできるだけ速く答えなければならないが、ただし、次の指示を守りながらである。1）同じ色名を2度とあげてはならない、2）〔1つの問いに〕2つの色名をあげてはならない（たとえば、白と黒）。実験は、このすべてを行うことが可能なように構成されているが、課題はたえざる緊張をともなう注意を必要としている。

実験が示したように、子どもは、なんらかの補助的手法に頼ることがなければ、この課題を解決することはできない。かれはあいかわらず、呈示された教示のなんらかの側面を見逃して逸れていく…つまり、課題に応じる形で十分に完全に長く続く形で自身の行動を組織することができずに、かれはゲームに負けるのである。

〔媒介的注意のための実験〕

子どもに呈示された条件のどの1つも見逃さないようにするには、

38（原註）かれの研究「子どもたちにおける媒介的注意の研究」は『共産主義教育アカデミー心理学実験室の仕事』で印刷されている。

いったいどのような手段によって、子どもの注意を強化することができるのか、自身の行動を支配するようにかれを助けることができるのか。実験が示したように、このための唯一の道であるのは、非随意的注意から、その実現のために一定の外的手法を用いる媒介的注意への移行である。

　子どもが課題を遂行するのを助けるために、かれには、注意の組織化のための印・外的条件として用いることができる色カードが提供されている。そうして、かれに一定の手法をあたえると、子どもは速やかにこの手法を習得したことは明らかだった。外的行為がかれが自身の行動を組織するのを助けているのだ。― そのカードを外側で操作しながら、かれはそれによって自身の内的過程を組織するのである。

　その結果はただちに語ることができる。すぐさま、あるいは、1〜2の検査のあと、子どもは、かれに必要な程度の注意の組織を達成して、ゲームに勝ちえている。実験のなかで提起されたすべての要求が遂行されるためには、どのような条件が必要なのか。注意の補助手法を外側に表出したおかげで、十分な客観性をもって、そのような条件を確証することができる。

　いくつかのケースでは、子どもは、「《白》と《黒》を言わない」という課題を遂行するために、次のように行動している。かれは自分の前にカードを並べ(図31, A)、それから、白と黒のカードを選び、それらを注意の場から遠ざけることを示すために、表を下に向けて、それらのカードを個々に取りおいている(B)。しかし、たいてい、そのような注意の組織化の心理学的方法は望ましい結果をもたらさない。成功させるためには、子どもは、禁止された要素を自己の注意の領域から遠ざけるのではなく、注意の過程を媒介的にして、まさしく禁止された要素に注意を定めなければならない。通常、被験児は素早く次のことに思いあたる。かれは、禁止された色の2つのカードを取り、それを自分の前に置くのだ(C, a)。この場合の過程は次のように進行する。― 色の名称を答えるように子どもに指示すると、彼は直接的には

答えずに、まず「禁止された」色カードを見て、その色名を答えていないかいどうかを検証し、そのあとですでに、その禁止された色を避ける答えを選びだしている。明らかに、ここでは、過程の構造そのものが変化している。組織化された注意が思考の進行そのものを変更するのである。「草は緑のときもある」と答える代わりに、子どもは(緑の色名をあげることは禁止されているので)「草は黄色くなるときもある(秋に)」と答える。── ある色名の禁止が、ある答えの停止、他の新しい状況への方向転換、新しい思考のまわり道を組織化するのである。

　ついでに言えば、補助的記号としてのカードの使用は、ここで終わるわけではない。もう１つの指示 ── 同じ色名を２度繰り返さない ──を守るために、子どもは、自分の前に置かれたカードから、問題に対応する資料(たとえば黄)を選びだし、この色名がすでにあげられたこと

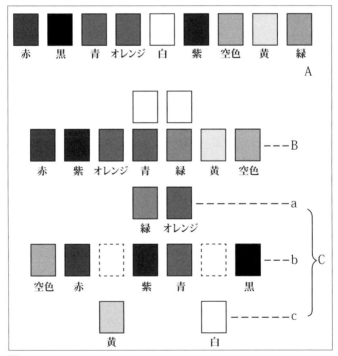

図31

を印づけるために、いくぶん下にそのカードを動かしている。この後に、かれは、問いに答える前に、禁止された色の2列（C、列αと列c）を見て、そのあと、この自身の過程を媒介にして、実験のすべての「危険箇所」をうまく切りぬけている。外的「操作」が注意の過程を変形し、組織化しているわけだ。

だが、この過程はこれにとどまらない。子どもに何回かこのゲームをおこなわせると、おそらく、子どもの行動における変化に気づくだろう。かれはじきにカードを使うことをやめ、外的な補助的手法なしに課題を解決しはじめる。あたかも、以前にしたような注意のナチュラルな適用に戻っているかのようである。だが、この印象は外見上のものにすぎない。実際には、子どもは、以前には解決できなかった課題を成功裏に解決していることがわかる。かれは、指示によってひき起こされたすべての障碍をうまく避けるのである。

子どもの行動におけるそうした変動は、何によって説明されるのか。もっとも近づいて検討してみると、かれの注意の過程はやはり媒介的なままであったと確信することができる。この過程は、外的に媒介されたものに代わって、内的に媒介されたものとなったのだ。カードという外的資料をもとに補助的道具を用いることを学んだあと、子どもは一連の内的な補助的手法を培っている。禁止された色カードを自分の前に並べることに代わって、子どもはこの2つの禁止された色を思考の上で定着させ（視覚的な形で、あるいは、より好ましいことに、ことばの形で）、すでにこれらの定着した色の助けを通して、すべてを答えている。外的操作をもとに培われた手法は、内的な刺激と手法のシステムを育て上げながら、過程の内的構造をも再編している。外的過程の内的過程への転化という構図は、次の2つのモメントをもとにして、きわめて蓋然的なものだと考えることができる。すなわち、1）わたしたちの実験で観察された記憶術的想起の過程と同じような変形、2）同じ課題を解決するときに、カードの外的操作を内的定着の代用とする、年長の年齢期の子どもの行動である。まさしく、この手法こそ、「文化的注

意」の過程にとって固有なものであり、長いあいだ、あまり理解されて
こなかったものなのだ。

　このような実験は、注意と結びついた操作の問題における、わたし
たちには多くの不明瞭なものを解決している。完全に明白になったこ
とは、注意の特別な特質を明白な刺激・記号の操作のなかにこそ探さ
なければならないことであり、この操作は、過程を媒介的なものにし、
指示・定着・析出の役割を演じている。そうした刺激は自然的なもの
でありうるが（たとえば知覚構造の自然的中枢の場合）、こうした手段の発達
はなによりも、文化的行動の新しい手法、新しく組織化する記号をつ
くることによって進むものである。プリミティヴでナチュラルな形式
の注意から複雑で文化的な形式へと人間が移行するときの、基本的な
道標がわたしたちには思い浮かべられるし、また、さらなる研究がこ
の過程の新しい側面とディテールとを切り拓くと考えられるのである。

第１０節　特殊機能の文化的発達 ― 抽象化

　文化的発達が人間の心理のなかに育てるもっとも強力な道具の１つ
は、抽象化である。

　〔だが〕成熟した文化的人間の心理における抽象化は、他の過程・機能
と結びあわされると同時に、知的生活を形成する特異な過程あるいは
特殊な機能である ― と考えるなら、それは正しくないだろう。次のよ
うに言うほうが、はるかに正しい。― 文化的人間の心理において、抽
象化はあらゆる思考の不可欠な構成部分であり、人格発達の過程で育
てられた手法である。その手法はかれの思考の不可欠な条件であり不
可欠な道具である。

　あらゆる思考の中核的条件である抽象化の発達の事例をもとに、他
のいかなる過程におけるのと同様に、わたしたちの神経－心理的器官
の活動の一定の様式がことごとく文化的発達の所産として創造されて
いることや、いったん創造されると、この様式は一連の心理学的過程

を変形させる、ということを示すことができる。

　神経－心理的活動の根本的変形の影響のもとでの、被験児の一連の行動過程の文化的起源を示すことは、本書の基本的課題である。抽象化の過程の研究はこの課題に非常に役だっている。

〔子どもの思考の具体性〕

　先に（4、5節で）述べたように、子どもの知覚の第1次的でナチュラルな形式は、なによりも、具体性によって特徴づけられている。かれは、個々の対象を唯一の具体的な標本として扱っている。子どもはこの場合、自然人を繰りかえしていることになる。子どもは白樺、松、柳、ポプラを知っている、――つまり、概して木の名前を言うことができる。自然人にしたように、子どもに〔一般的に〕数をかぞえてごらんと提案すると、子どもは、なぜ数えないといけないのか、と尋ねてくるだろう。なぜなら、かれは具体的な対象だけを数えることができるからである。シュテルンが述べているように、子どもは、自分の手に指が何本あるかを知っているが、他の人の手に指が何本あるのかという問いにたいしては、答えることができないのである。

　簡単にいえば、次のようなことが確認できる。子どもの思考は一貫して具体的であり、数・量・指標についての抽象的表象はまだ、そのもっとも萌芽的な形式においてさえ存在していない。ピアジェは、子どもの思考過程の発達を例解する具体的事例をもとに、次のような表を示している。

　5歳児は自分の右手を左手から区別する。

　7歳児は対象について右にあるものと左にあるものを区別する。

　8歳児は自分に向かい合った人の右手と左手を区別する。

　11歳児は、1列に並べられた3つの対象のあいだの相互関係において、右にあるものと左にあるものとを区別する。

　抽象化の比較的小さな過程を必要とするだけの、右と左のような概

念でさえ、子どもにおいてはかなり緩慢に発達する。この概念がある程度錯綜する場合でも、8歳あるいは11歳までに十分に完全な発達にいたる。

これらすべてが明瞭に示しているように、子どもには、あらゆる具体性において知覚される対象から眼をそらすことは難しいし、一連の対象に共通するしかるべき指標を析出することも難しい。

抽象化の過程は、子どもの成長や文化的発達の過程においてこそ発達する。かれの発達は、外的道具の使用の端緒や行動の複雑な手法の育成との、密接な連関のなかにある。ところで抽象化そのものは、この場合、子どもの発達過程でかれに身についた文化的手法の1つと見なすことができる。

〔計算過程の前史 ─ 形態の直接的知覚〕

この過程の第1次的な発生を具体的事例にもとづいて追跡することができる。そこでは、外的客体のプリミティヴで全体的な知覚と、あらゆる「文化的」心理過程に必要となる抽象化の萌芽との、相互作用がとくに明瞭である。

この目的のためにわたしたちが企画した子どもにおける計算過程の発達の研究について、ここで詳しく述べてみたいと思う。

計算、数の使用、数の操作は、もっとも典型的に練りあげられた文化的手法の1つであり、文化的人間の心理学的用具のなかにきわめて強固に入り込んできたものである。

数の使用はたいてい最大限の抽象化をともなっている。通常の計算過程については、それについて文化的機能が語られるが、その機能の条件は対象の具体的形式からの最大限の抽象化なのである。

しかし、この文化的機能はただちに発達したわけではない。〔それにかんして〕子どもを相手にした実験をすれば、この過程の全体を十分明瞭に追跡することができる。実際、自問してみよう。─ まだ十分に抽

象化が育てあげられていない子どもたちにとって、何が抽象化の代わりになっているのか。

　机のまわりに座っている3〜4名の子どもにツミキを与えてみる。遊ぶときに、4〜5歳の子どもはツミキを各遊び手に分配するため、ツミキの山を均等に分割しなければならない。分配が行われたとき、各遊び手にとってツミキの数は等しいのかどうかという問いが、子どもに課せられる。かれは、分配されたツミキの数を比較し、もし等しくないなら、それを均等にしなければならない[39]。

　なるほど、十分に洗練された計算手法をもつ大人はたんにツミキを数え直し、受けとった数を比べればよい。このような計算の抽象的手法は、子どもにはまだない。幼い被験児たちは、この課題を本質的に異なった方法で解決している。受け取ったツミキの数をお互いに比較するために、かれらはツミキの山になんらかの形をあたえ、そのあとで、その形にもとづいてそれぞれのツミキを比べる。受けとった数を子どもたちが比較する際の形は、さまざまである。しばしば、既知のなんらかの対象が概略的に表現されている。わたしたちの5歳児は、分配したチェッカーの駒（あるいはツミキ）で、ベッド、トラクター、他の知っているモノを作った（図32）。もし遊び手の各々がこのようなモノを作りあげることができたら、かれらは分配は正しかったと考えた。しばしば、かれらは塔を作り、その後、塔を並べ、それらを手触りで均等にした。あるいは、駒を弓や棒にして、同じように具体的にし、その形にもとづいて均等にしたのだった。

　このすべての事例に特徴的なことが1つある。── 子どもの操作において優勢な役割を演じているのは、直接的で具体的な形態知覚であり、抽象化の道具や計算はまだ不十分にしか発達していないことだ。子どもは知覚のナチュラルな過程のプリミティヴな適用で計算の代用にしている。つまり、計算に代わって比較の手段になっているのは形態で

39（原註）この実験はわたしたちの実験室でE・クチューリンによって繰りかえしおこなわれてきた。

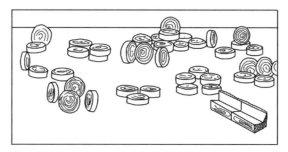

図32

ある。

　いましがた述べたことが、しばしばまだ数をまったくかぞえられない子どもたちのなかで行われている。そして、計算の発達の第1段階に位置する子どもの場合、形態の直接的知覚がまだ、しばしばそれ自体が計算過程を規定しながら、大きな役割を演じつづけている。

〔初歩的な数え方への道 ─「無定形」「形態」「視覚的場からの解放」〕

　すでに数をかぞえられるようになった子ども（7〜8歳）に、わたしたちは、無秩序に置かれたツミキと真っ直ぐに並んだツミキとを数えなおさせた。もちろん、この2つ目の過程はより速く規則正しく進行した。子どもは、無秩序に置かれたときにしばしば起きたように混乱するとか、ツミキを2回かぞえるとかも、しなかった。形態（小径）は正確に彼の計算を規定したのだった。その後、計算過程への形態の影響がどれくらい強いかを検証するために、わたしたちは、2つの明瞭なシステムが共通の要素をもちつつ交差するように、ツミキを並べた。子どもたちにたいして、ツミキで構成された十文字または2つの交わる正方形を示したのだ（図33）。そして、示された各々の形象を構成する、ツミキの数を数えなおしてごらんと、子どもたちに提案した。子どもの抽象的計算過程が十分に発達しているなら、それは正しく行われることを期待できるだろう。しかし子どものなかにそうしたものをまった

く見いだすことはできないのである。

　わたしたちが提起した実験は、計算過程の構造そのもの、この過程の順序性、構成(子どもは自身が差し引いた1つひとつのツミキを指差している)をうまく観察できるようにしている。この過程の構造を観察しながら、子どもの心理の文化的発達の一連の段階を記録することができる。

　わたしたちの前にいるのは3歳児である。かれはまだ順番に数えることはできないし、自分が差しひいたツミキを指をもちいて示すことができるだけである(これにともなう「数え」の指使いの正確さについて、わたしたちはもちろん注意を払っていないが)。かれにとって特徴的であるのは、通例、正しい形態は明らかに、まだいかなる順次性をもひき起こしていないことである。かれは十文字の1つの端から数えはじめて、他の端へと移動する。そのあとで、最初のものに戻っていくのであるが、何度も同じ要素を指し示している。この過程は、彼のなかで、第1次的な無定形性の性格をおびている。

　知的遅進児 ― 13歳の水頭症の女児 ― の場合にも、同じことを観察することになった。かの女は、同じツミキを何回も指で指し示し、すでに数えられたツミキに戻るという具合に、無秩序に数えたのである。

　6〜7歳の年齢期までに、この過程は本質的に異なる形式をとるようになる。ここではすでに、計算に明瞭な決定的影響を与えるものは、形態である。

図33

　この年齢期の子どもはすでに、直線に沿ってツミキを差し引きなが
ら十文字を数えている。第２の図形では、２つの正方形の形態が保持
されている。ところで、こうした形態の影響は ── これはとりわけ興味
深いものである ── 、ここではきわめて強力であり、計算の抽象化、視
覚的場の法則からの解放は、あまり顕著ではない。子どもは数えると
きに、２つのシステムのなかに含まれるツミキ（十文字の中央のツミキ、正
方形が交差した箇所にある２つのツミキ）を、それらが形態のシステムに入っ
ている限りで、２回数えているほどだ。第１のケースでは十文字は交
差する２つの直線のシステムととらえられ、第２のケースに見られる
のは２つの交わる正方形である。そして、交差点に位置するツミキに
到達する毎に、本実験に参加した子どもはこのツミキを新たに〔まだ数
えていない〕その列の要素だと考え、この具体的システムの項として数
えなおされるのである。

　わたしたちがおこなった実験が示したように、より簡単な図形（十文
字）では、抽象化の不十分な発達によってひき起こされた誤りは、年中
組の就学前児〔５〜６歳児〕の 62 パーセントで起こったが、１年生の学
齢児〔８歳児〕では６パーセントでしか起こらなかった。より困難なケー
ス（正方形と交わる正方形）では、年中組の就学前児の 100 パーセント全
員と１年生の学齢児の 12 パーセントが間違った数え方をした。

　これらの実験が示しているように、わたしたちが手にしているのは、
児童期における抽象化の不十分な発達の確認のみならず、抽象化が進
行する時期（および、いくつかの場合には、テンポ）を示唆する可能性であ
る[40]。

　より後になってはじめて、わたしたちの観察では９〜 10 歳までに
（もっとも、これは子どもの知的年齢に依存している）、数え方の「文化的」過
程は、視覚的場や具体的知覚法則から解放されうるくらいに発達する。
そして子どもは、十分に正しく、つまり形態から抽象的に考えること

40（原註）この問題はわたしたちの実験室で共産主義教育アカデミーの学生たちに
　　よってより詳しく研究されている。上記の数字はノヴィツキーとエリメニェフ
　　の学生の仕事から引用している。

を忘れずに、同一の図形を２回数えあげることなく、自分にあたえられた図形を勘定しはじめる。とはいえ、異なるシステムに含まれる同一の事物はなお長いあいだ、２つの異なる事物として知覚されつづける。そして具体的状況によってひき起こされた、このような具体的思考の余韻は、人間の心理のなかになお長く残っている。

　すでに成熟した人たちをもとに、十分に複雑な生活状況において、この事実をわたしたちは観察することになった。ベルリンの心理学研究所では、次のような実験が行われた。── 大人あるいは子どもの被験者が部屋にひとり残された。そこでは、テーブルの上にいくつかの対象物が置かれており、そのなかの１つは、小さな鏡であった。自由にしたらよいという状況に置かれた被験者は、個々の対象物に次々と触れはじめる。かれは振り子を試し、鏡をのぞき込む。この鏡は、ある状況のなかに置かれると、その直接的な目的にしたがって使用されていることがわかる。だが、興味深いことには、実験者が鏡を反射板として使うように提案し、壁の特定の場所に光点を送ったとき、鏡は以前の機能を失った。どの被験者も、もはや鏡をのぞこうとはせず、全員が鏡を「道具」のように見る態度をとり、その機能はまったく新しいものになった。

　この過程は、同一の事物が状況に応じて新しい特徴づけを得るとき、外界の客体への関係の独特な段階として現れている。わたしたちは、２つの異なるシステムに含まれるツミキが「文脈」に依存して２度知覚されることが見られたことを、すでに初期の年齢期において追跡してきた。また、異なる状況のなかでさまざまな外的世界の諸客体を機能的に使用したおかげで、複雑な「文化的」形式に移行することができた。このようにして、わたしたちの場合には、構造性という明瞭な特色をもつ思考の相対的性格がつくりだされている。だが、客体にたいする強固な関係が培われて、周囲の状況とは無関係に客体を認識し評価することを可能にする「不変量」が創りだされるためには、さらに抽象化のいちじるしい進行が必要である。

〔偶数と奇数〕

　しかしながら、子どもにおける計算の過程に戻り、さらに別の面から、量の知覚のプリミティヴな形式から複雑な「文化的」形式への移行がどのように特徴づけられるのかを追跡してみよう。

　「偶数」「奇数」とは何かを知っている7〜8歳の子どもに、あたえられたツミキが偶数か奇数かを判別するように頼んだ。最初は、かれに、正方形を構成する4つのツミキを見せた（図34、図形A）。すると子どもは直ぐに、これは「偶数」だと答えた。かれは信じられないほどの速さでこう言うので、わたしたちは、かれが通例、眼で個々のツミキを数えているのではなく、図形の形の全体に注目しているだけだと気づいた。〔実験の〕統制のために、5つのツミキからなる第2の図形（図形Bで描かれている）を子どもにわたす。子どもはまたもすぐさま、これは「奇数」だと言う。わたしたちには、子どもは偶数の定義によって数えているのではなく、たんに形を知覚しているだけだという当然の疑いが浮かんできた。つまり、子どもは、〔正方形のような〕整った形態はつねに「偶数」で、整わずに「未完成」なのは「奇数」であると確信しているのだ、と。このことを確証すべく、次のような惑わせる図形（図形C）を子どもに渡した。それは9個のツミキが整った正方形に並べられたものである。子どもは同じように速く、ここにある図形の数は偶数だ、と言う。反対の組み合わせ ── 整っていない形態（図形D）に並べられた10個のツミキ ── は、奇数であるという、この数の確固たる定義をもたらしている。わたしたちはこの実験をさらにしぼっていった。つまり、眼の前で直接に、ツミキで構成される形態を変えた。すなわち図形D〔ただしくは図形C〕を図形Eに変えたのである。ここでは、子どもから次のよ

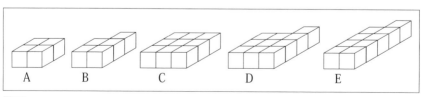

図34

うな答えが得られた。―― 第1の図形が偶数のツミキを含んでいるなら、第2の図形は、明らかに「奇数」である、と。

　奇妙に思われるこの判断は、子どもが教示を誤って理解したということによっては、けっして説明がつかなかった。口頭で子どもに課せられた一連の具体的事例をもとにすると、かれが「偶数」「奇数」を正しく理解していると確信することができた（9つの長靴をかれはいつも「奇数」といい、10の長靴は「偶数」といった）。わたしたちが得た結果は次のように説明できた。―― 子どもは自分に示されたツミキを全体的な具体的形態として知覚していたのであり、まさしく、こうした形態の知覚がかれのなかで、より困難でいくらか疎遠な数え方の過程の代わりとなったのだ[41]。

　抽象的な数操作の過程は子どものなかでかなり遅れて発達する。まわりの文化環境にたいする学校の作用という影響のもとでこそ、子どもは自身のなかにこの特別の文化的手法を培い、上述したばかりのすべての過程がきわだって変形される。

　学校教育の最初の数年間の子どもには、もはや、計算を形態のプリミティヴな知覚によって取り替えるような過程は見いだされない。子どもは抽象的な計算、十進法を習得するが、これには、視覚的場の第1次的法則の限りない支配からの明確な解放がともなっている。ところでこの支配が、子どもの発達の最初の数年間の思考を純粋に経験論的で具体的で、直接的知覚に従属したものにしているのだ。

　子ども時代の最初の諸段階に形態の知覚の機能としてあらわれる思考は、しだいにこの知覚から解放され、その新しい文化的手法を育てあげる。思考は、変形されつつ、成熟した文化的人間のなかに習慣的に見られてきた思考へと、しだいに移行するのである。

41　子どもが実験者の教示を誤って理解したのではないことを了解し、しかも視覚的場の意義から形態の役割が大きいことを認めた上で、しかしなおも問題は、なぜ「整った правильный」「整っていない неправильный」が偶数・奇数につながるのかにある。その解答の1つは「чётный〔チョートヌィ、偶数の〕」と「чёткий〔チョートキィ、明瞭な・正確な〕」の2つの語の音が類似していることと無関係ではないだろう。

第 11 節　特殊機能の文化的発達 ― ことばと思考

　子どもの思考の発達の道にかんするいくらかの総括的コメントを書いておかねばならない。わたしたちが引用した資料を知ったあとでは、子どもの思考の簡単な特色を述べることは困難ではないだろう。だが、子どもの思考の発達の一般的な特色を素描するには、私たちが述べたことでは不十分である。この素描のために必要であるのは、さらに、私たちが触れなかったメカニズム、つまり、思考の手段のうちでおそらくもっとも重要なもの ― ことばと、この問題とを結びつけることである。

〔思考は「ことば・マイナス・音」なのか〕

　最近の心理学の文献のなかで確認されてきたのは、ことばは思考においてきわめて大きく決定的な役割を演じる、という見解である。さらに、多くの著述家が考えているように、わたしたちは熟慮しているとき、考えていることを自分に向けて声をださずに語っている。彼らの意見によれば、― これは、ことば・マイナス・音である。この見方によれば、思考の発達は、追跡がごく簡単なものとして現れてくる。このために必要なのは、ことばの発達する道を研究しなければならないことだけである。語彙とことばの形式との豊かさが思考の豊かさを物語るであろうし、思考の研究そのものは、その人間にとって特徴的なことばの習熟の研究に帰着することになる。

　そのような問題設定がきめて大きな児童学的・教育学的意義をもっていることは明らかである。なぜなら、ことばの研究の助けによって、学校、子どもの教育、教授・学習という一連の実践的問題を解決することができるからである。

　しかしながら、この理論は正しいのかどうかと自問してみよう。思考とはたんに内的な、音のないことばである、ということが真実であ

るのかどうか。子どもの思考とは素材と形式とにおいて貧しいことばなのであり、大人の思考は、あらゆる論理的法則にもとづいて構成されている点で豊かなのだが、音を失ったモノローグである、ということが正しいのかどうか。

　思考とことばとの発達に注意を向けてみよう。

　きわめて多くのことがわたしたちに考えさせているように、問題は現実には、この理論が考えているよりもはるかに複雑である。

〔前言語的な時期の知能と、知能と結びつかない言語〕

　なによりもまず言いうることは、思考とことばは無条件にそれぞれの根源をもち、発達の初期の諸段階では、きわめてしばしば一方が他方なしに存在することができることである。

　たとえば、あらゆることばの現れがなくても知的活動の形式が存在しうることは明白である。知能をなんらかの複雑な課題の解決に向けられた計画的・組織的行動と規定するならば、知能のプリミティヴな形式は、ことばがまだ存在しないところに見出される。

　これまでに（第1章）、わたしたちは、知能的と呼ぶほかはない、猿の行動を記述しておいた。猿は困難な条件のなかに置かれている ― つまり猿が持っている自然的・習慣的様式ではけっして解決することができない課題が呈示されているのだ。猿は一連の系統的・組織的行為にもとづいて進んでいく。たとえば、取るべき果実が自分からあまりにも離れたところにあるなら、猿は自身の直接的な試みを制止し、棒を手にする。それが短いことがわかると、その棒を他の棒に差し込んで、果実を取るのである。こうした行為は、プリミティヴではあるが、ある程度は知能的な活動であると認めないわけにはいかない。ところが、そこにはことばが欠如しているのである。

　他の事例に注意をむけてみよう。小さな子どもたちが自分からあまりにも高いところにあるか遠いところにあるものを、ぜひとも手に入

れたいと思っていると思い浮かべてみよう。かれらは他の部屋から椅子を持ってきて、その上に乗り、プリミティヴだが明らかに目的に適った手法を何回も用いる。かれらは大いに「実践的知能」を発揮しているのだ。だが、そうした行為のプリミティヴな形式は、ことばがまだまったく発達していないか、わずかしか発達していない時期にも見られる。

簡単にいえば、行動の複雑で計画的な形式としての知能、思考は、前言語的な時期に発生し、ことばなしに発達することができるのだ。

ここでは逆の命題も有効である。── 発達しつつあることばが思考とまったく共通なものを持たない事例も、また、ことばがまったく別の根源から成長し他の機能的意義をもっていることが明らかな事例も、多くある。

皆が知っているように、ことばのもっともプリミティヴな形式であるのは、動作や強力な情動などのもとに現れてくる叫び声や他の声による反応である。これに関係するものは、仕事のときの高い叫び声と間投詞、勝利のときの涙や笑い、熱狂的な叫び声、あるいは、追われているときの威嚇的な叫び声である。

これらは、知能や思考と共通するものを持っているのかどうか。もちろん、共通するものはなにもない。これらの根源は、生体内に生じた緊張を表出する単純な傾向であり、簡単な表現動作以上の大きな役割を求めることはできない。これらの基礎は情動的であり、人間が複雑な生活的課題を組織的な道によって解決するのをいささかも助けるものではない。これらは、自分自身の行動の計画化に主体を向かわせないし、知的活動とはまったく異なる平面において進行するものである。

したがって、ことばは、その深い根源において、思考と合致することはできないし、完全に自発的な〔思考とは〕別の根源をもつ過程として保たれている。

ただし、思考とことばとのこのような不一致が生じるのは、遠くはなれたプリミティヴな発達段階においてだけではない。活動の高次の段階においても、そうした不一致の事例がある。

　実際、一連の事例では、思考の働きはことばの明白な存在もなく内的なことばさえなしに推移することが、示されている。ドイツの心理学派の1つ、いわゆるヴュルツブルク学派は、緊張した知的活動は語なしに進行することができるだけでなく、あらゆる形象なしに、しばしば無意識にさえ ― つまり、人間は、あれこれの思惟がどのように頭にたどりついたのかを知りえない、という具合に ― 進行しうることを示した。チェス盤に対する熟考というような過程は、明らかに、これも内言なしに、もっぱら視覚像の組み合わせによって進行することがあるのだ。

　ところで、成熟した文化的人間の多くの種類のことばも、思考に対する直接的な関係をもっていない。すでに述べたように、表現手段としてのみ役立つ情動的なことばがそうであり、もっとも単純なコミュニケーション機能におけることばも同様である。

　それゆえ、ことばと思考は、大人においてもバラバラに進行することもある。だが、このことはけっして、この2つの過程が相互に出会わず相互に影響を与えあわないことを、意味するわけではない。まさしくその逆に、思考とことばの出会いは個人の歴史における最大の出来事なのである。この連関こそが、人間の思考を未曽有の高みに置いている。

〔子どもにおけることばへの道〕

　小さな子どもを注視することにしよう。そこから、わたしたちのテーマにとって一連のきわめて興味深い結論をひきだせるだろう。1歳未満の子どもは、正確な意味で無言の存在である。なるほど、かれには多くの声の現れを認めることができる。だが、まさかそれらを、ことばのプリミティヴな形式と考えることさえできまい。子どもは、なにかが自身の邪魔をするときに、つまり食べたいときとか、眠りから突如として目覚めたときとかに、泣き叫ぶ。彼は唇を鳴らし、呻き、一

連の未分節の音を発する ── これらは、子どもと関わりあいがあった各人が知っていることだとはいえ、いかほどなりとも正確に書物で伝えることはできないだろう。実をいえば、わたしたちが子どもから聞く最初の音とは、世の中に登場したときの最初の泣き叫び、誕生のときの最初の泣き叫びである。もちろん、この泣き叫びは、ことばといかなる関係ももっていないし、なんらかの心理状態の表現とどのような関係ももっていない。これは、たんなる反射的行為である。母親が子どもの有意味語の最初の現れと見なしたくなる、さらに多くの同様の泣き叫びや音声は、実際には、まだことばではなく、発声器官のたんなる反射なのである。

　しかしながら、これらの発声器官の反射こそが、「子どもの人生における最大の発見」のための土壌を準備している。── すなわち、子どもが、これらの音とその組み合わせはある対象を意味すること、それらの助けによってきわめて多くのものを手にすることができること、「アム・アム」と言えば食事を得られ、「マ・マ」と言えば、母親が来てくれることを理解しはじめる、そのときのための土壌を準備するのである。

　もちろん、対象を名づけ、ある願望を表現する等々のための手段として語を機能的に使用するというこの発見も、ただちに生じるわけではない。子どもを観察して気づくように、1歳くらいの子どもにはかれが耳にした音を模倣する傾向があらわれる。ここから、「ヴァウ・ヴァウ」という犬の呼び名や、「ムゥ」という牛の呼び名がえられるし、またここから、大人が発する語の一連の模倣もえられる。まさしくこのことが、子どもの生活のなかでかくも大きな転換を実現する、語の機能的利用のはじまりのための、最初の諸条件をつくりだしている。

　このような転換が実際に起こるということに、どのような疑いの余地もない。子どものプリミティヴな思考は、そのときまでかすかで素朴な歩みで発達し「手探り」で進んできたのに、突如として、新しい可能性をえたのだ。この可能性は、ことばのなかに、つまり、子どもが突然、自身の願望と志向とに正確なことばの形式をあたえることがで

きるようになることにある。ことばの形式の助けによって、この願望・志向はより容易に実現されるようになる。すべての観察が支持しているように、ことばのこの機能こそ、第1次的で、もっとも現実的で堅固である。表現の形式として、また、子どもが興味を抱く事物への支配の様式として、語義を理解した子どもは、猛然と語を蓄積し、それをこの目的のために使用しはじめる。「ニャーニャ〔子守りさん〕」の語は子どもにとって、たんに「ニャーニャ」だけを意味しているのではけっしてない。この語は、「ニャーニャ、ここに来て」、あるいは「ニャーニャ、あっちに行って」、あるいは「ニャーニャ、りんごをちょうだい」を意味している。状況次第で、語は異なる意味をもつことができるが、子どもの一連の願望をただ音の組み合わせで表現する能動的形式は絶えず残っている。ことばの意味づけられた使用の最初の時期はたえず、語が文である時期、子どもの願望を能動的に表現する語の時期、つまり、子どもにとって中心的要素であるものを析出する語の時期である。まさしく、こうした根源から他の複雑な言語現象も分化してくるのである。

　子どもは実際に、音からことばへ、単純な音声反射から語の意味づけられた使用へと移行したこと、音の反応と思考とのシュテルンが名づけるような「輻輳」が生じたこと ─ これらすべては、1つのきわめて単純で眼に見える指標にもとづいて認知することができる。子どもはますます新しい語を素早く獲得しはじめ、語彙を急速に能動的に豊かにする時期に入り込む。これは実際に、子どもの生活における本源的蓄積の時期である。語に対する価値を認知し、語を支配することを学んだあと、子どもはたえず、諸条件がかれに許す限りにおいて、新しい語を探しはじめる。かれはますます新たに、あれこれの事物がどのように呼ばれているのかを質問し、ひっきりなしにしゃべり、自身の語の貯蔵庫をより豊かにしながら、ますます新しい語を繰り返している。最後に、しばらくすると、子どもはまだ足らない語の蓄えをここで発明される新しい語によって補いはじめつつ、能動的なことばの

創造を開始する。

　観察者にとって、これは子どもの生活のなかで真に興味のつきない時期であり、子ども自身にとっても、きわめて重要な時期であり、この時期がなければ自分の思考が先に進んだり発達したりすることはありえないのである。

〔チュコフスキーが収集した子どもの造語〕

　K・チュコフスキーは最近、ちょうどこの時期の児童言語にかんする興味深い小冊子を出版した[42]。そこには、次のような事例が多く見いだされる。— すなわち、このような語彙の能動的獲得の時期にいる子どもが、既成の語の蓄積にとどまらず、自身がもつ材料からますます新しい語をつくりだして、ますます新しい概念を操ることが可能になる、という事例である。その物が皆のものであって皆がそれを利用するならば、子どもはこの物を「всехный みんなのノ[43]〔物〕」と規定する。掘る копать もの〔道具〕を、子どもは「копалка 掘りっコ」とよび、つかまる цепляться 物（輪 петля）を「つかまるワ（輪）цепля」とよぶ[44]。「沈む утонуть」という表現にたいして、浴槽のなかで人形は完全には沈んでおらず、また浮かんでくることを示す正確な意味を付与しなければならないとき、子どもは、人形は「ちょっと沈んだ притонула」そして「浮き上がった вытонула」と言うのである[45]。そのような子どもの１人

42　（原註）次の文献を参照すること — Чуковский К. Маленькие дети. Л., 1928.〔チュコフスキー『小さな子どもたち』レニングラード、1928 年〕

43　все（すべての人、通常は複数形）という名詞の複数生格形（すべての人の、всех）をさらに形容詞化した造語である。

44　ここでは копалка は子どもの造語であり、копать（掘る）から ко または копа を取り出し、それを палка（棒）と結合させた語であろう。ただし、方言にはこの語は「掘り具」という意味で存在している。цепля は цепляться から〈ц〉を、петля から〈етля〉をそれぞれ切り取って、両者を混ぜ合わせた造語である。

45　「沈む」「ちょっと沈んだ」「浮き上がった」の語頭に書かれた〈у〉〈при〉〈вы〉はロシア語の動詞ではよく使われる接頭辞である。ただし沈む утонуть の〈у〉は、動詞の普通の成分（утопать, утонуть の場合）であるか動詞の完了体を構成する〈у〉（тонуть の完了体としての утонуть の場合）である〔以上の４語はすべて沈む・溺れるの意味〕。この小さな子どものケースでは、утонуть の〈у〉を「あ

は、自分の将来の職業について空想にふけったあと、自分はお母さん
のミシン швейная машина を修理しなければならないので、「ミシン人
машенник」(「機械машина」の語から)にならなければと決心した[46]。わたし
たちは、チュコフスキーの小冊子に引用された資料から事例をあげる
ことをしないでおこう。これらすべては、子どものことばの創造の能
動的性格や、語彙の獲得・豊富化の集中的で急激な過程をきわめて明
瞭に示している。

　実際に、このような過程は存在している。たとえば、トレーシー[47] の
データによれば、生後12か月の子どもがもつ語彙は4〜10の語に尽
きるのだが、2歳までにかれはすでに平均して約300の語をもち、3
歳までに1000語を超えている。

　子どもの発達におけるこの段階は、きわめて大きな原理的意義をもっ
ている。ことばははじめて一定の内容を表現するための手法として用
いられるようになり、思考ははじめて言語的となり、発達への新しい
刺激を手にしている。子どもが「みんなのノ」の語を使用するようにな
るなら、かれはこれによって自身にとっての新しい概念を操ることに
なる。人形について「ちょっと沈む」「浮き上がる」というとき、子ども
は思惟の新しいニュアンスを明瞭に定式化し、それを自由に操るので
ある。

る結果をもたらす動作」というような意味づけられた接頭辞だととらえられ、
それと同じようなクラスにある接頭辞〈при〉〈вы〉が造語的に使用されている。
〈при〉〈вы〉はそれぞれ動詞の語頭に付けられて前者は「こちらに」「少し」と
いうような意味を、後者は上や外に「出る」というような意味を動詞に与えて
いる。とくに後者の вытонула（вытонуть）は接頭辞と動詞本体との意味上の不
整合がはなはだしく（「出る」と「沈む」）、これが子どもの造語であることがわ
かる。これなどは、のちにチュコフスキーが『2歳から5歳まで』のなかで子
どものことばは「模倣と創造の統一」と特徴づけられると述べたことを、よく
表している。

46 機械工 механик の語はある。

47 （原註）以下の文献を参照すること ── Tracy F. The psychology of childhood.
　 Boston, 1894.

〔ことばが思考の梃子（てこ）になる過程〕

　現実にことばと語とは、思惟を前進させ新しい概念を形成していくもっとも重要な梃子（てこ）であることは、一連の心理学者がおこなった実験研究によって鮮やかに示されている。当然ながら、新しい概念の形成過程を研究することはきわめて難しい。なぜなら、ある人にとっての新しい概念は、すでに他に人には、よく知られているからである。それゆえに、アッハ〔Ach, Narziss Kaspar, 1871-1946〕は子どものなかに、その子が持っていないまったく新しい実験的概念を育てること、補助的道具としての語の助けによってこれを実行することを決めたのである。アッハはその実験をうまくおこなった。実際に、彼は、補助的な語の助けで、子どもがどのように新しい概念を作り上げたのかを、実験室のなかで観察することを可能にしたのだった。

　その実験は次のように行われた。子どもの前に一連のブロック（フィギュア）が置かれた。それらは、３つないし４つの指標にもとづいて相互に区別されている。たとえば、ここでは、種々の形（立体形、円柱形、ピラミッド形など）、種々の大きさ（大と小）、種々の重さ（重いものと軽いもの）のブロックであった。実験者の課題となったのは、概念にまでは至っていなかった新しいものを子どもに育てることであった（たとえば、大きいが軽い対象の概念、小さいが重い対象の概念など）。このような概念を、アッハは条件的な語の助けによって育てあげた。子どもは１つの対象を取りあげ（たとえば、大きくて重い円柱）、その場合に、無意味な音節「ラス」と書かれた表示板を読んだ。形は異なるが同じ指標をもつ他の対象を持ちあげるときにも、子どもはこの語を発音した。他の対象（たとえば、小さくて軽い対象）を子どもは「ガツン」と名づけ、同じ性質をもつ対象を持ちあげるときに、この語を繰り返した。最後に、大きいが軽い対象を彼は条件的に「ファル」と名づけ、小さいが重い対象は「タロ」と名づけた。子どもの課題は、したがって、対象の個性的な指標から逸れて、これらの新しく組み合わされた概念を使いこなせることであり、呈示

された語の助けで概念を育て上げたあと、対象の一般的な塊の山から、指標の組み合わせの各々をもつブロックを取りだすことだった。

このような人為的諸条件において、どれくらい子どもが新しい概念を育て上げることができたのか、どれくらいこの課題で〔人為的な〕語が子どもを助けたのかが、調べられた。

アッハの実験は2つの系列に分けられていた。まず、子どもはそれぞれの個性的対象を覚え、そのあとで、「名称」の書かれた表示板が片づけられた。そして、子どもはすべての系列のなかから、「ラス」「ファル」「タロ」「ガツン」の名称をもつ対象を探しださねばならなかった。なるほど、これらの組み合わせのすべてを純粋な機械的記憶の助けで定着させることは不可能であった。課題の首尾よい解決が示したように、実際に然るべき新しい概念が育て上げられたのである。

〔ただし〕一方では、実験が示したように、すべての子どもがこの課題をやりとげられたわけではけっしてなかったし、他方では、すべての子どもが同じような容易さでやりとげたわけでもなかった。

しかしながら、ときにはきわめて人為的で生活から遊離していると思われるこれらの実験で、1つのことが明らかになった。実験では、子どもは条件的な語の助けで新しい概念を構成し、この概念がなければもちろんやり遂げられないような課題をこなしている。言語はここでは思惟の道具であり、そればかりか、経験を定着させる道具、記憶術的な道具である。

〔直観像記憶の衰退とことば、内言〕

この最後の過程は子どもの生活のなかで重要な役割を演じている。学校での教授・学習は、ことばの発達[48]を強力に刺激しつつ、それとと

48（原註）詳細は以下の文献を参照のこと。— Лурия, А. Р., Речь и интеллект в развитии ребенка. T. I. M., 1928 (Труды психологической лаборатории Академии коммунистического воспитания)〔ルリア「子どもの発達におけることばと知能」第1巻、モスクワ、1928年（共産主義教育アカデミー心理学実験室著作　）〕; Речь и интеллект крестьянского, городского и беспризорного ребенка. T.

もに、子どもの心理に一連の本質的な変化をもひき起こしている。豊かにされた語彙、概念を打ち立てる助けとなることば ―― そうしたことばは、子どもの思考をも変化させてきた。このことばは子どもに大いに自由をもたらし、以前には子どもにまったく適わなかった一連の共通概念を操作することを可能にし、それまでは子どもにとって萌芽としてのみ存在していたまったく新しい論理に、発達の可能性を与えた。さらには、記憶のような機能でさえ鋭く変化しているのは、ことばが子どもの行動のなかで優勢になりはじめたときからである。十分正確に示されていることだが、記憶の発達過程は学齢期に、視覚的形象のタイプからことばのタイプへという方向に進んでいく。視覚的客体の想起が就学前期〔3～7歳〕には、語の想起よりも弱くならないし、より強くなることさえある。それにたいして、いまや状況は鋭く変化して、学齢期の子どもは平均的には言語的タイプの記憶に接近しはじめ、語と論理形式がかれの記憶において決定的な道具の役割を演じはじめる。この時期までに、「直観像」の名称でよく知られ、より初期の時期に優勢な種類であった、驚くべき直観―形象的記憶（これについてはすでに述べてきた）が、ますます影をうすくしはじめる。

　ことばが、司令塔のような高みをしめ、もっとも多用される文化的手法となり、思考を豊かにし刺激する。そして、子どもの心理は再編されて新しい構造を獲得する。能動的ことばの時期に、この「本源的蓄積期」に、なによりも明瞭に現れたことばのメカニズムは、内的な無言のことばへと移行していく。この内的なことばが、思考のもっとも重要な補助的道具の１つとなる。実際のところ、わたしたちに内言がないのなら、どれくらいの複雑で繊細な知的課題が未解決なままなのだろうか。内言のおかげで、思考は正確で明晰な形式で現れることができるし、また、それぞれの解決の予備的な言語的（あるいはむしろ、思考的）吟味、それら解決の予備的計画化が可能になるからである。

　　II. M., 1929 (Труды психологической лаборатории Академии коммунистического воспитания). 〔「農村と都市の子ども、浮浪児のことばと知能」第２巻、モスクワ、1929 年（共産主義教育アカデミー心理学実験室著作）〕

　マルクスの古典的比喩にもとづけば、建築家はミツバチとはちがって、自己の建築物を予め考究し、計画と見積もりを作ってから建てはじめる。そうであれば、本能に対する知性のそのようなはかり知れない優位性は、内言のメカニズムに大きく負っている。ことばのメカニズムが人間の行動において果たしているのは、決して、表現的反応の役割だけではないのだ。ことばのメカニズムが他のすべての反応と原理的に異なるのは、このメカニズムが特別の機能的役割を演じているからである。この働きは、人格の今後の行動の組織化に向けられており、まさしく、ことばによるあらかじめの計画のなかで、人間は最高度の文化的形式をもった知的行動を達成するのである。

　外側から内側に移行するとき、ことばはもっとも重要な心理学的機能を形成してきた。そのとき、ことばはわたしたちのなかにいる外界の代表者として、思考を刺激する。また、一部の研究者が考えるように、そのようなことばは意識の発達を基礎づけている。

　上述してきた子どもの言語活動のプリミティヴな形式、子どものおしゃべりと「集団的モノローグ」のすべての時期 ― これらすべては、言語活動が思考の主要なメカニズムとなる発達の諸段階への準備である。この最後の時期にこそ、ことばは、育てられた外的手法から内的過程に転化している。そして、人間の思考は、今後の発達の壮大で新しいパースペクティヴを獲得するのである。

第 12 節　子どもの文化的発達の諸段階

　いましがた述べた観察から確信できることだが、子どもの発達を生得的性質の単純な増大や成熟に帰着させることはできない。すでに述べたように、子どもは自己の発達の過程で「技術革新」し、外界に対する自己のもっとも基本的な形式の適応を変化させている。この過程はなによりもまず、自然から与えられた「ナチュラル」な可能性による世界への直接的適応が、他のより複雑な段階と交替することに表われて

いる。子どもは直ちに世界との接触のなかに入り込むわけではなく、まずはなにがしかの手法を育てあげて、なにがしかの「文化的習熟」を獲得する。子どもはあらゆる種類の「道具」と記号とを使用しはじめ、すでにそれらを介して、かれの前にある課題を遂行している。そして、以前に行ったよりも、はるかにうまく課題をこなしていると言わなければならない。

しかしながら、この過程の全体が複雑な手法・習熟の段階的な進化的蓄積、技能の増大に帰着すると考えること、〔具体的にいえば〕4歳児が8歳児と異なるのはもっぱら、8歳児においては外界の道具と自分自身の行動過程とを機能的に支配する文化的技能がより増大し、より発達しているからだと、考えることは誤りであろう。

〔発達が通過する諸相・システム〕

子どもをその自然的発達の過程において観察し、かれを人為的な実験条件のなかに置き、個々の発達の現れにできるかぎり詳細に「探り」を入れていくときに確信できることだが、個々の年齢期の子どもの行動はいちじるしい質的な差異をも表している。この差異の根源は、すでに指摘したように、純粋な生理学的変化のなかだけではなく、行動のなんらかの文化的形式を使用する技能の差異のなかにもある。わたしたちは、簡単に、次のように言うことができる。―― 子どもは文化的発達の一定の諸段階を体験しているが、その段階の各々は、外界にたいする子どもの異なる態度や、客体を使用する異なる性格や、個々の文化的手法の発明・使用の異なる形式によって特徴づけられている。つまり、それはあたかも、文化の発展過程で育てあげられたシステムであり、人格の成長と適応の経過のなかで発明された手法であるかのようなのだ。

どのように子どもが歩行を段階的に学ぶのかを、想起してみよう。自身の筋肉が十分に強くなるとすぐに、かれは、動物が移動するよう

なプリミティヴな様式で、また子どものなかに自然から与えられた様式で、地面を移動しはじめる。彼は四つんばいで這うのだ。現代の有力な児童学者の1人[49]が述べているように、初期の年齢期の子どもは外見的には「猿に似たネコ」に類するような、小さな四足動物を思い起こさせる。この動物はしばらくのあいだそのようなプリミティヴな様式で移動しつづける。しかし、〔そこから〕数か月がすぎると、かれは両足で立つ。歩行しはじめるのである。通例、この歩行はすぐには行われない。最初、子どもは外的対象を頼りにし、それを握る。ベッドの縁、大人の手、椅子を握り、椅子を自分の方にひきずり、それを支えにして子どもは辛うじて歩くのである。短くいえば、かれの歩行はまだ準備ができておらず、その歩行はまだ、つくりだされるための助けとなる外的道具の「森のなか」をすすむかのようである。さらに1か月がたつと、子どもは、そのような「森」から抜け出し、外的道具を打ちすてる。外的道具はかれにはもはや必要がなく、それは複雑化した内的・神経力動的過程と交替する。子どもには、しっかりした足、十分な安定性と運動の協応が発達してきた。かれは、最終的に形成された歩行の段階に移行したのである。

　すでにここで、子どもの一定の機能の発達はいくつかの相を通過することがわかる。この相は、私たちが知っているように、どんな過程をもとにしても、単純なものから最も複雑なものまでを追跡することができる。

　発達は、もっともプリミティヴで生まれつき備わった傾向の動員とそのナチュラルな使用からはじまる。その後、発達は学習の相を通過していくが、そこでは、外的諸条件の圧力のもとで〔発達〕過程はその構造を変え、ナチュラルな過程から複雑な「文化的」過程への生成がはじまる。またそこでは、一連の外的手法の助けによって行動の新しい形式が打ちたてられている。そして最後に、これらの外的補助手法が後方に退き、不必要なものとして投げすてられる段階にたどりつく。行

49（原註）次の文献を参照すること　— Блонский, П. П. Педология. М., 1925. C. 96.〔ブロンスキー『児童学』モスクワ、1925 年、96 ページ〕

動の新しい形式・手法によって変形され、それらを具備した存在として、生体はこのような進化から抜けだすのである。

　小さな子どもたちに対するわたしたちの実験は、こうした過程をそのあらゆる詳細において追跡する可能性や、子どもの発達が必ず通過していくいくつかの諸段階を多少なりとも正確に示す可能性を、与えている。

〔補助手段を利用した選択反応の発達。プリミティヴな相〕

　子どもが遂行するのに十分に難しい課題を、かれに提起してみよう。たとえば、選択反応を扱う単純な実験を子どもにたいして実施してみよう。この実験の条件では、刺激をえると、子どもはその各々にたいしてしかるべき条件的行為 ── たとえば、あれこれのピアノのキーをたたくこと ── をしなければならない。私たちがここで人為的状況においてつくりだしたものは、外的環境の対象にたいする多様な反応を可能にする条件であった。この条件は生活のなかでもよく見られるし、わたしたちの行動の重要な部分を構成するものである。わたしたちがおこなった実験は、子どもがどのように一連の可能性のなかから選択を自由におこなっているのか、かれがどのようにある行為を他の行為から分化させることができるのか、を示すことだった。

　いくつかの絵 ── オノ、リンゴ、手紙、椅子などの絵を、次々と子どもに示すことを思い浮かべてみよう。それらのうちの１枚目の絵に対して、子どもはオモチャのピアノのあるキーを押さねばならず、２枚目の絵に対しては第２のキーを、さらには３枚目、等々としなければならなかった。もちろん、この教示を記銘し、あるキーを他のキーから分化させつつ教示をうまく実行する、という課題は、とくに８つの異なる刺激のなかから選択をさせるようにするときには、子どもにとってはむつかしい課題である。

　５～６歳の子どもを指定してこの課題を提起してみると、かれは自

分の持っているすべての手段を用いて課題をやり遂げようとする。かれは厳密な意味では、まだいかなる独特な「手法」も適用していない。たいていかれは、たんに教示を記銘して課題を行っているだけである。何回かの試みのあとでも、子どもがやはりうまく教示を記銘できずに選択反応を正しく遂行できない場合、彼は成功を断念し、これはできないよ、と言い張って、この課題を拒絶してしまうのである。

　課題の遂行を容易にするような、なんらかの人為的な手法を利用したらどうかと、この子どもに提案したとしても、わたしたちは次のように思うだけだろう。この幼い被験者は、課題をやりやすくするためにどのような人為的手法も考えつかないだけでなく、自身に提案されたやり方を自由に使うことさえできないのだ。子どもが位置する相は、ナチュラルな形式の行動の相、言いかえれば、プリミティヴな相と特徴づけることができる。この相の基本的特色は、子どもがどの状況にたいしても、もっぱらかれの持つありのままでナチュラルな機能（たとえば個々の行為のありのままの役割）によって適応していることである。なんらかの手法を用いて、刺激を記号として機能的に使用しつつ、子どももはこの課題をより完成された様式で解決することができる、という考えは、かれにはまだ不可能である。

　実際に、この課題がかれにとって簡単になるようにしてみた。この子どもに、第2系列の絵を小棚のうえに立てかけ、それらをピアノの対応するキーのあたりに置いたあとで、それらを目印として使うように提案した。わたしたちは、この第2系列の絵のそれぞれが、条件刺激である第1系列の絵の1つを想起させるという具合に、第2系列の絵を選んだ（第1系列はオノ、第2系列は木を切る少年。第1系列はリンゴ ― 第2系列はナシ。手紙 ― 汽船。虫 ― チョウなど）。これらの絵を一定の順序に置き、当該のキーの前に照応した目印〔第2系列の絵をさす〕を立てる。これはかなり複雑だが、子どもは、その自然的な選択反応を、媒介的で記憶術的な操作にもとづく適応の人為的過程と、交替させることができる。こうすれば、うまく課題を解決することができる。このために、

かれは次のことを理解することが必要である。— わたされた小棚の上に立てかけられたカードは、機能的に他の役割を演じることができ、補助的な目印となりうること、また、このためにそれらと第1系列の刺激とのあいだに照応する連関を確認しなければならないことである。

この最後のこと〔補助的な目印が成立すること〕は、発達のもっとも初期の相の子どもにはまったく行うことができないだろう。かれは次のことをけっして想起することができないのだ。— わたされた補助カードは実際になんらかの役割を演じうることや、これらのカードは第1系列のカードとなにがしかの関係を持ちうることや、第1と第2のカードのあいだに、呈示された課題の解決に役立つような連関を人為的に確立することができることや、心理学的操作の遂行に向けられた手段としてカードを利用することができるとは、思いもよらないのである。

この相の子どもは、もっとも単純でナチュラルな様式でのみ行動することができる。高次の相にはいたらないいくらかの動物と同じように、この子どもは、複雑な心理学的課題の解決に向けられた道具を、機能的に操ることができない。そして、このことがかれの行動に決定的な印影を残している。

さらに発達を進めるために、子どもは行動のこうしたナチュラルな段階からより複雑な段階へと移行しなければならない。つまり、かれは道具と手法を用いることを学んだあとに、自身の自然的可能性を拡大しなければならないし、行動のナチュラルな段階から文化的な段階に移行しなければならないのだ。

〔補助手段を用いながらも、その意味が無自覚な相 ―「自分の代わりに目印が覚えている」〕

ちょっと年上の子どもを相手にして同様の実験を試してみる。6〜7歳の子どもに類似した課題を呈示するのである。わたしたちの教示を直接的に記銘してはいないものの、この子どもは、教示が提起され

れば、補助的な目印に注意を向ける用意はできている。実際、これら
の補助的な絵の使用において、子どもには次のような独特な特色が認
められる。―― すなわち、その特色が示しているのは、複雑な補助的手
法の支配はまだまだかれのなかで、大人に特徴的な形式を獲得してい
ない、ということである。実際のところ、基本的刺激〔第1系列の刺激、
つまり語〕にとくに類似するいくつかの絵〔第2系列の刺激〕だけを、子ど
もは現実に完全な形で用いている（たとえば、「オノ」という刺激に対してか
れはあるキーをたたく必要がある。〔そのために〕かれは「オノをもった少年」とい
う補助的な絵を手に取り、それをそのキーのあたりに置くのである）。こうした
目印を置いて、それから刺激を反復するもとで、眼で目印を探しなが
ら、かれは自身に課せられた応答を正しく遂行するやり方を獲得する。
しかしながら、これは、個々の個性的な事例においてのみ子どもに生
じることである。多くの場合、かれの行動にとって他のことが特徴的
になる。個々の事例をもとに補助的な目印は現実にこの課題の助けに
なりうると確信してはいるが、かれはその目印こそがなぜ助けになる
のかを理解していない。ところがかれは、そうでありながらも、成功
した操作を外面的におこなうことで十分だとしている。つまり、課題
を解決するために、どのような場合にそのキーをたたく必要があるの
かをおのずと記銘するために、キーのあたりに任意の目印を置けば十
分なのである。任意の目印を置くと、もう子どもは記銘することを気
にしなくなる。かれは「自分の代わりに目印が覚えている」と素朴に確
信している。小さなある被験者は、キーの前のしかるべき場所にクギ
を置いたあと、「クギが覚えているんだよ」とわたしたちに言い、また、
課題を遂行するには自分にはもう何もすることがないと、確信をもっ
て言うのだった。

　ある手法の使用とその理解のあいだのこのような隔たり、〔つまり一方
では〕目印そのもので十分であることへの素朴な信頼、〔他方では〕目印の
意味の理解や、目印を実際に使用する技能が欠如していること、―― こ
れらは、子どもの文化的発達のこの段階にとって特徴的である。〔刺激を〕

「記銘するために」、子どもが刺激といかなる連関も持たない任意の対象を取りあげ、それを自分の前にどのように置くのか、を観察することができた。さらに、しばしば子どもは一連の同類の対象（クギ、ペン先など）を手にとり、あらかじめそれらをそれぞれのキーの前に置いている。だが、そのとき子どもはそれらの目印と提示された刺激とをまったく結びつけようとはせず、この純粋に外的な行為で十分なのだと素朴に信じているのである。

〔「呪術的」な相 ―「素朴心理学」〕

　これらすべては次のように考えられる根拠になっている。すなわち、子どもは文化的発達の独特な相 ― 外的・文化的操作への素朴な態度の相、つまり「呪術的」な相を、体験している。いくらかの面において、この相は自然人の思考における個々の特色を想起させる。― 自然人は、個々の手法を操りはじめる。だが、かれはその限界を知らないし、外界への自身の適応を現実に助ける操作のメカニズムをあまり理解しておらず、そのことによって、完全に素朴な戦略を発達させている。

　子どもの思考の発達におけるこの相を、わたしたちは上述の実験を実施するなかで、比較的純粋な形で再現することができた。だが、生活のなかにはこの素朴な段階の余韻を、きわめて広範にとらえることができる。低学年の学齢児〔8〜9歳〕のあいだに広く普及している、同じようなすべての手法を集収すれば、次のことに確信するだろう。―この子どもにおける「素朴心理学」は時としてきわめて豊かであること、つまり、子どもが一定の課題をやりとげることを有効に助ける手法とならんで、子どもにとって外面的にのみ適切な形式をもつ手法も存在していることである。そうした手法は、実際のところ、独特な子どもの論理や、その意味が子どもにも明らかではない外的手法への盲信による、プリミティヴな結論にもとづいている。

　客体と自分自身の心理過程とにたいする、このようなプリミティヴで

不適切で素朴な態度は、子どもの進化の他の諸領域（絵、文字、数え方の発達）においても容易に見いだされるし、また、この態度は行動の歴史におけるこの相を全体的に特徴づけている、── と考えることができる。

　だが、さらに一歩、先に進んで、子どもの文化的行動のこれからの進化がなにによって特徴づけられるのかを吟味してみよう。

　いま上述した発達のこの相では、まだ外的手法を十分に用いることができない場合、子どもは段階的に発達するなかで、この手法の働きのメカニズムそのものを急速に理解しはじめる。かれはこの手法を意味づけながら使用しはじめるのである。補助的な絵と目印は、子どもがそれらを呈示された刺激となんとか結びつけるときにのみ、かれを助けることができるということが、おのずと明らかになる。また、どの目印も子どもの助けになるわけではなく、刺激との連関が確認できる一定の目印だけが助けになる、ということも明らかになる。かれは目印を自主的に働く要因と見なさなくなる。そして、かれは、補助的対象が独特で機能的で「副次的」な地位を占めはじめる新しい複雑な種類の行動へと、移行していくのである。

　むつかしい課題を解決する「ナチュラル」な様式は道具の使用に訴える複雑な様式に段階的に移行し、行動の文化的な相が成熟していく。子どもの記憶を研究しながら、あるいは、いま述べたばかりの実験を用いながら、あのような補助的目印を使用する子どもの技能がどのように段階的に高まっていくのかを、追跡することができる。6〜7歳の子どもは、もっともプリミティヴな連関だけを確立することができる。かれは、過不足なく直接的に想起させる記号のみを用いることができる。たとえば、かれは、ナシの絵と結びつければ、リンゴの絵を容易に思い出す。「どちらも美味しいから」である。彼は、必要なキーのあたりに、生活経験のうえで刺激と直接に結びついた絵を置く。その刺激のもとで、このキーを押さなければならない。しかしながら、こうしたあらゆる場合において、かれはまだけっして補助的記号を使用する技能のなかにすっかり入りこんでいるわけではない。一方の絵

を思い出すための道具として他方の絵を用いることができないことをはっきりさせるには、内容的に相互にきわめて離れた2つの絵をかれに与えれば、十分である。後になってようやく、かれは、直接的に与えられた連関を使用するのみならず、補助的構造を能動的に表現することもできるようになる。子どもは、ヒヨコを描いたカードの助けで「スコップ」の語を記銘する。その際、かれは、ヒヨコは「くちばしで土を掘る、スコップみたいに」と説明している。きわめて縁遠い事柄さえも、驚くべき機知をもって、子どもは記銘のための道具に変えるのである。

〔不要になる外的目印 ― 内的システムの形成〕

　このような外的手法をうまく用いることができるのは9〜10歳の子どもである。そうした事例を1つだけを引用しておこう。

　わたしたちは子どもに次のような課題をさせた。個々の語をあげるとき、その度にあれこれのキーをたたかねばならないのである。記銘の助けのためにかれに渡されるのはクギ、ネジ、ペン先、ゴム管の切れ端や同じようなこまごまとしたもので満たされた小箱であった。子どもはすぐさまこれらすべての事物を調べる。そして、わたしたちは実験をはじめたのだ。

　「夜」という語が呈示される。子どもは然るべきキーのあたりにゴム管を置く（その説明は「ここの管のなかは夜みたいに暗い」）。「母」という語の場合には、子どもはキーのあたりに、横向きにペン先を置く（「これはママが横になって寝ているんだ」）。「森」という語の場合には、子どもはクギをとって、それを斜めに置く（「森では木が切られる。ほら、木が倒れている」）。「学校」という語の場合には、子どもは中がカラの管を手に取った（「ほら、これが小屋で、そこで子どもたちが勉強している」）。このように、8つの語が取りあげられ、その各々にたいして、子どもは新しいキーをたたかねばならない。刺激となる語とそれに対応する目印の場所が一度示

されると、子どもは1つも誤ることなく、また、この難しい課題のために、あまり大した時間をとることなく、選択反応を行っている。

　次の実験では子どもに別の語が与えられたが、同じ目印が他の文脈で用いられて新しい意味を獲得している（ゴム管は「煙」の語を想起させる、「なぜなら、ゴム管から煙が出ていくからである」。ペン先は「〔舟の〕オール」の語のための目印として用いられる、等々）。子どもはふたたび、与えられた課題を間違いなく解決することができた。

　もちろん、ここでわたしたちが語ったすべての実験は、ときどき、きわめて人為的な性格をおびている。しかしながら、これらの実験は、学童の心理や成熟した文化的人間の心理がはたらくメカニズムを明らかにすることを手伝ってくれるのだと思われる。実際、きわめて人為的にもプリミティヴにもなりうるこれらの実験では、どの人も使用し、どの文化的人間の行動のなかにも本質的に入り込んだ手法を、外側に持ちだしている。

　わたしたちが引用した実験には、1つの興味深い特色が観察される。すなわち、外的で副次的な目印による記銘の実験をなん度も繰りかえした子どもは、発達のある段階になると、目印の使用を拒絶しはじめることである。しかし、かれがそうするのは、外的な目印の使用にまで達していないからではなく、すでにその使用を越えて成長したからである。以前には外的目印の助けでおこなわれていたことは、いまや、かれが学んだ外的目印のことごとく替わりとなる内的手法の助けによって、おこなわれはじめる。以前にはカードの助けで記銘していた子どもは、いまや、計画化し、素材を自身の以前の経験とを結びつけつつ、内的システムの助けで記銘しはじめている。その際、他者の眼からは隠され、たえず記憶のなかに残される内的な形象が、機能的に副次的な役割を演じるようになり、回想のための中間的な環になる。

　たとえば、神経－心理的諸過程は、発達し変形しつつ、完全に新しいシステムにもとづいて構築されはじめる。この諸過程は、ナチュラ

ルな過程から複雑な過程に転化していく。ところで、この複雑な過程は、文化的作用や一連の諸条件の影響の結果として、なによりも環境とのきわめて能動的な交通の結果として形成されるのである。

　小さな子どもがナチュラルで直接的な適応の道によっては解決できない複雑な現実的課題 — こうした課題を、子どもは、学校や生活のなかでの加工とか文化的手法の習得とかのあと、複雑で媒介的な道によって解決しはじめる。環境との能動的な出会いのなかで、かれは、外界の事物を道具または記号として使用する技能を育て上げる。まず、これらのそのような機能的使用は素朴で不適切な性格をおびている。のちに、子どもは少しずつ道具や記号を自由にあつかい、最後に、それら〔外的な道具や記号の使用〕以上に成長する。その際、自分自身の神経－心理的諸過程を一定の目的を達成するための手法として用いる技能を育て上げている。ナチュラルな行動は文化的行動に転化する。社会生活によって育てられた外的手法と文化的記号が、内的過程になるのである。

　比喩を用いるなら、ここにはナチュラルな土地利用から文化的土地利用への移行におけるのと同じ過程が存在する、と言うことができる。以前には、自然的諸条件（地質、天候、たまたま手に入った種子の発芽力）が許した限りで産出した土地が、文化的経営のもとでは新しい諸条件 — 施肥、よりすぐれた道具による耕作、保守 — のゆえに、何倍もの収穫をあげはじめている。次第に土地そのものが（長期の文化的作用の影響のもとで）変化し、すでに最大限の生産性をもたらすことに文化的に適応したのだ。

　もしそうであるなら、つまり、限りなく自然的要因に依存していると思われる土地に対してでさえ、文化的経済の変形的要因の観点からアプローチしなければならないのであるなら、人間の行動が問題になるときには、〔文化的行動に〕いかに大きな注意を払わねばならないことか。

　いまやわたしたちの知識の現在の状況では、人間を自然から与えられたものを持つ存在と見なすことは、たとえその与えられたものをさ

らに増加させたとしても、大きな誤りとなるだろう。

　人間は社会的存在であり、社会－文化的諸条件は、人間の行動の一連の新しい形式と手法を発達させながら、人間を深く変形している。こうした独自的な形式の注意深い研究こそ、心理学という学問の専門的課題を構成している。

第 13 節　障碍学と心理学

　わたしたちが発展させようとした命題は、身体障碍[50]のためにとくに不利益な条件のなかに置かれている子どもたち、つまり身体障碍児(者)と呼ばれる人たちにたいして、まったく新しい観点からアプローチする可能性をもたらしている。

〔障碍の否定的特徴づけと肯定的特徴づけ〕

　身体障碍児(者)を研究するとき、心理学者はたいてい、つぎのような問いに答えようとしてきた。かれの心理はどの程度の損傷を受けているのか、また、かれには、健常な子どもの通常の〔心理的〕用具のうちでなにが残されているのか、という問いである。そうした心理学者は通例、身体障碍児(者)の「否定的特徴づけ」だけをおこなってきた。かれらは、子どもが誕生したときに持っている機能の前途、身体障碍児(者)—視覚、聴覚の障害のある人たち—が苦しんできた機能の前途を研究することが課題である限りでは、部分的には正しかった。

　だが、そのような「否定的特徴づけ」の土壌の上にとどまることは、もちろんできない。このことは、もっとも本質的なものを、心理学者にとってことに興味深いと思われるものを見逃すことを意味するだろう。障碍児(者)の「否定的特徴づけ」と並んで、かれの「肯定的特徴づけ」

50 ここで使用されている「身体障碍」とは通例使用されている肢体不自由の意味ではなく、知的障碍をはじめとした「精神障碍」と対をなす概念である。したがって、その意味する範囲は視覚障碍、聴覚障碍、肢体不自由などである。

をつくりだすことが必要なのである。

　実際のところ、視覚障碍あるいは聴覚障碍のある人は、かれのもつ障碍がなんらかの形で補われなければ、生きていくことができないだろう。自身の身体障碍のために、かれは、極度の不適応状態に陥るだろう。そのとき独特で独自的なメカニズムが優勢になる。つまり、障碍の補償が起きてくるわけだ。経験の過程で、子どもは自身の自然的障碍を補うことを学んでいる。障碍のあるナチュラルな行動を土台にして、文化的な手法・習熟が生まれてくる。これらは、新しい他の道によって、障碍を埋め合わせ、補償し、手が届かなかった課題をやり遂げる可能性を与える。障碍のあるナチュラルな行動は補償的な文化的行動によって囲まれ、ある「障碍の文化」が創り出される。── 身体障碍児（者）はその否定的特徴づけの他に、さらに肯定的特徴づけをも得ている。

　その特徴づけを主として研究しなければならないのは、わたしたちの意見では、心理学者である。最近、一連の仕事のおかげで、障碍性のこの「肯定的特徴づけ」の状況とその基本的メカニズムが、わたしたちには、ますます明瞭になりはじめている。

　1905 年にすでに、ドイツの心理学者 A・アドラー[51]〔Adler, Alfred, 1870-1937〕は、人格〔個人〕についての独特な学説に基礎を据えた。その学説は、わたしたちが十分客観的に意味づけはじめたばかりのものであり、また、その学説の個々の側面を多くの点で身体障害のある子どもの心理や行動の発達において説明している。

　まだ内蔵の疾病を扱う医師であったとき、アドラーの注意は、なにがしかの器官の深刻な障碍に苦しむ患者がやはりなにがしかの形でこの欠陥を克服するという事実に引き寄せられた。ペアをなす臓器（肺、肝臓、そして最後に、手）の 1 つが疾病であるとき、その機能をもう 1 つの「代用的」臓器が引き受けるという、よく知られた事実は、先の観察

51 アドラーはドイツの心理学者ではなくオーストリアの心理学者である。

を確証するもっとも簡単な事例であった[52]。しかし、大多数の事例は、いちじるしく複雑な図式にそって起こっている。実際、わたしたちの身体の多くの臓器はペアではないし、多くは完全に病むことになり、そのすべての機能はことごとく害される。こうしたことは、ある臓器の機能が完全に消失しているのでなく、生まれつきの脆弱性がある場合に、とくに起こることである。たとえば、しばしば、視覚と聴覚の生得的な脆弱さ、言語器官の生得的な障碍（声帯の弱さ、吃音など）、筋肉、性、神経などのシステムの生得的障碍が存在している。

〔障碍の補償・超補償のメカニズム〕

しかしながら、アドラーが指摘したように、人びとは、生得的な欠陥を補償することによって、その障碍を克服するのみならず、しばしば、障碍を「超補償」さえしている。生まれつき脆弱な聴覚をもった人たちが音楽家となり、視覚の障碍のある人たちが画家となり、ことばの障碍のある人たちが雄弁家となっている。自然的な欠陥をいく度となく補償することによって、吃音者から有名な雄弁家となったデモステネスの場合のように、障碍は克服されていく可能性がある。

こうした超補償はどのように生じるのか。

障碍の補償と超補償との基本的メカニズムとは、明らかに、次のものである。― すなわち、障碍が個人の注意の中心となり、その上に、自然的欠陥を粘り強さや訓練、なによりも欠陥のある機能（もしそれが弱いものであるなら）あるいは他の代役をしている機能（もしそれがまったく欠如しているなら）を文化的に利用することで補おうとする一定の「心理学的上部構造」が創りだされることである。自然的障碍は心理を組織し、最大限の補償が可能であるように心理をアレンジしている。もっとも

52　（原註）一連の著作ではそのような「代用」が脳の半球の面でも見られるという事実が確証されている。左半球の言語中枢の損傷があると、ことばの機能は〔左半球の〕この機能の発達のかわりに右半球において回復されることがある。当然ながら、これはいちじるしく大きな困難をともなっておこなわれる。なぜならここでは単純な「切り替え」は明らかに不十分だからである。

重要なことには、自然的障碍は、その障碍を補償することのできるすべてのものの訓練と発達とにおいて、大きな忍耐力を育てている。その結果、独特な予期しない状況が生まれる。他者と比べられないほどの、自身を不完全にさせる弱視である人は、この障碍を自身の注意の中心に置き、その神経－心理活動を障碍へと向けさせ、彼がもっている視覚データを最大限に使用する特別な技能を発達させることがある。― そうすれば、視覚が仕事の中心に位置する人間に、つまり画家や線画家などになるだろう。歴史のなかに、半盲目の画家、聴覚の器質的障害のある音楽家、また、ベートーヴェンのような聴力を失った音楽家、声が弱々しく発声も悪かったのに、最晩年に偉大になった俳優のような多数の事例が知られている。こうした人たちのすべては、自然的障碍を克服することができたし、まさしくかれらには最大の障碍が存在したその領域や道において、優れた人物になったのである。そのような具合に、自身の心理をアレンジしたわけだ。なによりも心理を低下させ、弱め、もろくした障碍は、心理発達への刺激となりうるし、それを上昇させより強力なものにすることができることは、明らかだった。

　この動的観点からすれば、身体障害児（者）はその否定的履歴のみならず肯定的特徴づけをも得ている。

　しかしながら、こうした障害の補償のメカニズムはまさしくいったいどのようなものなのか、と自問してみよう。これは、ペアの臓器の１つが疾病のときに起こるような、たんなる機能の移動のメカニズムなのかどうか。

〔視覚障碍と文化的発達 ― 点字〕

　ある事実がこの問題への正しい解決へと駆りたてている。この事実をもたらしてくれるのは、視覚障碍者の心理学である。

　かなり前から、視覚障碍者の生活を研究してきた心理学者はこの問

題に関心を抱いてきた。すなわち、視覚障碍者は自身の自然的欠陥を
いったいどのように補償するのか、と。視覚障碍者の触覚はいかに繊
細なことか、通例とは異なるいかに繊細な聴覚を視覚障碍者はもって
いることか、という一連の伝説が創りだされてきた。視覚障碍者には
新しく、通例とはちがう形で、繊細に働く「第6感」が発達していると
言われてきた。しかし、精密な実験が予期せぬ結果をもたらした。視
覚障碍者の聴覚も触覚も、他の感覚器官も、いかなる例外的現象を示
しているわけではなく、それらの発達は通常の晴眼者のものと比べて、
いささかも優れているわけではないことが明らかになったのである[53]。
だが同時に、視覚障碍者が晴眼者に比べて、聴覚や触覚などの領域で
いちじるしく優れた結果に達していることは、誰にとっても明らかで
ある。

　視覚障碍者を研究してきた多数の研究者は、矛盾した命題の解決を
あたかも次のことに見ているかのようである。すなわち、晴眼者と同
じように発達した感覚諸器官をもちながらも、視覚障碍者は晴眼者の
技能をはるかに陵駕する、諸感覚を使用する技能を自己のなかに育て
ていることである。晴眼者においては視覚の支配もとで上昇すること
のない聴覚・触覚の感覚が、視覚障碍者にあっては、通例にはない完
全さと繊細さをもって可動的に使用されている。視覚障碍者における
聴覚や触覚などの驚くべき発達は、生得的な結果でもなく、これらの
受容体の獲得された生理学的な繊細さでもない。その発達は、「視覚障
碍者の文化」の所産であり、残された受容体を文化的に使用し、それに
よって自然的欠陥を補償するという、技能の結果である。

　晴眼者においては気づきにくいものだが、視覚障碍者にはしばしば
多数の習熟・手法が育てられている、ということができる。部分的で
はあってもその自然的な不適応性を補償することができる道を理解す
るためには、しばしば視覚障害者によって表される動作における正確
性と敏捷性や、かれによってもたらされる接触と聴覚の感覚がこうむ

53（原註）以下の文献を参照されたい。— Burklen, K., Blindenpsychologie.
　Leipzig, 1924.〔バークレン『盲人心理学』ライプツィッヒ、1924年〕

るいちじるしく繊細な分析を熟視すれば、十分だろう。聴覚と触覚が視覚障碍者の注意の中心となる。注意のコントロールのもとに、それらの感覚を最大限に使用するための一連の手法が育てあげられる。 ― この手法はあたかも視覚障碍者の知覚・記憶・思考の機能そのものに根を張り（вращиваться）、これらの機能を再編していくかのようである。こうした過程の結果、視覚障碍者はブライユの点字の助けで文をすばやく読んだり、地図を判読したり、自己流の道によって社会の十全なメンバーになることができる。身体障碍性のとくに不都合な土壌の上に成長した心理であっても、それを再編することができるのは、合理的な働きかけや文化的手法への参加である。そのことを理解するためには、誕生したときには盲聾唖だったにもかかわらず高度の教養を獲得したヘレン・ケラーの有名な生涯を思い出せば、十分だろう。

〔聴覚障碍と顔の表情、手話・口話〕

　他の種類の身体障碍においても、これに近い「文化的上部構造」の領域が見られる。しばしば見いだされることだが、ある生得的な障碍のもとで、あれこれの機能が現にある欠陥を補償する道具となりながら、まったく別の新しい役割を遂行しはじめる。たとえば、私たちが知っているように、聴覚障碍のもとでは、顔の表情がその障碍にとってまったく新しい機能を獲得しはじめる。顔の表情は感情表現の単純なやり方であることをやめ、もっとも重要なコミュニケーション手段となる。それは、新しいより完成された手法 ― 手話または口話 ― が、表現と連絡のこのもっともプリミティヴな道具に取って代わるまでのあいだのことであるが[54]。

　さらに、この事例にもとづいて確信できることなのだが、聴覚障碍

[54]（原註）興味深いことには、ことばの上述したすべての種類はしばしば聴覚障碍者において保存され、資料の伝達のさまざまな様式のために使用されている。たとえば、大人とのコミュニケーションのなかで聴覚障碍児はごく頻繁に手話と読唇を使用し、お互いの交通や情動体験の表現では表情のことばが優勢な役割をはたしている。

者が用いるどの「道具」もかれの心理を著しく改善し、発達させ、変化させている。使用される手法の各々には独特の心理学的構造が照応している、と確信をもって主張することができる。自身の仲間との会話のためにもっぱら表情を言語として用いる聴覚障碍者は、交際をしたり、経験と情報を交換したりすることが非常に難しいので、今後の発達や知能の改善の可能性はきわめて低いことは、十分、理解できよう。任意の語、任意の音の組み合わせを伝える可能性をもたらす記号の言語へと、かれが移行するとき、〔発達や知能改善の〕この可能性はどれくらい高まるだろうか。かれの心理学的装備は通常とは違ってどれくらい拡げられるだろうか。かれの知能の発達は、きわめて多数の新しい概念のみならず、主要には新しいより完成された、人との接触方法も豊かにされたあとで、いかに大きな刺激を得るだろうか。最後に、おそらく、口話を学び、そこから、自分ではそれが聞かれないが、しばしば完全な形で用いられる普通の言語を学ぶという、聴覚障碍者の発達はかくも重要な飛躍をとげうるのである。これらの「道具」を習得したあと、聴覚障害者は、健常で耳が聞こえ話すことのできる人たちの環境に参加している。かれは、どの人との会話にも参入したり、その人を理解したりする可能性を得ている。かれを閉鎖的状況から脱出させ、人格全体を変容させ、社会的に十全にするという、かれが獲得するものの心理療法的意義の大きさについてはもはや言わないでおこう。このような広範な社会環境への参入は、たちどころに、かれの知能にたいする新しい可能性を切り拓いている。もちろん、口話の技能を身につけた聴覚障害者の知的な面では、表情と非音節的な音という不完全な道具のみを環境との結びつきのために用いるプリミティヴな存在と、比較することさえできないだろう。

〔肢体の問題と義肢による補償、服飾とモード〕

　身体障害が人為的手段によってどのように補償されうるのかを例解

する、簡単な事例をさらに1つあげておこう。私たちが念頭において
いるのは、肢体の負傷・切断という戦争中に多数におよんだ事例である。

この事例を全体として特徴づけるのは、そこでは人間は肢体を失っ
て部隊から突然に離脱し、人為的な肢体 — 義肢の助けによってのみ自
己の十全性を回復したことである。手や足の代わりに義肢を使う訓練
は、本質的に、そのような主体の行動の性格を再編してきたし、戦時
下において成長した「義肢の心理学」はそうした人為的な手足の使用に
おける一連の特質を示してきた。

ブライユの点字、聴覚障害者における手話と口話、義肢 — これらす
べては、本能・習熟・注意・感情のような諸過程とならんで、心理学
の対象となる。人間行動の歴史、その文化的形式の研究への移行にと
もなって、このような拡大は必然的である。

W・ジェームスがあるところで述べたように、人間の人格は指の端
で終わるのではなく、ブーツの爪先で終わる。また、ブーツ・帽子・
服装は、頭髪・ひげ・爪と同様に、人格の構成のなかに加わる。

この命題は、人格の行動の文化的形式を研究するつもりなら、まっ
たく議論の余地はないだろう。文化的人格の概念は生体の枠外で終わ
るのであり、文化的習慣と服飾の研究は人間行動の理解にたいするき
わめて価値ある資料を与えてくれる。

服飾とモードの歴史全体が物語っているように、これらの本質的課
題のひとつは、つねにシルエットの必要な諸側面に陰影をつけ、身体
的欠陥を隠し、必要なところでは、その欠陥を補償することであった。
モードと衣装の個々の部分のそのような起源にかんする一連の事例を
発見するためには、16〜17世紀の回顧録を少し参照するだけで十分
だろう。袖口につけるプリーツは見苦しい手を隠すために宮殿にもち
こまれた。19世紀初めにモードとなった首に巻く女性用のスカーフは
モードの創設者によってもたらされた。これは、首まわりの醜い瘢痕
を隠すためだった。身長を高くするためにハイヒールが使用され、不
恰好な足は長いワンピースで隠された。痩せていたり体形の発達が不

十分だと、コルセット、幅広のスカート、ふっくらした衣服などで補償された（中世後期とルネサンスのモードにおいて特に発展した）。身体障碍が「衣裳の戦略」によって補償されたわけだが、この戦略が個性の補完と矯正として組織的に適用された事例のすべてを列挙するのは、困難だろう。衣装が現実にあたかも人格の一部を構成し、しばしば人格の一般的構えによって組織されていることを確信するためには、背丈と体形を大きくし驚愕と威嚇の様相をもたらすすべての軍服を、アメリカ先住民の戦いの装束から現代の軍隊の制服に至るまでの衣装を、思い出せば十分である。

　欠陥の補償のために、また、注意を組織し身体の一部分から注意を逸らせて他の部分に方向づけるために、18 〜 19 世紀のモードにおいて成功裏に適用されていた、さらに 1 つの外的手法を見過ごすことはできない。私たちが念頭においているのは、しかるべき形で注意を組織するために、昔のしゃれ者が使用し、壮麗な人為的手法となった「つけぼくろ」のことである。

　わたしたちが取りあげてきたすべての手法は、欠陥の補償のための外的道具に帰着する。論理性を担保するためには、補償の内的手法がそれら〔外的道具〕を補完することを述べておかねばならない。まえに性格特性の層について取りあげたものは、まさしくここに関わっている。まれに見られることだが、極端な大声や挑発的な行動や乱暴さによる、生来の弱さの補償は、普通の事柄である。この補償は、困難な子どもや非行少年らの一連の性格特性の源泉となる。異常に残忍に見える人たちが、近づいて考察してみると、きわめて柔軟であることがわかり、かれらの残忍さは補償の仮面であるにすぎないことがわかる。また、意志薄弱は頑固さによって補償されていることもあるのだ。

　身体的欠陥は、個々の心理的障碍とまったく同じように、しばしば、外的手法によるのみならず、全人格の性格の組織・方向性によっても補償されている。

　障碍は静止的なもので 1 度で永遠に固定的になったものだと、見な

すことはできない。障碍は、その意味を弱めるばかりか時にはそれを補償（超補償）することもある一連の手法を、動的に組織する。障碍は人格の文化的再組織化への強力な刺激である。心理学者には、その補償の可能性を分化させることができ、そうした可能性を利用することこそ必要である。

第14節　発達の遅れと才能

〔知的遅進児はすべての面で低位なのか〕

　これまでに述べてきた見解は、発達の遅れと才能のような、現代の児童学にとって重要な問題にたいして、わたしたちの態度を再検討することを迫っている。現実には、そのような再検討は心理学的文献のなかでずいぶん前から始められている。発達に遅れのある子ども〔知的遅進児〕にたいする現代の見解は、すでに当たりまえとなり陳腐となった意見と、共通するものはきわめて少ないのである。

　実際のところ、通例、知的遅進児を思い浮かべるのはきわめて簡単である。そのような子どもとは、愚かな子どもを意味する。知的遅進児（より正確には、魯鈍〔軽度知的障碍〕― 痴愚〔中度知的障碍〕― 白痴〔重度知的障碍〕の子ども）とは、その心理的用具のすべてが貧しく、しかるべき記憶も十分な知覚も十分な悟性ももっていない子どものことである。知的遅進とは、誕生のときからの心理的な貧しさのことである。

　しかしながら、精密な諸研究はこの見解をまったく肯定していない。

　実際のところ、遅進児が同年齢の健常児よりもすべての面で低位にいるということは、現実に正しいのだろうか。

〔知的遅進児における視力・聴力〕

　数量的に調べてみよう。あるドイツの研究者[55]は、遅進の程度が異な
る子どもたちにおいて視覚の詳細な研究をおこなった。その結果は驚
くべきものだった。最良の視覚は重度知的障碍児のなかに見出された
のだ。ここに、そのデータの短い摘要がある。

群	正常視力の事例（％）	視力の平均的鋭さ（％）
重度知的障碍児	57,0	87,0
中度知的障碍児	54,7	54,7
知的遅進児	43,0	54,3
健常児	17,0	48,0

　引用した摘要のデータによって明らかであるのは、重度知的障碍児
における正常視力の割合は、健常児の場合よりも、３倍余りも大きい
ことである。また、重度知的障碍児における視力の鋭さは、平均すると、
２倍ほど優れている。さらに、平均的な視力の鋭さをもつ正常視力の
割合は、重度知的障碍から遅進の程度がより低くなり、さらには健常
児に移行していくと、法則的に低下している。したがって、わたし
たちは、視力の面で予期しうるものとは逆の過程を見いだすことになる。
つまり、知的遅進性が高くなるほど、視力の基本的生理学的機能はよ
り良くなるのである。

　他の知覚器官についても、とくに聴力についても、おおよそ同じこ
とが言いうるだろう。多数の研究をもとにして、研究者たちは、知的
遅滞児における聴力の鋭さも標準以上であるとの結論にたどり着いて
いる。

　興味深いが、いくぶん思いがけない結論がえられたわけだ。わたし

55（原註）次の文献を参照されたい。— Gelpke, Th., Über die Bezien[n ではなく h
　か]ung des Sehorgans zum jugendlichen Schwachsinn. 1904.〔ゲルプケ「青
　少年の知的障碍にたいする視覚器の関係について」〕以下の書物から引用 —
　Трошин, П.Я., Сравнительная психология нормальных и ненормальных детей. Т.I.
　Пг, 1915.〔トローシン『健常児と障碍児の比較心理学』第 1 巻、ペテログラード、
　1915 年〕

たちは知的遅進児のなかに心理生理学的機能全体の低下に出会うと予測していたが、同時に、つぎのことが見いだされたのである。すなわち、それらの機能 ― 感覚器官の活動 ― の基本的な自然的土台は、かれらの場合、少しも低位ではないし、いくらかの面では、標準よりもすぐれていることさえある。

このような予想外のことが、知的遅進児の心理の今後の研究でも、わたしたちを待ちうけている。

〔知的障碍における記憶の二面性〕

すべての「知的」機能はどの知的遅進児においても無条件に低位にあると考えがちだった。しかしながら、知的遅進児や中度知的障碍児が自身の特別に優れた記憶力で私たちを驚かせるのは、まれなことではない。知的遅進児は、まったく理解を示すことなく、かなりの量のテクストを機械的に記憶することがある、という事例を、わたしたちは知っている。

しかし、こうしたことは、けっしてたえず起こるわけではなかった。与えられた素材が中度知的障碍児にとって理解しやすく興味をひくものであっても、それを自然な形で記銘することが不十分であったとき、つまり、与えられた素材を使えるようにするために何らかの能動的努力が必要であったとき、そこでは、知的遅進児の記憶は著しく低く、ほとんどゼロであることが明らかになった。知的遅進児の研究における権威と見なされているＰ・Ｙ・トローシンは述べている。―「能動的記憶は、遅進性と標準との中間に境界をおいている。…『自然的』記憶は卓越しているが、『人為的』記憶はほとんどゼロである…感覚によって彩られるすべてのものが知的遅進児の人格や興味に関係をもっている。すべてのもっとも身近なものと日常的なもの、努力を必要としないすべてのもの、すべての生来的に必然的なものは、遅進児において、ノーマルなものであると認めることができる。かれの記憶は、事柄が

非習慣的で、理解しにくく、努力を必要とし、楽しいものではない…というものに及ぶとき、働くのを拒むのである」[56]。知的遅進児の記憶の活動においてこの二面性をうまく表現するのは困難である。私たちはこのことを、１つの観点からのみ理解することができる。わたしたちが考えるには、遅進児の自然的記銘は（彼の視力、聴力と同じように、また、一連の他のナチュラルな機能と同じように）しばしば壊されずに残っているのだ。その相違は次の点にだけある。― 健常児は自身の自然的機能を合理的に使用し、年々多く、自身の記憶を用いるしかるべき文化的手法を育てることである。ところが知的遅進児の場合には、事態は異なっている。健常児と同じような自然的資質を持ちうるが、その資質を合理的に使用することができず、それは使われないまま死蔵されている。かれは持っているが使うことができない ― ここに、かれの心理の基本的障碍がある。したがって、知的遅進とは、ナチュラルな過程における障碍であるばかりか、その文化的使用における障害でもあり、それと闘うには、同じような教育－文化的措置が必要である。

　このことを実にみごとに理解した往年の研究者たちは、これを度々指摘した。そして、知的遅進児の障碍そのものは何よりもまず、自身の生来の資質を使用する技能の欠如にある、と述べたのである。セガン（É. Séguin）は『Traitement moral, hygiène et éducation des idiots et des autres enfants arriérés〔重度知的障害児や他の遅進児の精神的治療、衛生、教育〕』（1846 年）のなかで述べている。―「どの１つの知的能力も重度知的障碍児に完全に欠如していると見なすことはできない。だが、かれには、精神的・抽象的現象に自己の能力を応用する技能がない。…かれは身体的にはできないし、知的には理解していないし、心理的には欲しないのだ。彼は欲しさえすれば、できるだろうし、理解できるだろう。だが、あらゆる不幸は、かれがなににもまして欲しないこと

56（原註）以下を参照のこと ― Трошин, П.Я., Сравнительная психология нормальных и ненормальных детей. Т. II. Пг., 1916. C. 683, 687, 688.〔トローシン『健常児と障碍児の比較心理学』第２巻、ペテログラード、1916 年、683, 687, 688 ページ〕

である」[57]。

　いくぶん素朴ではあるが、こうした深く正しいことばの背後に、基本的な正しい命題が見られる。すなわち、知的遅進性という現象はナチュラルな障碍だけではなく、おそらくより多くは、文化的不十分さや、「欲する」と「できる」の技能の不足という現象である。

〔外的手段の使用〕

　このことを、健常児と知的遅進児の記憶の実験研究をもとに示してみよう。

　以前に（第7節で）わたしたちは、次のことを示す事例を引用した。―知的遅進児は発達した子どもとはちがって、外的な道具を十分には用いることができないし、対象を目的の組織的実現のための手段として機能的に使用することができず、自身の自然的努力をおこなうことを好むのだと。同じことは子どもの記憶にも見られる。

　わたしたちは、就学前児から学齢児までの様々な年齢期の子どもと様々な発達の程度の子ども（才能のある子どもから知的遅進の様々な段階までの子ども）の、ナチュラルな記憶を研究してきた。そうしたすべての研究から得られた印象は、ナチュラルな記憶（提起された一連の語の機械的記銘）は年齢と一般的才能にわずかしか依存していないというものだった。平均すると、素材（語）の記銘性は 4.5 から 5.5 までのあいだを動いているが、その際、遅進児と才能児のあいだの有意差は見られない。

　それでは、知的遅進の生徒と健常の生徒の記憶における差異は、この場合、どこにあるのだろうか。確認できたことは、この差異はまさしく自身の自然的記憶を文化的に使用するという技能が異なるということだった。

　健常児（そして才能児）が、彼の記憶を助け、記憶の活動を強力に高める、一連の人為的手法を適用することができるのにたいして、自由にして

57（原註）セガン・E『知的障碍児の教育、衛生、精神的治療』サンクトペテルブルグ、1903 年、XXXYII - XXYIII ページ。

よいとされた知的遅進児は、しばしば、そうした人為的手法を適用することがほとんどできない。すでに記述された実験をもとにわたしたちが確信したのは、この点である。絵が描かれた一連のロトカードを子どもに与え、語の各々になにがしかのカードを選ばせて、それを記銘のために使用させようとしたのだ(第8節で述べた実験)。

　得られたデータは遅進児と才能児の心理の相違の興味深い状況を明らかにしている。

〔才能児の記憶の様相〕

　例として、10 〜 11 歳の年齢の3人の子どもを取りあげてみよう。この子どもたちは全員が才能児である。ビネ〔Binet, Alfred, 1857-1911〕による知的年齢は、全員が実年齢よりもいちじるしく高い。子ども全員を対象に、記憶に関する3つの実験が設計された。まず、かれらには読まれた一連の語をたんに記銘するように提起された(ナチュラルな記憶)。その後、2つの実験が構成された。そこでは、小さな絵カードが渡されたが、かれらは、その絵を語と結びつけつつ、語を記銘する助けにしたかのようであった。2つの最後の実験シリーズは次の点が特色だった。1つ目の実験では、テストされる語と内容的に近いものが見られる絵カードが呈示された。2つ目のシリーズはいくぶん難しいものであった。つまり、被験児に呈示された語は、絵カードとより明確な連関を持っていたが、子どもはそれらのあいだに人為的連関を発明しなければならなかった。

　3人の才能児の研究がもたらした結果は、次のようである[58]。

58　(原註)ここでは例示的資料としてのみいくつかのケースを引用している。詳細な統計的データは、『共産主義教育アカデミー心理学実験室の著作』に掲載されたA・N・レオンチェフの著作のなかに記されている。

被験児	年齢	IQ	自然的記憶	文化的記憶			文化的記憶
				I	II	平均	の係数（%）
アレクセイ・T	10; 6	1,23	5	10	8	9	180
グリーニャ・L	10; 2	1,27	6	10	9	9.5	159
コースチャ・D	10; 9	1,36	4	8	6	7	175

　これらの子どもたちから得られたデータは、なにを示しているのだ
ろうか。

　この子どもたち全員が平均的なナチュラルな記憶を持っていること
がわかる（10個のうち4、5、6個の語）。しかしながら、彼らに助けとし
て小さな絵カードを渡すとき、つまり、しかるべき手法を用いて自身
の記憶を適用する能動的能力を検査するとき、記銘された語の数はほ
ぼ2倍に増加することが見られる。— すでに9〜10個が記銘される
のである（呈示された語の数がより多いなら、さらに結果はいちじるしく増大する
だろう）。人為的手法を用いると、子どもは自身の記憶の自然的働きを
強力に向上させる。ここでの上昇は平均して170〜200％の数字で評
価される。この実験シリーズの記録の典型例を引用しておこう。

グリーニャ・L

II　シリーズ			III　シリーズ		
語	絵	再生	語	絵	再生
雪	そり	＋	森	きのこ	＋
ランチ	かご	＋	家	洗面台	＋
学習	鉛筆	＋	雨	スポンジ	＋
若い人	のこぎり	＋	集会	椅子	＋
衣服	帽子	＋	花	桜	＋
父	靴	＋	帽子のつば	男	＋
畑	たまねぎ	＋	火事	ベル	＋
鳥	鳩	＋	真実	漏斗	－
馬	蹄鉄	＋	屋根	桶	＋
			労働者	旋盤工	＋

　この記録を検討して見いだされることは、子どもが絵カードを選ぶ
のは偶然ではなく、そのたびに、当該の語となんらかの形で結びつい
た表現を選択しており、ときには自分で人為的にそれらを結びつけて

いることである。

　この子どもたちが語を一定の絵カードと結びつけて、それをどのように説明しているのかを、より詳しく検討してみよう。

アレクセイ・T

「畑」の語が呈示されると、「オランダイチゴ」の絵カードが選択される（「畑にはえている」）。

「衣服」の語が呈示されると、「小銭入れ」の絵カードが選択される（再生にあたり「小銭入れはポケットに入れるから」と説明する）。

「集会」の語が呈示されると、「ベル」の絵カードが選択される（「集会では、騒がしいときに、ベルがなる」）。

「真実」の語が呈示されると、「手紙」の絵カードが選択される（「手紙にはすべてを書くことができるが、誰も開けない ― 封蝋の貼り付け」）。

コースチャ・D

「衣服」の語が呈示されると、「ブラシ」の絵カードが選択される（「ほこりを払って服をきれいにできる」）。

「馬」の語が呈示されると、「長靴」の絵カードが選択される（「ひづめがなければ、長靴が要る」）。

「ランチ」の語が呈示されると、「ナイフ」の絵カードが選択される（「このナイフでパンを切ることができる」）等々。

　子どもが絵を補助的手法としてうまく利用できていることがわかる。呈示された語を記銘しようと、子どもは、その語と 1 つの複合を形成する対象が描かれている絵カードを、もっとも頻繁に選択している（ランチ ― ナイフ、衣服 ― ブラシ、集会 ― ベル）。さらに、子どもは、以前の経験をまったく利用せずに、個々の諸要素を故意に組み合わせて、きわめて人為的で複雑な連関をつくりだしている（「誰も開けないので、真実を書くことができる」から、「真実」―「手紙」。「馬」―「長靴」など）。

　才能児は、自身の過去の経験を能動的に使用することができ、その自然的・心理学的過程の改善のために一連のやり方で過去の経験を適用している。

〔知的遅進児の記憶の場合〕

　知的遅進児においてはそれが見られないのだ。

　同じ児童施設[59]の４名の子どもを取り上げてみよう。今回は、かなり目立った知的遅進のある子ども ― 重度の精神遅滞のカーチャ・Ｋと中度知的障碍の３人の子どもである。彼らにも同じような研究をおこなった。その結果を考察してみよう。

被験児	年齢	IQ	自然的記憶	文化的記憶			文化的記憶の係数（％）
				I	II	平均	
カーチャ・Ｋ	12,5	0,58	6	5	4	4,5	75
ヴェーラ・Ｂ	10,5	0,69	4	3	3	3	（75）
コーリャ・Ｓh	11,4	0,56	5	4	0	2	40
ワーシャ・Ｃh	11,4	0,71	5	5	3	4	80

　これらの子どもにおける過程は異なる形で推移することが見られた。なるほど、ナチュラルな記憶は２つのグループにおいて多かれ少なかれ同じものである。一方の才能と他方の遅進は、明らかに、彼らのナチュラルな記憶を反映していない。しかし、かれらの文化的記憶を特徴づける数字を見るなら、事態はまったく異なっているだろう。第１の〔才能児の〕場合には記銘の文化的形式への移行にあたりつねに記憶が鋭く上昇するのにたいして、遅進児においては、逆の状況が目立っている。援助のために渡された絵カードは、かれらの助けにならないばかりか、記憶の活動を妨害し悪化させることさえする。180 ～ 200％という〔才能児の〕文化的記憶の係数にたいして、〔遅進児の場合には〕40、70、80％という係数である。絵カードの助けがあると子どもは、それがない場

合よりも、記銘が少ない。提起される文化的手法は、遅進児にとって
は力不相応であり、かれはこの手法を適用できない。それらは、記憶
の直接的適用から彼を遠ざけるだけである。知的遅進児と才能児との
あいだの大きな差異は、明らかに、ナチュラルな過程の差異というよ
りは、その過程を適用し一定の文化的手法を使用する技能の差異に帰
着する。

　実際のところ、記銘を容易にするために、呈示された絵カードにた
いして知的遅進児はどのような態度をとっているのかを、検討してみ
よう。

　いくらかの被験児の実際の記録から抜粋する。

ワーニャ・Ch, 中度知的障碍

語	絵	再生
雪	鉛筆	－
ランチ	靴	＋
学習	おろし金	＋
ハンマー	チョウ	－
衣服	そり	＋
父	かご	－
畑	オランダイチゴ	＋「畑にはオランダイチゴがなっている」
遊び	たが	－
鳥	ナイフ	－
馬	蹄鉄	＋「馬には蹄鉄がある」

カーチャ・K , 精神薄弱

語	絵	再生
雪	そり	＋「そりで滑る」
ランチ	靴	＋
学習	オランダイチゴ	－
ハンマー	ペンチ	＋
衣服	かご	＋「花柄の服」
父	チョウ	－
畑	たまねぎ	＋
遊び	蹄鉄	－
鳥	時計	－
馬	ナイフ	－

　ここに見られるように、この子どもたちはしばしば絵カードを偶然に選択し、呈示された語とそれを結びつけていない。それゆえ、当然ながら、記銘の上昇はえられないのである。引用されたデータには、以前に述べたような、子どもによって適用された構造は見られない。知的遅進児はたいてい、語を記銘するために絵カードをどのように使ったらいいかを理解することができない。「雪…雪… ── ここには雪が描かれたカードはない」とこの子はいう。語を絵カードと能動的に結びつけることができずに、その語を単純に表現したものを探しているのだ。だが見つからないので、たいてい機械的に、語と結びつけるという課題とは無関係に、絵カードを選択している。なぜその絵を選んだのかという問いにたいして、かれはたいてい次のように答えている ──「この絵カードが気に入ったから」と。かれは絵カードを目的とするような態度をとっているのであって、絵の機能的役割を評価していないし、絵を手段として用いていない。それゆえ、当然ながら、かれは大多数の場合、そのナチュラルな記憶に戻り、ことばが読まれたときに機械的に刻印されたものを記銘するのである。絵カードは彼の助けとはならず、その逆に、〔課題から〕遠ざけるように作用し、始めよりも悪い結果になることもある。

　わたしたちはここでは、ナチュラルな記憶と文化的な記憶の研究事例を引用し、知的遅進児と才能児のあいだの差異がまさしくどの点にあらわれているのかを見てきた。他の領域においても、主要な差異は、生得的なナチュラルな過程におけるだけでなく、文化的手法の欠陥、その手法を創造する技能の欠如、あるいはそれを使用する技能の欠如にも由来する ── と考えることができる。

　こうした事例のすべてにおいて、純粋な生物学的障碍は、同時に、子どもの文化的適応を制限したり妨げたりすることのある要因でもある。

　知的遅進児と健常児のあいだの相違は、しばしば両者のナチュラルな特質のなかにあるのではけっしてなく、明らかに子どもの多様な文

化的形成に依存した先天的資質の異なる使用のなかにある。軽度知的障碍(魯鈍)と中度知的障碍(痴愚)の子どもの場合、脳の発達における客観的障碍がこれを妨げているが、知的遅進の生徒の場合に妨げているのは文化的環境の不十分な影響である。だが、わたしたちが、前者においてしばしば教育の大きな影響を見ていないとしても、また、教育がきわめていちじるしい素質的困難としばしばぶつかるとしても、知的遅進児に対する普通学校の関係について、わたしたちは健康な楽観主義に満ちている。子どもに一定の行動の文化的手法を育てることによって、生物学的事実としてではなく文化的未発達の現象として、子どもの知的遅進性と成功裏に取りくむことができるのである。

〔高次の天賦の才について〕

　どの領域でもいいが、そこにおける高次の天賦の才と考えられているものは、しばしば、なんらかの先天的な性質の結果ではけっしてなく、文化的手法の合理的適用の所産であり、自己に自然的に与えられたものを最大限に使用するすぐれた技能の所産である。

　こうした先天的素質そのものは、普通の人びとの平均的な素質と区別できないものである。

　そのような事例として役立つのは卓越した計算者の研究であり、A・ビネが当時、おこなったものだった。ビネは、数学的演算をなみはずれた速度でおこない、膨大な数列を記銘した、すぐれた計算者として有名な人たちの心理学的テストをおこなった。これらの人たちには皆、例外的な計算の才能と記憶が存在するのはまったく当然なことだと考えられていた。しかし、心理学的実験の結果、ビネはこの命題をまったく肯定しなかった。すぐれた計算者の一部は、生まれつきごく普通の記憶力しかもっていないし、それは平均的な健常な人間の記憶よりもいささかも上位にあるわけではない、とビネは断言した。

　こうした驚くべき事象を、ビネは「優れた記憶の擬態」と名づけた。

そして、次のように示したのである。── この優れた記憶は一連の手法のなかにあり、その手法を当該の人たちはきわめてうまく身につけ、それによって通常の自然的記憶しか持っていないのに並外れた成果を上げることのできたのである。

　合理的な文化的手法の適用は、この機能の活動において高いレベルに達することを可能にしており、あたかもそれが偉大な先天的才能であるかのような幻想を創りだしている。

　これらすべての事実は、もちろん、才能の生得的形式と獲得的形式への私たちの態度をいくぶんは再評価させ、「文化的才能」という問題を現代心理学の最重要な問題の1つとして提起させている。

第15節　才能の評価と文化的発達の問題

〔才能の測定とその数値化〕

　才能の測定と評価は最近、大きな実践的重要性をもつ問題となった。19世紀末にアメリカとフランスで語られた、子どもの才能の程度を数字で表現できるという考え方は、この10年間に、具体的な形式となってあらわれた。そして、いまや、一連のよく考えられたテストのシステムがつくられたばかりか、学校・病院・生産現場でそれらがたくみに適用されている。

　才能の研究に対する現代のテストの基礎にある考え方は、手短にいえば、次の点にある。── 1つひとつの課題が特定の心理学的機能と結びついた活動となるように被験者に課せられているなら、また、その後、この課題がだんだんと困難になるという順序で配置されているなら、当然ながら、その機能の面でより才能のある人が、その課題をより多く解決したり、とてもうまく解決することができる。これは、いくらかの相対的な数字で才能の程度を表現する可能性を示している。

　どの才能テストもこのような原理的命題に根拠づけられているので、

テストの個々のシステムはもはや、この基本理念を実現する詳細や手法において異なるだけである。

　たとえば、ロッコリーモ教授の有名な「心理学的プロフィール」システムは、個々の機能（注意、記憶、意志、知の鋭さ、など）の発達の程度を調べ、遂行された課題の数という条件的単位で発達の程度を表現するものである。このような検査の結果が、各個別機能の程度を示す「心理学的プロフィール」である。もう1つの有名なテスト・システム ― ビネのシステム ― は、各年齢の子どもの発達の程度を総計的に評価しようとしている。様々な年齢の子どもにとって個々の課題がまったく手に負えないものであることを見て取ってから、ビネは、それぞれの年齢の健常児によって容易に解ける一連の経験的なテスト・シリーズを選びだした。こうした課題のシリーズは3歳児、4歳児、5歳児らに向けて作成された。ある年齢の子どもが知的遅進児であることがわかれば、この子はたいてい、対応する年齢の課題のすべてを解決しなかった。こうして、子どもの発達あるいは遅進性の程度が経験的に数値化できるようになったのである。

〔才能の測定が実際に測っているもの ― ナチュラルな過程と習得された知識〕

　しかし、テストによる才能の測定についての、本質的にすぐれていて信頼できる考え方は、よくみてみると、かなり複雑な〔解決すべき〕問題であることがわかる。

　実際、才能に対する様々なテストにおいて検査されるべきは、いったいどのような性質なのだろうか。才能とは何だろうか、また、この名辞によって通例、理解されているのは何だろうか。

　才能にたいするテストの様々なシステムをより近くから検討してみて確信できることだが、これらのシステムにおいて検査されているのは、まったく異なる領域での、しばしばまったく異なる機能なのであ

る。次のように言うことができる。── 才能に関するほぼすべての現代
のテストは、生得的な心理生理学的機能の状態、あるいは、まったく
別の状態、つまり人間の習熟の発達と知識の程度を調べているのだ。
あらかじめわかることだが、そうした過程の最初のサイクルは発達し
ないか、わずかしか発達しない。それゆえ、しばしば重要であるのは、
人間の自然的記憶、かれの視力、聴力、動作の速度などを検査するこ
とである。しかし、もちろん人間の知力はもっとも強力な変化を被る
し、それ自身が、多少なりとも豊かな経験の所産であり、ある程度まで、
適正で長期にわたる環境との接触の所産である。たとえばビネのテス
トによる研究結果として得られたデータを分析するなら、次のことを
認めねばならないだろう。── 実際には、きわめて多様な資料がえられ
たのであり、あたかも子どもの総括的年齢をあらわすかのような総数
の背後には、査定された生来的性質と学校で得られた知識との未分化
な組み合わせが存在しているのだ。実際、紙幣の数字を読んだり、月
の名称を順序どおりに言ったり、韻から語を探しだしたりすることな
どが、生徒の才能について証明しているだろうか。これらのデータを
もとに判断できることは、才能そのものよりは、子どもが学校で学ぶ
知識について、知識と語などの蓄積量の大小についてである。もちろん、
これらすべては、広義の才能の範疇に入るが、だがもちろん、この概
念をけっして汲みつくしていない。なぜなら、多数の知識を伴わない
種類の才能や事例があるからだ。子どもの知力の豊かさの研究となら
んで、認識との直接的連関はないが、文化的発達において大きな役割
を演じる子どもの他の特質をも研究しなければならない。わたしたち
はまた、才能の研究のために、人格の自然的で生得的な性質を評価す
るだけではまったく十分ではない、と考えている。

〔自然的資質の補償〔合理的使用〕としての「文化的才能」〕

　分析することなしに、生まれつきのきわめて劣った記憶力をもつ人

間の知的活動を選別することができるだろうか。生まれつきの劣った
記憶力とともに、他のナチュラルな過程 ― 反応速度、動作・注意の正
確さなど ― の面で低い評点を示すとしたら、彼は才能がわずかしかな
い、と認めることができるのだろうか。そのように結論づけることは
正しくないと思われる。次のことを忘れてはならないのだ。― まちが
いなく才能のある人たちがときに劣った先天的資質をもっていること、
自然的欠陥は全生涯にわたって傷口が開いたまでいるわけではないこ
と、自然的欠陥は一生のあいだに、なにがしかの形で獲得された人為
的手法によって埋めあわされ補償されうること、そして、劣ったナチュ
ラルな記憶を基礎にしてさえ、一定の「文化的才能」をもつもとで、上
述したように、この弱い記憶を最大限に活用することができるのだ。
それと同時に、そうでない場合には、すぐれた自然的資質も働くこと
なく休眠しているのである。

　人間の生得的性質の一定の状態を確認することによって規定できる
のは「初期状態」だけである。この状態はさまざまに進行する文化的発
達のもとでは同一の結果をもたらすわけではない。

　そのような文化的発達はなになのか、また、一定の心理学的テストに
よって文化的発達の確立と評価にどのようにアプローチすべきなのか。

　これまでのすべての叙述から、この問いへの答えがおのずと得られ
る。文化的発達の程度が表現されるのは、獲得された知識だけではなく、
外界の対象を使用する人間の技能においてであり、なによりも、自己
自身の心理学的過程を合理的に使用する技能においてだと考えられる。
文化や環境は人間をつくりなおすが、それは、人間に一定の知識をさ
ずけることによって起こるのではない。文化や環境は、人間のなかに
自己自身の可能性〔能力〕を使用する一定の手法を育てることによって、
人間の心理学的過程の構造そのものを変形する。文化的才能とは、生
まれつきの平均的あるいは劣った資質をもちながらも、それらを合理
的に利用することによってすぐれた結果を達成することである。それ
は、他の文化的に未発達な人間がいちじるしく強力なナチュラルな素

質によってはじめて達成することのできる結果に匹敵する。自己のナチュラルな素質を支配する技能、その素質を利用する最良の手法を育成し適用すること、── そこに、文化的才能の本質がある。

　文化的才能は統一的で恒常的で静止的な概念である、と考える必要はない。そうではなく、この才能はまったく多様な現れ方をすることがあるし、ある領域の才能が他の領域での才能の存在を必ずしも前提にするというわけではない。ある領域における卓越した文化的活動を発展させた音楽家は、わたしたちが学者のなかにあると仮定する素質をまったくもたないこともある。また、高い実践的才能をもつ人間は、おそらく、まったく異なる特性の複合を持っているのだ。抽象的であまり用いられない用語である「一般的才能」の代わりに、いまやいくつもの特殊的「才能」の概念が提起されている。

　しかしながら、すべての才能のなかに１つの共通のモメントがある。それは、まさしく、自己の先天的資質を利用する最大限の技能に帰着する。また、ナチュラルな過程を媒介的・人為的・文化的過程に転化させる、ますます新しい手法、外的・内的な手法、構造において単純あるいは複雑な手法の育成に帰着するのである。これらの手法の豊かさと能動性のなかに「文化的才能」という概念がもたらす一般的なものが含まれている。

〔文化的才能の今後の基本的研究について〕

　もちろん、この概念は、社会環境との生きた接触のなかで獲得される動的な現象を前提としている。この心理学的形成物は、人間への社会的作用の所産であり、生体の生命における外的・文化的環境の代表者であり果実である。この形成物は各人のなかにある。もっぱら、各人の歴史に依存し、かれの初期の基本的資質の多様な可塑性に依存して、この形成物はある人には豊かに発達し、他の人には萌芽的で貧しい状態にある。心理学者の課題は、この形成物を十分正確に研究し、

対象とされた各個人における「文化的発達」の係数を明らかにすることなのである。ナチュラルな素因の程度 — 神経 — 心理活動の年齢的状態 — ナチュラルな神経力学のあらゆる基礎 — それから、文化的諸過程の段階と構造、知力の程度、知識の豊かさ — これらが、人格の才能の研究プログラムと考えられるものである。

　発展しつつある実験心理学的研究は、近い将来、文化的発達用の完成したテストシステムを、さらに、個々の年齢期の子どもや生物学的・社会的グループ分けされた子どもの、文化的発達にとって特徴的だと認められる基準を必ずや提供できるだろうと期待しうる。

　人間の生得的な性質とならんで、さらに、その存在を社会環境の文化的影響に負っている神経−心理活動の形式を研究することで、わたしたちは幼稚園・学校に通う子どもたちをより深く理解し、その発達の特徴をより正確に評価したり、合理的な文化的影響によって、この発達をいっそう前進させることができるようになるだろう。

解説：ヴィゴツキーによる理論的探究の最初の跳躍地点

1　歴史主義心理学としての『猿・自然人・子ども』

　わたしたちは本書を歴史主義心理学と性格づけた。その理由はまず、本書のロシア語のタイトル ―『行動の歴史にかんする序説 ― 猿・自然人・子ども (Этюды по истории поведения: Обезьяна. Примитив. Ребенок.)』のなかに含まれている。具体的にいえば、文化的人間の行動は、類人猿・自然人・子どもの行動という「行動発達における３つの基本路線 ― 進化と歴史と個体発生 ―」のすべての統合的な所産であるという点、いいかえれば、文化的人間の行動は「人間の行動の歴史が構成されている３つの異なる道によってはじめて学問的に理解され説明されうる」(本書序文) という点にこそ、歴史主義と形容する理由がある。

　さらに、本書が比較的短い著作であるにもかかわらず筋の通った充実した内容をもっているのは、それぞれの基本路線のあいだの結節点 (類人猿の知能のあらわれである道具の発明・使用、自然人の言語をはじめとした補助手段〔読み・書き・計算〕、個体発生における自然的発達と文化的発達との分岐) が明確化されているからである。もっとも後述することになるが本書には１つの限界があるのだが。

　この心理学を原理的に深く理解するには、本書(1930年初版)を取り囲む２つの重要な手稿と関連づけておく必要がある。

　まず、当時の主要な心理諸学説を分析の対象にした『心理学の危機の歴史的意味』(1927年執筆)である。

　この『危機』は、①現実や実践が提起する問題にたいする一般心理学の立ち遅れ、個別・応用心理学の領域ではこのままでは一歩も前進できないことに一般心理学が対応していないこと、ここに心理学の危機の源泉があると考えた。

②具体的には、心理学の基本構造を提起し、一般心理学と多数の個別心理学との相互関係を次のように規定したのである。(a)一般心理学と個別(応用)心理学の関係は理論の担い手と実践の担い手との関係ではなく、(b)実践を分析して一般化する個別心理学から事実と一般化を受けとる一般心理学は、個別心理学と基本的には同じ作業をおこなう。だが、(c)そこでは多数の個別心理学から実践の事実と一般化とを提供されるがゆえに、実践のより高次な考察と一般化が可能になる。こうして、そののちには、(d)個別心理学は一般心理学から高次の一般化や概念を供給されて、より有効に実践を分析できるようになる。

③そのような一般心理学を構築する可能性のある心理学について、ヴィゴツキーは、シュテルンの人格主義心理学、ケーラーらのゲシュタルト心理学、マルクス主義心理学をあげ、それらが自然・社会・人間個人を統一的に理解しようとする基本概念をもっている点で一般心理学へと発展する資格があるとした。しかし、第1のものは物体そのものをも「人格」と見なす点で無理があり、第2のものはすべてをゲシュタルト(形態)とみなす点で統一的ではあるが、ただしそのゲシュタルトは高次化していかない。また第3のものはもっとも有望でありながらも心理学的事実の研究のかわりにマルクス等からの引用主義ですましている。これらがそれぞれの弱さとして指摘されている。重要なことは、一般心理学の構築には、多数の個別心理学を統合しうるホリスティックなアプローチが求められていることである。

本書は以上のような方法論的意識をもとに『危機』執筆の3年後に、一方では生物進化や人類学的な事実、子どもの実験的事実を取り上げ、他方ではその考察にあたって各分野で発展してきた主要な諸理論を用い、全体としては歴史あるいは歴史主義(発生と発達)の概念を統一軸にして執筆されている。短くいえば、この歴史主義心理学こそ、当時、ヴィゴツキーが構想したマルクス主義的な一般心理学であった。

その翌年の『高次心理機能の発達史』(1931年執筆)は、随所に本書

との連関が見られ、しかも理論的にはより緻密である。ここで本書との原理的な連関として指摘しておきたいのは、一方では、マルクス主義的な原理のさらなる緻密化が見られることである。その代表例はマルクスの「フォイエルバッハに関する第6テーゼ」が描く人間論を心理学化したことである。すなわち、「人間の心理的本性は、内側に転移して人格の機能と人格の構造の形式になった、社会的諸関係の総体をあらわしている」。ヴィゴツキーはここに、文化的発達の歴史がもたらすものの「もっとも完全な表現」が見られると考えている（『発達史』5章「高次心理機能の起源」）。他方、『発達史』13章「高次形式の行動の教育」には教育の本質を導きだす自然的発達と文化的発達の相互関係論が示されている。生物学的要因と環境的要因との2要因のたし算のなかに人間発達を構想したシュテルンの輻輳説とは異なり、ヴィゴツキーは子ども・人間の発達を基本的には自然的なものと文化・歴史的なものとの対立、せめぎあいとした。そして、それら両者がつくりだす断絶や溝を埋めるものとして教育を位置づけたのである。

　こちらの観点は、直接的にはその後の児童学的著作を導くものとなるが、原理的にはスピノザの再生につながっている。この原理的側面については、本解説の6において述べようと思う。

　次に本書の内容について具体的に解説しておきたい。

2　第1章「類人猿の行動」

　第1章「類人猿の行動」でヴィゴツキーは、ゲシュタルト心理学派のヴォルフガング・ケーラーによる類人猿の実験に検討を加え、類人猿の知性と人間の知性の共通点と違いを明らかにする。ヴィゴツキーはケーラー著『類人猿の知恵試験』（原題≪ Intelligenzprüfungen an Menschenaffen ≫、初版1917年）[1]のロシア語版の編者となり、序文を付している。ロシア語訳は本書と同じ1930年に出版されているが、ケー

1　ケーラー著『類人猿の知恵実験』宮孝一訳、岩波書店、1962年。

ラーに関してヴィゴツキーは、媒介による文化的発達の概念が初めて
登場する 1928 年の論文「子どもの文化的発達の問題」でも言及してい[2]
る。こうした点からヴィゴツキーが本格的な心理学研究活動の初期の
段階でケーラーの研究に注目していたことが推測できる。

　ケーラーは、類人猿には人間と同じような知性があるのか、類人猿
の知性の特徴は何かを明らかにするため、類人猿研究所において独創
的な実験シリーズを実施した。例えばケーラーは、棒でたたいて餌を
とるといった単純な方法ではなく、棒を使って一度、自分より遠いと
ころに餌を追いやるという「迂回路」の段階を経なければならないとい
う条件を作り出し、チンパンジーの行動を観察している。犬には不可
能なこの迂回路の餌取り課題をチンパンジーはクリアする。

　ケーラーの巧みな実験により、チンパンジーは目的達成のために回
り道をする、道具を使う、簡易な道具をつくるといった人間の知的行
動と類似した行動をとることが確かめられた一方で、チンパンジーの
知的行為は視覚的把握により制限される点で人間の知性と異なるとい
う見解を示した。これに対し、人間の知的行動発生の要因を労働と労
働過程から生じた記号（ことば）に見出し、歴史的アプローチで説明した
のがヴィゴツキーである。

　ヴィゴツキーは類人猿の行動を、本能的、条件反射的、知的の３つ
の発達段階に分けて検討する。本能的行動から条件反射への上昇は訓
練によって可能になる。問題は条件反射的行動から人間の知的行動へ
引き上げる中心となるものは何かである。ケーラーによればそれは構
造の適用である。ケーラーの見解では本能的行動や条件反射では解決
できないような困難な条件の下では、チンパンジーは古い行動様式の
構造を新しい自身が遭遇した新しい状況に移行させ、課題を解決する。
その結果、チンパンジーの行動は知的な段階に押し上げられるという。
色紙を使った鶏の食餌実験の考察にも示されているように、ケーラー

2　Выготский, Л. С. 1928. Проблема культурного развития ребёнка. Педология. С. 58-77.「子どもの文化的発達の問題」中村和夫訳、『心理科学研究』第 12 巻第 2 号、1990 年。

の知的行動の研究はあくまでゲシュタルト心理学の枠内にとどまっている。チンパンジーの描画行為については、ケーラーは何らかの象徴を描いているのではなく、単に塗るという行為にすぎないと解釈し、チンパンジーの心像（表象能力）は貧弱であることを指摘しているが、人間と類人猿を分ける特徴として十分に考察していない[3]。

　一方、記号の機能に着目していたヴィゴツキーはこの点でケーラーとの見解の違いを明らかにした。条件反射的行動から知的行動に引き上げるモメントで中心となるのは心理的手段となる記号であり、「人間の行動と人間文化とをあまねく特徴づける補助的心理学的手段を導入する技能が欠如していることは、猿ともっとも未開な人間とのあいだに境界をおく」とした（本書60頁）。加えてケーラーの実験により言語を伴わない知性、つまり言語と独立した思考が存在することが確かめられたことは本書だけでなくヴィゴツキーの心理理論全体にとって重要な契機となっている。それぞれ独立して存在しうる言語と思考の交差については、第3章の解説で取り上げる。

　ケーラーの研究からヴィゴツキーが得たもう一つの重要な契機は、チンパンジーは道具を発見し利用するが、労働をしないことである。道具はチンパンジーにとって生活に必要不可欠なものではなく、副次的な役割しか果たさない。一方で人間にとって労働は人間の生活の中心であり、プレハーノフのいうように人間の全ての生活様式、思考様式、生来の性質を変え、人間に質的変化をもたらした。

　ヴィゴツキーはエンゲルスの「類人猿が人間に転化する鍵となったのは労働である」という命題を引用し、労働は社会的活動であり、ここからことばが生じ、人間の行動と心理は高次の発達を遂げると結論づける。なおここでの「高次の発達」の意味は、エンゲルスに倣（なら）い人間は労働により自然を、ことばにより自らの行動と心理を支配するようになり、自由への道を進むことだと捉えられている。この自由という概念

3　チンパンジーの描画については実験が続けられ、新しい研究成果がでている。齋藤亜矢『ヒトはなぜ絵を描くのか』岩波書店、2014年など。

の心理学的意味づけは、本書以降、ヴィゴツキーの心理学の底流に流れ続けるテーマとなっている。これについては本解説の6でより詳しく論じることにする。

3　第2章「自然人とその行動」

　第2章でヴィゴツキーは人間の行動の歴史的発達の動態の解明をさらに進めるため、文化的に発達した社会に生きる人々と異なる自然人の特徴について、主にレヴィ＝ブリュールの研究とさまざまな文化人類学的・心理学的資料を利用しながら検討する。

　ヴィゴツキーは、心理学的機能の類型は個人的なものではなく個人が属する社会構造に依存するとしたレヴィ＝ブリュールの見解を支持し、自然人と文化的人間の差異は、生物学的なものではなく文化的差異であること、この差異は社会的環境の発達によってもたらされるが、それが契機となり自然人は類人猿と異なる独自の発達路線を進むことになるとみる。自然人がどのようにして歴史的発達を遂げるのかを明らかにするため、記憶の様式、思考と言語の関係、数の操作という3つの領域から検討を進めている。それぞれの領域における自然人の驚異的な能力を描写しつつ、自然人の本質的特徴に迫っていく過程は、文化心理学の知識がなくとも引き込まれるほど興味深い。記憶の事例では、ある民族は地形を一度目にするだけで細部まで覚えていられるし、別の民族は語り終えるのに幾夜もかかるような詩を暗唱できる。しかし次第に結び目や紐等の外的記号を作り出し利用するようになっていき、自然的記憶に依拠するのではなく、記号を使って記憶するようになる。人間は記号により心理機能を制御するようになり、自然人の特異な能力は衰退へと向かうのである。

　このように、記号の発明と利用が人間の発達の転換点であり、発達を別の方向に変えたことが明らかにされる。自然人は道具を使って労働をし、自然を支配するようになったのと同様に、記号を用いて自分

自身の行動を調整したことで、自然人の心理的機能が再編成され、文化的発達の道を進んでいく。ヴィゴツキーが特に重要視したのは、こうした心理的機能の再編は生来のものとして発生するのではなく、外部から、民族の社会生活の変化からもたらされた点であることも注目に値する。

　最後にヴィゴツキーは自然人の特性の一つである呪術性について自身の見解を述べる。呪術は外的自然に対してだけでなく人間自身にも向けられ、何らかの媒介によって対象を支配しようとする行動である。したがって、呪術的思考をレヴィ＝ブリュールが自然発生的としたこと、自然人の絶対的特徴としたことは誤りであり、呪術的思考は自然人の第1次的な特性ではなく、狩猟や農業、戦争等での実際的技術や行動の高度化、それに伴う技術的思考や言語的思考、論理的思考の発達とともに、より後に生まれたものと結論づけた。

4　第3章「子どもとその行動」

　第3章では子どもから大人への発達過程が検討され、類人猿、自然人と方向性の異なる人間の本質的特徴が明らかにされる。第3章はルリヤが執筆しているが、序文に述べられているように本書はヴィゴツキーの著作『学童期の児童学』[4]を資料としており、後に注目されるヴィゴツキーの中心的概念の存在を窺い知ることができる。

　文化的人間の子どもは生物として生まれるが、すでに準備された文化的・生産的環境に囲まれている点で、自然人と異なる。しかし初めから文化的なのではなく、ピアジェが示したように幼児の思考は自己中心性とプリミティヴィズムに支配されている。第3章では、幼児の思考がどのような過程を経て大人と同じような思考のタイプに移行す

4　Выготский, Л.С. 1928. «Педология школьного возраста». Бюро заочного обучения при педфаке 2 МГУ. / «Педология школьного возраста. Лекции по психологии развития». М: Конон+./ 第4〜7講義の邦訳は『ヴィゴツキー学』別巻第3〜5号に号に掲載。

るのか、記憶、注意、抽象化、思考とことばといった側面から詳しく検討される。

　本章第11節では第1章で別々に発生し存在しうることが確認できた思考とことばがどのように交差し、子どもが変容するかが記述され、第3章の考察の総括がなされる。子どもは事物や行動、欲求の対象がことばと結びついていることを発見し、語彙を増加させる。アッハの実験から子どもはことばによって新しい概念をつくりあげること、つまり、ことばは思考の道具となり、子どもの思考を変えることが確認される。「子どもの心理は再編されて新しい構造を獲得する…（語彙の拡大期に）なによりも明瞭に現れたことばのメカニズムは、内的な無言のことばへと移行していく。この内的なことばが、思考のもっとも重要な補助的道具の1つとなる」（本書247頁）。内言は最も重要な心理的機能を形成し、人間は高い文化的形式の行動を達成するに至る。

　ルリヤ執筆となっているが、この第11節の内容は先に紹介した『学童期の児童学』に基づいており、ヴィゴツキーの見解を踏襲したものとみなせる。ここで述べられた思考とことばの交差による子どもの心理機能の再編、外的なものから内的なものへという心内化、内言の機能といったアイデアは、ヴィゴツキーの発達論を支える支柱として『思考と言語』（1934年）においてより完成された形で展開される。加えて第13節以降では、発達遅進、身体的障碍とその補償、健常児における発達の個人差といった問題にも言及している点で、ヴィゴツキーの問題意識がいかに広く、視点が革新的であったかを確認することができる。

5　本書の保育学への示唆

　本書のオリジナル版がモスクワで出版されたのが1930年、その日本語訳が大井清吉・渡辺健治両氏の監訳で『人間行動の発達過程』として明治図書から出版されたのが1987年である。相当の年月を経てこの度、敢えて新訳を出版するにあたり、保育学にかかわっている筆

者が本書から読み取った示唆を簡単に記しておきたい。

　1つ目は子どもの発達過程の唯一無二性とそれへの保育者の関わりである。本書は、子どもが最初に対象とことばの結びつきに気づいてからことばによって抽象的な思考ができるようになるまでの過程の重要性とともに、かけがえのなさを再認識させる。子ども一人一人が一つの言葉に出会い、本当の意味で利用できるようになるまでには、数々のドラマがあり、周りの大人の丁寧な関わりがあったはずである。日々、こうした唯一無二のドラマの創造を支援することは保育者の責任であるとともに、絶えることなき発見と喜びの源泉であり、子ども理解を深めるに違いない。

　2つ目は言語環境の変化と子どもへの影響である。本書にあったとおり人間の子どもは自然人と異なり初めから文化的環境の中で育つが、急激な情報技術の発達により、子どもの周りの言語環境が昨今大きく変わっている。子どもはかなり早い段階で周囲の人々からの肉声だけでなく、視覚的情報を伴う各種メディアからの音声にさらされているし、ＡＩによる合成音声は急速に広まり、文字は手書きから打ちことばにとって代わられていく。同時に誰もがソーシャルネットワークを利用して自分の声を広く発信できるようになり、少なくとも大人社会は言語の氾濫状態にある。こうした言語環境の変化は、子どもの記号の獲得と利用、思考の形成にどのような影響を与えるのだろうか。言語媒体の進化は子ども特有の身体的表現や思考の飛躍、想像的で創造的な遊びを促進するのだろうか、それとも別の形への移行を促すのだろうか。子どもと接する機会の多い保育関係者は、新しい知性のタイプの発生可能性も含め、注意深い観察と分析、適切な対応が必要であろう。

　3つ目は保育学研究の取り組みにかかわる。ヴィゴツキーらは「子どもとはこういうものである」という先入観に囚われることなく、子どもの行動を観察し、その本質を捉えている。こうした洞察力は、主要な学説の無批判な受容や経験の単なる蓄積から培われるものではないこ

とが本書を読むとわかる。ヴィゴツキーは、子どもの発達は系統発生を繰りかえすというパラレリズムに安易に陥らず、動物心理学、文化人類学、発達心理学等の研究成果と独自のアプローチによって人間の固有の特徴である知性の生成と発展の道筋を提示した。本書を貫く研究の確固たる筋道は、基礎の平面では哲学的素養、心理学と関連学問分野に関する豊富な知識であり、具体の平面では先行研究の批判的受容、工夫をこらした実験の実施と結果の分析に支えられている。ヴィゴツキーが行った実験だけで彼の著作は構成されていないので、プラクティカルな面でヴィゴツキーが評価されることがあまりないが、現実には緻密な準備により実験が成功し、興味深い結果が得られたと推測できる。ケーラーは、知恵試験はテストされる動物だけでなく、実験者をもテストすると述べている（ケーラー、前掲書、256 頁）。このことは私たちが実施する子どもを対象とした調査、保育研究についても当てはまるであろう。

　その他にも、発達の遅進のとらえ方と保育実践、社会的状況と子どもの関係に関しては人格の問題（ヴィゴツキーはのちにプリズムに喩えて説明している）、記号による自己の支配に関しては保育における自立と自律の問題など、本書が提起する保育学的テーマは多岐にわたる。慧眼の読者はかの偉人の心理学からより多くの果実を得ることができるであろう。

6　次の跳躍地点＝スピノザ主義の再生

　前に予告しておいたが、本書で展開された歴史主義心理学には１つの限界がある。それは、人間と自然との関係を「自然への支配」とした点である（それに関連して人間の自己との関係を「自己自身への支配」とした点も間接的に問題となる）。

　ヴィゴツキーの構想する一般心理学はマルクスの労働過程の概念を基礎にしている。具体的にいえば、人間と自然とのあいだの過程にお

いて「人間は自分と自然との物質代謝を自分自身の行為によって媒介
し、規制し、制御する」。「人間は…自分の外の自然にはたらきかけて
それを変化させ、そうすることによって同時に自分自身の自然〔天性〕
を変化させる」（資本論第1巻第5章「労働過程と価値増殖過程」）。これを受容
しながら、直接的には、エンゲルス「猿が人間化するにあたっての労働
の役割」（『自然の弁証法』所収）から、ヴィゴツキーは労働過程を人間によ
る「自然への支配」と「自己自身への支配」（本書第1章・第6節）と定式化
した。

　もともと労働過程を基礎にした定式化であるので、この2つの支配
が「同じ原理」（同上）にもとづくことは、ある意味では理にかなってい
る。一般心理学の基本的性格からしても、またホリスティックなアプ
ローチからしても、自然と人間、人間と自己自身という2つの関係に
同一の原理が見られることそのものは必要不可欠である。

　ところが「支配（господство, Beherrschung）」という規定は問題をはらんで
いる。エンゲルス「猿が人間化するにあたって…」では、自然にたいす
る動物の働きかけと人間のそれとを比較して、まず動物の場合には次
のように述べられている。—「動物は外部の自然を利用するだけであっ
て、たんに彼がそこにいあわせることで自然の中に変化を生じさせて
いるだけなのである」。他方、人間の場合には—「人間は自分がおこす
変化によって、自然を自分の目的に奉仕させ、自然を支配する」。ヴィ
ゴツキーはここから「支配」の概念を導きだしている。

　だがそのときヴィゴツキーが見逃しているものがある。それは、そ
の直後に書かれた「自然の復讐」という警句である。—人間が自然にた
いしてかちえた勝利のたびごとに、「自然はわれわれに復讐する」。な
るほど、どの勝利もはじめは予期したとおりの結果をもたらす。しか
し「二次的、三次的には、それはまったく違った、予想もしなかった作
用を生じ、それらは往々にして最初の結果そのものをも帳消しにして
しまうことさえある」。ここでエンゲルスのあげた「復讐」の諸事例は
まだ小規模で地域的なものだが、それらは現代の気候危機などのグロー

バルな環境危機の前史的現象である。

　エンゲルスの警句をうけとめ、現代の諸条件のもとではその危機が明白に人間活動によってひき起こされていることを認識するなら、「自然への支配」の語はすでに不適切である（そのことは原理的同一性のゆえに必然的に「自己自身への支配」をも不適切なものとする）。

　「自然への支配」に代わりうるものはなにか。自然との関係において、一方では、動物は「利用」、人間は「支配」では、人間活動を環境危機の原因としてしまう。動物も人間も利用でなければならない。いわば他の動物と同じように、自分と自然を素材にした生産物との（たとえば土壌動物の力を借りた）「自然への回帰」を実現することである。他方では、同じく利用といっても、人間に求められるのは、「二次的、三次的」、さらにその後の作用を点検したうえで利用すること、つまりより高度な理性的利用である。そのような利用は、自然への回帰とそれを念頭においた高度な理性的利用という２つの理由によって、リサイクル論を超えた先にあるものだ。

　ところが興味深いことに、ヴィゴツキーは、「自己自身への支配」の方は、その不適切さを実質的に克服している。

　それを理解する鍵は、ヴィゴツキーの次のことばのなかにある ー「人格発達の壮大な構図 ー 自由への道。マルクス主義心理学のなかにスピノザ主義を甦らせること」。その途上においてかれは死を迎えたのだから、スピノザ主義再生のなんらかの完成された姿をヴィゴツキーの著作のどこかに追い求めることはできない。しかし、その痕跡はある。そのいくつかを示しておこう。

　①まずスピノザの感情論とそのヴィゴツキーによる理解が第１の痕跡である。スピノザの『エチカ』のなかには、やや形式的にいえば２つの感情が書かれている。その１つは、簡単にいえば感情とは身体の状態のことであり、身体が積極的または消極的に働き、そのような身体の状態が反映される〔その状態の観念を持つ〕ことである（『エチカ』第３部

定義3）。これは、ラテン語で感情を意味する affectus の語源に「心の状態」と「身体の状態」の双方が認められることにも照応している。他の1つは、「私たちは誰しも、絶対的ではないにせよ少なくとも部分的に、明白で明瞭に自己を認識し、自己の感情を認識する能力を持つので、感情から生じる苦悩を最小にする能力を持っている」（『エチカ』第5部定理4備考）こと、それは自由への道であるということなどを内容とする知能と感情の関係である。

　ジェームズが述べた「粗大情動」と「繊細情動」のような、低次と高次の情動、身体的情動と知的情動など、2種類の感情は論者によって規定は様々だが、スピノザは2種類の感情を1つの統一的連関のなかに位置づけた。「自己を認識する」「自己の感情を認識する」能力を持つことが統一的連関の鍵である。事物そのものは、いくらそれを深く認識したとしても、いささかも変化しないが、感情は認識されると変容することがあるからだ。

　②このような感情論、知と情の関係論から、ヴィゴツキーは、一方では他の学問領域での理論を援用し、他方では心理学的事実を考察しながら、新しいアプローチを開拓している。

（a）【心理システム】脳のシステム（ネットワーク）に関連づけられつつ、心理機能は個別的に作用するのではなく、他の諸機能との連関において作用すること。

（b）【層理論】神経学的にはジャクソンに依拠しつつ、低次機能と高次機能の関係は、後者による前者の抑制、なんらかの理由による後者からの脱抑制のもとでの前者の解放によって特徴づけられること。

（c）【機能や心理システムの発達と崩壊】歴史主義（発生と発達）に由来する層理論とスピノザ主義に由来する心理システム論とを土台にして、ヴィゴツキーは失語症と想像力の崩壊や、思春期における概念形成・人格システムの発達、統合失調症における概念の崩壊（幻覚や妄想の発生の基礎にある概念の崩壊）などを考察し、発達は同時に崩壊であるという方向に発生・発達論を進化させた。

　③【発生・機能・構造の統一体としての内言論】層理論、心理システム論、発達・崩壊論を統合したもの、つまり②と、類縁的であるのは、ヴィゴツキーが解明した内言論である。かれは発生的様式（歴史主義）において内言の実態を把握し、それにもとづきながら、内言の機能と構造を明らかにしようとした（『思考と言語』7章）。

（a）【発生】6歳代におけるモノローグ（自己中心的言語）の急減は、社会性の増大のためだけでなく、内言が成長するからでもある。この発生を図式的に示せば、外言→モノローグ→内言。

（b）【心理機能】他者に向かう外言（コミュニケーション言語）とは異なり、内言は自己に向かうことばであり、思考などの心理機能を遂行する。

（c）【構造】内言は、形相的には圧縮・短縮され、かけらと化し、やがて外側から感知できなくなるが、意味的側面では、小説のタイトルが小説の全体を表現するのと同じように、はなはだしく膨張する。内言における形相と意味とは反対方向に運動していくかのようである。

　これらが子ども・人間の内側で起こっていることであり、そうした複雑な過程はもはや「自己自身への支配」の語には収まりきれない。
　問題は、すでに述べたような意味での「自然の高次の理性的利用」に対応する人間の自己とはどのようなものなのかにある。
　自然の高次の理性的利用がリサイクル論さえ乗り越えて人間と生産物との自然への回帰をはたすためには、エンゲルスのことばになぞらえれば、1次的な利用で積み残される問題は、2次的利用、3次的利用、さらにその先の検証というように思考しつづける以外にない。そのような意味での自己の規定とは、「自己自身への支配」ではなく「自己自身との対話」であり、バフチンが述べたような「非完結的な」永続する「対話」である。
　こうして、ヴィゴツキーの一般心理学の構想を現代に活かすために、もし自然と人間の関係と人間の自己との関係との原理的同一性を語の同一性にまで高めるとすれば、求められるのは「自然との対話」と「自

己自身との対話」というべきである。２つの「支配」ではなく２つの「対話」が心理学のなかにスピノザを再生する現代のことばである。

　本書の出版にあたり、今回も三学出版の中桐和弥氏のお世話になった。記して感謝もうしあげたい。

　最後に、翻訳の分担とこの解説の執筆分担を示しておこう。

神谷栄司 − 序文、１章、２章の翻訳。解説の１、６の執筆。

伊藤美和子 − ３章の翻訳。解説の２〜５の執筆。

2024 年 1 月　山河と生命をめぐる動乱の時代に

神谷栄司、伊藤美和子

訳者紹介

神谷栄司　かみやえいじ

1952 年　名古屋に生まれる
1982 年　京都大学大学院博士後期課程単位取得満期退学
大阪千代田短期大学幼児教育科を経て、佛教大学社会福祉学部、京都橘大学人間発達学部、花園大学社会福祉学部にて教授として勤務。
現在は著述と翻訳に従事。博士（人間文化学、滋賀県立大学）

主な著書・訳書
ヴィゴツキー他『ごっこ遊びの世界』法政出版、1989 年
ヴィゴツキー『「発達の最近接領域」の理論』共訳、三学出版、2003 年
ヴィゴツキー『情動の理論』共訳、三学出版、2006 年
『保育のためのヴィゴツキー理論』三学出版、2007 年
『未完のヴィゴツキー理論 ― 甦る心理学のスピノザ』三学出版、2010 年
ヴィゴツキー『「人格発達」の理論』共訳、三学出版、2012 年
ヴィゴツキー、ポラン『言葉の内と外 ― パロルと内言の意味論』共訳、三学出版、2019 年

伊藤美和子　いとうみわこ

2005 年　神戸大学大学院総合人間科学研究科博士後期課程修了、博士（学術）
神戸大学、大阪大学等非常勤講師、豊岡短期大学講師を経て、
現在、花園大学社会福祉学部専任講師。

主な著書・論文・訳書
『教育原理』共著、豊岡短期大学、2019 年
「遊びにおける学びと大人の役割についての考察―ヴィゴツキーの遊び論を基礎に―」『豊岡短期大学論集』第 14 号、2016 年
「ヴィゴツキーの発達論におけるポテブニャ言語学の役割―『教育心理学』を中心に―」『ヴィゴツキー学』増刊第 1 号、2021 年
「寓話分析における形式と内容についての考察―ヴィゴツキーの芸術心理学に基づいて―」『ヴィゴツキー学』増刊第 2 号、2023 年
ヴィゴツキー『情動の理論』共訳、三学出版、2006 年
ヴィゴツキー『「人格発達」の理論』共訳、三学出版、2012 年
ヴィゴツキー、ポラン『言葉の内と外 ― パロルと内言の意味論』共訳、三学出版、2019 年

猿・自然人・子ども ― 労働と言語の歴史主義心理学

2024 年 7 月 10 日初版印刷
2024 年 7 月 20 日初版発行

著　者　ヴィゴツキー、ルリア、神谷栄司、伊藤美和子
訳　者　神谷栄司、伊藤美和子
発行者　岡田金太郎
発行所　三学出版有限会社

〒 520-0835　滋賀県大津市別保 3 丁目 3-57 別保ビル 3 階
TEL 077-536-5403/FAX 077-536-5404
https://sangakusyuppan.com/

©KAMIYA Eiji. ITO Miwako　　　　　モリモト印刷（株）印刷・製本